本著作由国家科技支撑计划"监狱智能化安全防范体系建设关键技术研究与示范"（2014BAK06B00）子课题"应急指挥综合管理平台关键技术研究与示范"（2014BAK06B04）资助出版

监狱智能化安全防范关键技术研究

徐鹏 著

RESEARCH ON KEY TECHNOLOGIES OF
INTELLIGENT SECURITY GUARD IN PRISON

图书在版编目(CIP)数据

监狱智能化安全防范关键技术研究/徐鹏著.—武汉：武汉大学出版社,2017.4
　ISBN 978-7-307-18744-3

　Ⅰ.监… Ⅱ.徐… Ⅲ.监狱—安全管理—智能系统—研究—中国 Ⅳ.D926.7

中国版本图书馆 CIP 数据核字(2016)第 236703 号

责任编辑：唐　伟　　责任校对：李孟潇　　版式设计：马　佳

出版发行：武汉大学出版社　（430072　武昌　珞珈山）
　　　　　（电子邮件：cbs22@whu.edu.cn　网址：www.wdp.whu.edu.cn）
印刷：虎彩印艺股份有限公司
开本：720×1000　1/16　　印张：21.25　　字数：307 千字　　插页：1
版次：2017 年 4 月第 1 版　　2017 年 4 月第 1 次印刷
ISBN 978-7-307-18744-3　　定价：48.00 元

版权所有，不得翻印；凡购我社的图书，如有质量问题，请与当地图书销售部门联系调换。

前　言

2014年9月科技部批复了"监狱智能化安全防范体系建设关键技术研究与示范国家科技支撑"项目，该项目组织部门为司法部，完成时间为2015年12月，项目包括精准管控、智能分析、周界防范、应急指挥、循证矫正等5个课题，经费总额为2173万元，其中，国家科技支撑计划专项经费1173万元。该项目的批复实施，是贯彻落实科技部《国家公共安全科技发展"十二五"专项规划》和司法部监狱局"科技兴监"工作部署的一项重要举措，也是监狱科技信息化战线期盼已久的一件大事。

2015年7月在全国监狱工作会议上，中共中央政治局委员、中央政法委书记孟建柱指出，监狱作为一个国家文明程度的窗口，体现的是整个社会的进步。树立现代管理理念，建立科学有效的管理制度、机制，对监狱进行规范化、精细化管理是建设安全、文明、现代化监狱的重要保障。要充分发挥社会主义制度优势，推动监狱管理制度、机制创新，努力建设执法严明、管理规范、保障有力、安全文明的社会主义现代化监狱。

作为该项目的负责人，我深感责任重大，能承担这样一个国家级课题，是司法部监狱管理局领导对我的认可，更是对我的鞭策。经过不到两年时间的研究，在科技部、司法部监狱管理局、山东省监狱管理局的大力支持下，经过各课题参与单位的共同努力，2016年5月该项目通过司法部监狱管理局组织的课题验收，在7月司法部组织的项目成果鉴定会上，专家组总体评价为国内领先，部分成果为世界先进。项目共申请专利15项，计算机软件著作权13项，论文15篇，本书也是该项目成果之一。

监狱智能化安全防范体系关键技术研究是综合精准管控、智能分析、周界防范、应急指挥、循证矫正等 5 个课题的研究内容，从监狱安全防范系统的发展谈起，介绍了监狱信息化的发展，以及基于物联网、大数据等先进技术在监狱智能化安全防范系统中的应用，结合全国第一个《监狱安全防范系统建设技术规范》(DB37/T 2640-2014)山东地方标准，对监狱安全防范标准化建设情况进行了论述。

本书在撰写过程中得到了课题各参与单位的大力支持，在此一并表示感谢，同时也要感谢国家科技支撑"监狱智能化安全防范体系建设关键技术研究与示范"(2014BAK06B00)项目的资助。

徐鹏
2016 年 8 月于济南

目　录

绪　论 ··· 1

第1章　监狱智能化安全防范体系概述 ······················· 12
1.1　监狱智能化安全防范体系的定义 ·························· 12
1.2　监狱智能化安全防范体系的建设背景 ···················· 13
1.3　监狱智能化安全防范关键技术的国内外建设情况 ······ 16
1.4　监狱智能化安全防范体系的建设内容 ···················· 24
1.5　监狱智能化安全防范关键技术涉及的主要共性、
　　 关键技术及其难点 ·· 27
1.6　创新点 ··· 29

第2章　监狱信息化 ·· 31
2.1　监狱信息化的概念 ·· 31
2.2　监狱信息化的意义 ·· 32
2.3　监狱信息化的必要性 ······································· 35
2.4　监狱信息化的可行性 ······································· 49
2.5　监狱信息化的发展 ·· 50

第3章　监狱罪犯询证矫正关键技术 ·························· 55
3.1　监狱罪犯询证矫正关键技术研究的背景 ················· 55
3.2　监狱罪犯询证矫正关键技术的发展基础 ················· 57
3.3　监狱罪犯询证矫正关键技术的国内外发展情况 ········ 58
3.4　监狱罪犯询证矫正关键技术在监狱的使用情况 ········ 64
3.5　监狱罪犯询证矫正关键技术研究 ·························· 67

第4章 监狱罪犯全时空管控关键技术 ………………………… 100
  4.1 监狱罪犯全时空管控关键技术研究的背景 ………… 100
  4.2 监狱罪犯全时空管控关键技术的发展情况 ………… 101
  4.3 监狱罪犯全时空管控关键技术的监狱使用情况 …… 108
  4.4 监狱罪犯全时空管控关键技术研究 …………………… 116
  4.5 监狱罪犯全时空管控关键技术的实现 ………………… 118
  4.6 定位标签(腕带)技术的实现 ………………………… 128
  4.7 监狱物联网发展的展望 ………………………………… 133

第5章 监狱罪犯行为智能分析与识别系统关键技术 ………… 138
  5.1 监狱罪犯行为智能分析与识别系统关键技术研究的背景 ………………………………………………… 138
  5.2 监狱罪犯行为智能分析与识别系统关键技术的发展情况 ………………………………………………… 142
  5.3 监狱罪犯行为智能分析与识别系统关键技术的国内外发展情况 ………………………………………… 146
  5.4 监狱罪犯行为智能分析与识别系统关键技术研究 … 161
  5.5 监狱罪犯行为智能分析与识别系统关键技术的实现 … 186

第6章 监狱全天候智能周界关键技术 ……………………… 201
  6.1 监狱全天候智能周界关键技术研究的背景 ………… 201
  6.2 监狱全天候智能周界关键技术的类别 ……………… 202
  6.3 监狱全天候智能周界关键技术的国内外发展情况 … 204
  6.4 监狱全天候智能周界关键技术研究 ………………… 215

第7章 应急指挥综合管理平台关键技术 …………………… 232
  7.1 应急指挥综合管理平台关键技术研究的背景 ……… 232
  7.2 应急指挥综合管理平台关键技术的发展情况 ……… 234
  7.3 应急指挥综合管理平台关键技术在监狱的使用情况 … 240
  7.4 应急指挥综合管理平台关键技术研究 ……………… 244
  7.5 应急指挥综合管理平台关键技术具体研究 ………… 256

7.6 应急指挥综合管理平台关键技术的实现 ……………… 277

第8章 监狱安全防范标准化研究…………………………… 296
8.1 制定监狱安全技术防范系统建设地方标准的现实
背景 ………………………………………………………… 296
8.2 制定监狱安全技术防范系统建设地方标准的基本
原则 ………………………………………………………… 298
8.3 监狱安全技术防范系统建设地方标准的主要内容 …… 299
8.4 监狱安全技术防范系统建设地方标准的功能作用 …… 302

附录 监狱安全防范系统建设技术规范 ……………………… 304

参考文献 ………………………………………………………… 334

绪 论

监狱安全是监狱实现其目标和任务的基本前提，维护监狱安全是一项规模宏大的系统工程，必须综合运用人防、物防、技防等理论和手段，构筑起监狱长期有效的安全防范体系，保证监狱的长治久安。技防是监狱"四防一体化"的重要组成部分，是确保监狱持续安全稳定的重要手段，是实现监狱管理科学化、现代化、信息化的应有之义。近年来，司法部党组高度重视监狱技防建设工作，在全国监狱信息化建设工作会议、全国监狱布局调整工作会议、全国监狱工作会议、全国监狱安全工作会议等重要会议上多次作出重要部署。全国监狱系统按照司法部党组的部署要求，以监狱"四防一体化"、监狱布局调整为契机，以实施全国监狱信息化一期工程为抓手，加快推进指挥中心、视频监控等重点技防设施建设，监狱技防建设取得了重要的阶段性成果。

1. 技术防范的历史、现状及反思

技术防范的概念是在近代科学技术（最初是电子报警技术）用于安全防范领域，并逐步形成一种独立防范手段的过程中所产生的一种新的防范概念。由于现代科学技术的不断发展和普及应用，"技术防范"越来越为监狱所认可、接受，它必将带来安全防范的一次新的革命。

技术防范手段可以说是人力防范和物质防范手段的延伸和加强，它是对人力防范和物质防范在技术应用方面的补充和强化。它以人防、物防为依托，并且融入其中，使安全防范在探测、延迟、反应这三个基本要素中不断增加高科技的含量，不断提高探测能力、延迟能力和反应能力。一方面，探测要准确无误，延迟时间长短要合适,反应要迅速;另一方面,要使反应的时间小于(至多等于)探测加延迟时间,即:T反应≤T探测+T延迟,使防范手段真正起到作用,确保监狱安全。

安全技术防范的发展,经历了一个由单机到成套设备再到独立系统,最终发展成为集成系统的发展过程。随着科学技术的不断进步,特别是信息技术、通信技术、多媒体技术和计算机网络与集成技术的发展,目前的安全技术防范系统已经由单一的独立系统进入综合的集成系统阶段。

当前,现代安全防范技术在国外刑事司法领域早已广泛应用,国内政法战线的公安、安全等部门也早已率先采用了先进的技术防范系统。监狱作为国家刑罚执行机关,在运用安全技术防范上还处于独立系统向集成系统转换的初级阶段,以江苏、上海、山东等地安全技术防范做得比较好的监狱为例,现有的安全防范子系统也是分别单独设置,通过专用软件将各子系统链接,实现全系统的集中管理。在其他多数监狱,安全技术防范还处于分散式防范系统,各子系统只能独立运行或实行简单联动。安全技术防范的发展方向必定是朝着集成式综合管理系统发展,即通过统一的通信平台和管理软件将各子系统联网,实现全系统的自动化管理和智能监控。随着科学技术的不断进步,集成的深度和广度也将不断提高。

据有关部门统计,我国现有在押罪犯170多万名。随着监狱服刑人员的增多,已超出监狱关押容量,给监狱监管改造工作带来诸多困难。监狱罪犯脱逃率在过去10年里下降了96.7%,监狱内发生犯罪的比率也下降了83.3%,发生重大案件的比率下降了91%。2000年全国共脱逃罪犯225人,2004年下降到了46人,2005年后人数则更少了。2007年,全国有20个省、自治区、直辖市实现了犯人零越狱,有150所监狱连续10年零越狱,有550所监狱连续三年零越狱。我们在肯定监狱安全工作的同时,也要清醒地看到,目前呈现的相对稳定的状态,是在政治高压下的暂时稳定,不是基础性的、治本性的稳定,更多的是监狱时刻把安全工作放在首位来抓,靠监狱人民警察长期在监管工作中全身心的投入和奉献,靠"严防死守"才确保了监狱的安全。为了确保监狱的监管安全,

2013—2015年，全国司法行政系统因公牺牲142人，其中监狱戒毒部门112人；因公受伤583人，其中监狱戒毒部门516人。这种依靠干警人力防范的"严防死守"给很多监狱干警带来了心理健康问题，通过对某省10个监狱的调查发现：92%的干警感到有心理压力，23%的干警存在心理问题；其中，28%的干警属于轻度心理障碍，56%的干警存在中度心理障碍，49%的干警已构成心理疾病。

监狱的特点决定了监狱干警必须对罪犯进行全天候的、有效的监管，这完全靠人力是不够的，国内外的先进经验告诉我们，必须向科技要警力，必须走"科技强警"、"科技兴监"的道路。进入21世纪后，监狱在技术防范专项资金的投入、规范化管理上，都有了极大提高，计算机局域网、监控系统和集群通信项目已在多数省市区单位推广使用，发达地区的监狱都建立了先进的入侵报警系统、电视监控系统和出入口控制系统。但是，由于没有统一的技术防范标准做指导，没有科学的技术防范理念，使得技术防范系统缺乏系统的整体规划，在项目的结构化、模块化、规范化方面考虑不周，致使安防系统不能随着新技术、新设备而更新。到目前为止全国监狱还没有成熟的高度集成的安全技术防范系统实例，这使得安全技术防范系统的实际作用不明显。再者是因为监狱的管理方式和人员素质不能适应现代化技术防范手段的要求。所有这些，都严重制约了技术防范系统发挥应有的作用。

2. 技术防范系统的应用原则、理念

（1）防护级别和戒备等级相对应。

根据2005年6月召开的全国监狱局长会议精神，全国监狱要建立戒备等级分类制度，所以监狱安全技术防护级别必然要同戒备等级相对应，按照监狱戒备等级划分防护级别，高风险、高戒备等级的监狱只有采取高级别防护，才能获得高水平的安全防护（达到或实现安全的程度），如果高戒备等级的监狱采取低级别的防护，安全性必然差，很容易发生事故，这当然是要避免的；但如果低戒备等级的监狱采用高级别的防护，安全水平固然高，但这种系统的

性能价格比一定会降低，造成经济上的浪费，达不到优化配置监管改造资源的目的。因此，在保证一定安全防护水平的情况下，实现高性能价格比的经济技术指标，是考核监狱安全防范工程的重要内容之一。

(2) 纵深设防。

所谓纵深设防，简而言之就是层层设防，就是根据监狱的戒备等级和所确定的防护级别，对整个监狱实施分区域、分层次的设防。一般而言，分区域设防指监狱应包括周界、禁区、防护区、监视区四种不同性质的防区，周界对应监狱围墙，是监狱的最后一道防线，因此是最高级别的防护；监狱围墙内侧5米、外侧10米为警戒隔离带，应设置为禁区；禁闭室、仓库等重要位置为防护区；监舍、教室、家属会见室、餐厅、罪犯劳动及其他活动场所为监视区。对不同性质的防区应实施不同级别的防护措施。

防护的纵深性通常分为整体纵深防护和局部纵深防护两种类型。整体纵深防护是对整个监狱实施纵深防护；局部纵深防护是对监狱的某个局部区域，按照纵深防护的设计思想进行分层次的防护，它是指在监狱的某个防区内，根据地理位置纵深设置几道防线，比如，在严管监舍楼可以从监舍内部、监舍门、走廊、监舍楼门口分别设立防线，尤其是在周界和禁区等重点防范部位更应设置多道防线，在异常情况发生时，多道防线的阻挡作用可以增大延迟时间，并且监控中心可根据电子地图上多道防线间的准确位置，迅速组织力量赶赴现场，减少反应时间，使T反应≤T探测+T延迟，及时制止违法、犯罪行为。

监狱四种分防区的设置并不是绝对的，监狱可根据自己具体所处环境和狱情、犯情而定，必要时可以合并或增加。

(3) 均衡设防。

均衡设防有两方面的含义：一是指整个防范系统在总体布局上不能存在明显的设计缺陷或防范误区，如各分防区的设置是否合理、各子系统的集成是否有效等；二是指监狱内同层防护区的防护水平应保持基本一致，不能存在薄弱环节或防护盲区。

在监狱安全防范工程领域，安防系统的有效性遵从"水桶效应"原则。就是说一个安全技术防范系统，其总体防护水平的高低不由高防护部位决定，往往由系统最薄弱的环节来决定。比如，一个周界防护系统，如果在周界防护的某个局部存在盲区，它就可能是入侵者入侵的方便之门，其余部分防范得再好，也失去意义。一个监控系统不仅要可靠性高，还要无盲区、无死角、无漏洞，否则就会发生漏报警，使不法分子有机可乘。再比如，如果一个防范系统的中央控制室不是设置在安全地区严加防范，而是放在一般防区，就极易受到攻击或破坏，导致整个防范系统的失控甚至瘫痪。

(4) 提高防护系统的可信性。

可信性是描述系统的可用性及其影响因素（可靠性、维修性和维修保障性等性能），提高可信性主要指提高系统的可靠性、维修性、维修保障性以及组织管理工作水平。系统的可靠性越高，可信性就越高，维修性、维修保障性、组织管理水平等同样亦然。

可信性对监狱安全技术防范系统的重要性不言而喻，"养兵千日，用兵一时"是对安防系统最好的概括。提高可信性就是要提高技防系统的内在质量，不能因资金等问题，降低对系统设备、器材的质量要求，否则安防系统在关键时刻漏报警或误报警，不仅可能导致财产损失，而且可能危及监狱人员生命安全，不能起到预防损失和遏止犯罪的作用。

安全技术防范系统的几个原则是互相联系的，戒备等级决定防护级别，防护级别决定系统的纵深、均衡、可信性等要求，其中可信性是对设备、器材的要求，均衡性是对各层防护或系统的要求，纵深性则是对整个系统的总体要求，只有统筹考虑以上几个原则，全面规划，才能实现监狱的高防护水平。

安全防范系统防护的纵深性、均衡性、可信性要求，是安全防范三个基本要素在工程中的具体体现。要求系统具有防范的纵深性、均衡性、可信性，是为了保证探测、延迟、反应的有效性。只有这样，系统才能防范相应的风险，保障监狱的安全。

(5) 预防、阻挡为主，打击、报警相结合。

监狱安全防范技术要从"打击为主"向"预防、阻挡为主，打击、报警"相结合转变，防控体系由"单兵作战"向"整体联动"

转变。

技术防范系统的智能监控，体现了系统的预防功能，它不仅仅对罪犯实施全天候的监视，而且利用模式识别技术，把原来的目视解释转变为强大的自动图像监控、解释系统，使目标在进入安防范围后，即受到中央控制系统的监视、跟踪和录像，并预测事情的发展趋势，当预测会发生违纪、违法事情时，及早报警，提前预防，妥善处置，确保监狱人员生命、财产的安全。

(6) 人防、物防、技防相结合。

要真正做好监狱安全防范工作，单靠某一种防范手段是完不成任务的，因为任何一种防范技术、防范手段都不是万能的，都有其局限性。

监狱采用了某种级别的技术防范系统之后，可以利用高科技手段对所遇到的威胁进行准确无误的探测和报警，可以有效地预防损失和遏制犯罪。但是，技术是不断进步的，任何技术设备和系统，都不可能真正做到万无一失，其可靠性概率是遵从一定统计分布规律的，加上它的运行要受到多方面因素的影响和制约，特别是人的因素。从这个意义上说，任何技术防范系统都存在着局限性。物防设施是技术防范系统的物质载体和实物基础，它是延迟风险发生和预防犯罪的基础手段，它在安全防范中的"延迟"作用是其他手段难以代替的。但是，物防设施"延迟"作用的有效发挥，需要高科技的支撑，需要人来维护和管理，离开技防和人防的有效配合和积极支持，物防的延迟作用是难以发挥的，传统意义上的"物防"之所以被淘汰，就是这个道理。

人力防范是安全防范的基础，技术防范也好，物质防范也好，都离不开人的作用。但是，人的自然能力的局限性限制了人防功能的发挥和发展。这里所讲的人力防范，不只是人的自然能力的展现，而是科技人与科技群体有组织的防范行为。它一方面指监狱干警本身，需要高科技知识的武装和高科技物防的保护；另一方面是指具有高水平防范反应能力和高水平的决策、指挥与群体快速反应能力。

要做到这些，单靠人海战术是不行的，传统的"人海战术"不是真正意义上的"人防",相反,是人防工作的一大误区。

总而言之,监狱要实现真正意义上的安全防范,只有实施人防、技防、物防相结合的方针,建立探测、延迟、反应的有效机制,才能确保监狱安全。

3. 技术防范系统的现状

(1)应急指挥体系初步建立。

全国有28个省(区、市)监狱局、582所监狱建设了指挥中心,各级指挥中心专职干警配备总数近6000人,56%的指挥中心设立了单独的组织机构。各级指挥中心共接入监控报警点近60万路,初步形成了省监狱局、监狱两级视频巡查机制,平均每年处置狱内突发事件约4000起、排查安全隐患约8万件。

(2)视频监控实现基本覆盖。

全国监狱系统视频监控点总量达到58万个,智能化、高宽带的高性能视频监控点达到10万个,视频监控平均覆盖率达到每57平方米1个监控点,约200所监狱的视频监控基本实现了"全覆盖",平均每年固定狱内案件视频证据6000余件,对加强监狱精细化管理发挥了重要作用。

(3)AB门管控逐步完善。

全国626所监狱建设了进出人员核查系统,434所监狱建设了进出车辆核查系统,414所监狱建设了违禁品检查系统,约300所监狱基本实现AB门技防"全覆盖"。通过加强AB门技术防范,仅2015年就破获罪犯预谋脱逃案件5起,检查发现手机等违禁品3769件,有力保障了"双清、双严"活动每顺利开展。

(4)业务装备配备基本达标。

全国监狱系统认真贯彻落实《监狱人民警察警用装备配备标准(试行)》,切实加强基础装备配备,警棍、强光手电、对讲机等基本单警装备配备率达到全员的49%,配备执法记录仪2.3万部,配备各式公务用枪约5万支,配备警务智能终端7.6万部,配备警用车辆1.3万辆、特种专业技术用车约2300辆。

(5)重点项目加快推进。

全国监督系统协调国家发改委、科技部等有关部门,依托国家物联网应用示范重大工程、国家科技支撑计划重点项目、国家电子政务试点示范项目,在山东、江苏等12省(区、市)监狱局,组织实施了一批监狱技防试点示范项目,围绕离监就医、"三大现场"、围墙AB门等监管安全重点环节,推广使用了智能监控、智能报警、智能指挥等方面的高新技术装备。

(6)资金投入不断加大。

自2010年实施全国监狱信息化一期工程以来,监狱技防投入实现"六连增",累计投入接近70亿元,其中,中央预算内投资约5亿元,地方财政性资金约20亿元,监狱自筹资金45亿元。

总的来看,近年来全国监狱技防建设工作实现了跨越式发展,取得了显著成绩,现代化的技防设施在监狱安全稳定工作中的应用日益广泛,提升了监管安全隐患排查和整治水平,提高了监狱管理效率,增强了监狱应对突发事件的能力,提高了监狱工作决策水平,技防在监狱工作中发挥着越来越重要的作用。在肯定成绩的同时,我们也要看到监狱技防建设工作发展不平衡、应用水平不高等问题,约100所监狱的技防建设基本处于空白,约30%的技防设施破旧老化、达不到实战要求,这些都是监狱安全稳定的重大隐患。这些问题的症结,总结起来主要是"三个不到位"。一是认识不到位。部分地方监狱领导观念陈旧,认为监狱技防建设可有可无、可多可少,对于加快技防建设下不了决心、舍不得投入。二是管理不到位。部分技防项目仓促上马,计划不周密、论证不充分、管理不科学。技防设施低水平建设、重复建设,建而不用、形同虚设的问题比较突出。三是政策支持不到位。监狱技防建设投资大、运行费用大,但是没有明确的资金渠道,建设单位自筹资金压力大,四处"化缘","拆东墙补西墙",不利于监狱技防工作的可持续发展。

4. 技术防范系统的展望

(1)制定技术防范系统的标准。

安全技术防范行业是一个新兴的行业,随着科学技术的发展而日新月异,可以说几乎所有的高新技术都将或迟或早地移植、应用于安全防范工作中。所以应该在变化的形势下，制定监狱安全技术防范工作的指导思想和发展规划，加强行业指导，制定监狱的安全技术防范标准，引导监狱安防工作向有序、高效的方向发展。

（2）数字化、网络化、集成化、智能化是技术防范系统发展的方向。

视频数字化、监控网络化、系统集成化并最终形成智能化是安全技术防范系统的发展方向。数字化是网络化的前提，网络化又是系统集成化的基础，智能化是这"四化"的最高境界。

数字化是21世纪的时代特征之一，是以信息技术为核心的电子技术发展的必然结果。数字化是技术防范迈向成长的"通行证"，随着时代的发展，数字技术必将完全取代模拟技术。视频监控系统的数字化首先是视频监控中的信息流（视频、音频、控制信号等）从模拟状态转换为数字状态，这使得视频监控系统与安防系统中其他各子系统容易实现无缝连接，并在统一的操作平台上实现管理和控制，这也是系统集成化的意义。

网络化在某种程度上打破了布控区域和设备扩展的地域和数量界限，实现上级部门在计算机终端上可全方位监督检查下级落实规章制度的情况，检查操作、值班记录、安防系统的运行状况，快速维护异地系统故障，查询、收集数据库资料，达到高效快捷方便的目的。系统网络化将使整个网络系统硬件和软件资源共享以及任务和负载共享，这也是系统集成的一个重要概念。

集成化不仅体现在数字化和网络化两方面，无缝集成的安防系统将赋予系统比各子系统简单相加更强的功能，能够使各子系统真正形成统一的整体，真正实现自动管理和智能联动，真正为监狱提供更安全、更便捷、更经济的服务，是安防系统发展的方向。

智能化是监狱安防技术发展的必然要求，一个好的安全防范系统，如果没有预警作用，这个系统就有缺陷。智能化的主要特征是采用计算机视觉的方法，在几乎不需要人为干预的情况下，通过对摄像机拍录的图像序列进行自动分析，来对动态场景中的目标进行定位、识别和跟踪，并在此基础上分析和判断目标的行为，从而做到既能完成日常管理，又能在异常情况发生的时候及时做出反应。

当系统能够预测一些事件或者事态发展趋势的时候，或者对它出现临界的状态能做判断的时候，系统便自动发出报警信号并自动与其他安防子系统联动。伦敦爆炸案发生后，几天之内便锁定了四个人，这就是监控设备的一个佐证。但是监狱建立一个大的视频监控系统，绝对不是为了出现事情后锁定几个嫌疑人，监狱是希望能够做到事前防范，把原来对图像信息由目视解释转变为自动解释，预测事态发展，使监控系统从被动的监视录像系统提升至实时自动监视及主动报警系统，把事故消灭在萌芽状态，及时制止违法、犯罪行为。这也正是"预防为主"防范理念的体现。

随着计算机和互联网技术的高速发展，传统的安全技术防范产业正逐步融合到高新技术产业中，如何在变化的形势下制定监狱安全技术防范工作的指导思想和发展规划，构架基于监狱自身特色的技术标准和管理方式，运用国际先进的安防理念，优化配置设施资源，促进安全防范技术向数字化、网络化、集成化方向发展，最终实现安防系统的智能化，是监狱部门应该进行认真研究和探讨的问题。

由于监狱本身的特殊性，其安防建设一直备受重视，经过多年的发展，各种各样的安防手段被应用到监狱的安全防范工作中，使各地监狱建设了包括视频监控、报警、巡更、门禁、语音对讲、公共广播、AB门、高压电网等在内的众多技防与物防系统，这些系统在保障监狱内外部安全方面都发挥了非常重要的作用。

目前国内监狱防卫系统由内部防卫和周界防卫组成，采取的防卫手段是以人防、物防与简单的技防相结合。这些系统都是独立运行、独立管理的，随着监狱安防应用的进一步深入，这种独立运行、独立管理的形式暴露出越来越多的问题，其中最明显的体现在几个方面。

①缺乏有效监控手段。

需要安全防卫的重要场所仍以人防为主，缺乏技防手段。仅在监狱禁区内少数部位布设了监视传感器材。由于警卫人员自身的生理因素限制，因此在监控能力、监控范围、监控时间等方面存在很大的局限性。同时无法满足新时期监狱对安全警戒的高级需求。

②监控模式单一。

目前已经在局部实施的视频监控以视频记录和人工监控为主，自成系统，功能单一。人工监控受人类自身生理弱点的限制，存在安全威胁、漏报、监视数据分析困难、人工报警、报警响应时间长等缺点，因此不能及时发现、处理安全威胁。

③存在监控盲区。

监狱系统中所采用的视频监控系统、报警系统以及门禁系统等都是基于有线通信，这就使得一些不便于布线的区域成为安防监测的盲区，另外，一成不变的监测区域也给犯罪分子以可乘之机。

④原有系统主要针对固定场所而设置的防卫，监控场所发生变化时不能随应用场所变化而改变。

因此，监狱安防急需一套能够将上述各个安防系统进行有机整合并实现统一管理的综合安防管理解决方案。但是，由于传统安防在技术上不具备整合管理的基础和条件，监狱安防已经发展了这么多年，一直都没能实现真正的综合管理。而现在，两个条件促使监狱安防将率先实现真正的整合与综合管理。

一是技术层面。网络化技术向安防领域的渗透正在改变传统安防的系统架构以及业务管理模式，包括视频监控、报警、巡更、门禁等都在因网络化的到来而发生着巨大的变化，其中视频监控表现得最典型，也最彻底。借助于网络化带来的开放性、扩展性以及可管理性，监狱安防已经具备了视频监控、报警、巡更、门禁、对讲、公共广播、AB门、高压电网等各类安防业务整合管理的基础技术条件。

二是政策层面。国家和各级监狱管理部门一直非常重视监狱的科技强警和信息化建设工作，不断加大对监狱信息化的资金投入，特别是对监狱安防进行重点关注。同时，现有安防系统的使用不便、效率低、联动性差、数据交换存在障碍、智能化水平低、安全性差等问题也逐渐浮出水面，监狱如何尽快解决这些问题，也迫在眉睫。这些对监狱安防走向整合管理提供资金和政策面的保障。

基于上述理由，运用新的技术、采用新的手段构建一套具有全面监控、智能预警、机动灵活、全联全防新的监狱智能安防系统是完全可行的。

第1章　监狱智能化安全防范体系概述

1.1　监狱智能化安全防范体系的定义

监狱智能化安全防范体系是随着社会的发展进步，社会对监狱工作提出的新的要求，同时，监狱信息化发展到一定阶段，在监狱原有的人防、物防、技防和联防"四防一体化"的基础上，采用物联网、云计算、大数据、人工智能等一系列高新技术，融合监狱内的各个信息系统，对罪犯实施循证矫正，活动轨迹实施区域管控，行为实行智能化分析识别，周界实行全天候立体防范的，构建统一的、集约化的智能化安全管控平台，实现监狱罪犯信息的大数据汇集，从而实现监狱安防体系从被动向主动转变，从事后取证向事前预警转变。

这个体系的建立需要以罪犯本体为中心，建立三道防线。首先，利用循证矫正方法，使其真正认罪伏法，积极改造，从内心摒弃脱逃的想法，这其实才是监狱安防中最重要的部分，也是第一道防线。其次，对罪犯日常行为轨迹进行大数据分析，包括区域管控和图像分析识别，从这些数据的分析挖掘中，改变原来视频监控被动安防的模式，变为提前主动预警，这是监狱安防的第二道防线。最后，对监狱现有的周界安防系统进行融合，使其具备全天候工作要求，这也是监狱安防的第三道防线。通过建立这三道防线，可以有效地解决当前监狱安防体系联动性差、数据不能交换、智能化低的问题，在一定程度上提高监狱安全防范的水平。监狱智能化安全防范体系如图1-1所示。

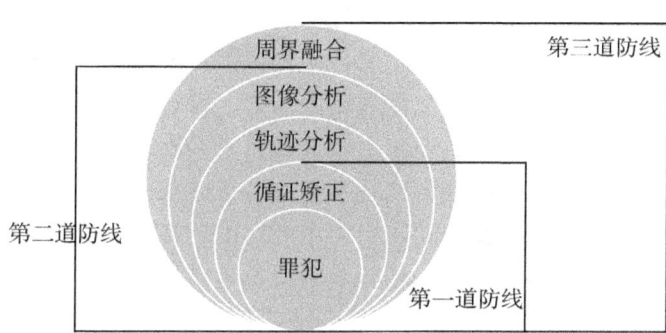

图 1-1　监狱智能化安全防范体系

1.2　监狱智能化安全防范体系的建设背景

1. 新形势下提高监管安全防范水平的紧迫需要

随着社会治安形势的变化及近年来开展的专项斗争,监狱押犯构成发生变化,暴力犯、团伙犯、重刑犯、智能型犯罪及带黑、涉毒性质的罪犯比例上升,狱内改造与反改造的斗争日趋激烈。监管场所不安定因素增多,狱内犯罪具有更强的欺骗性、突发性、纠合性、残忍性和智能性,成为当前影响监管安全与稳定的一大隐患。因此,在监管安全的新形势下,急需要有通过计算机技术实现的强有力的监管改造手段和高效的监狱管理工作机制,有现代科学技术装备的一支高素质的监狱人民警察队伍,有通过信息网络技术支持的领导指挥与决策和应付突发事件的联动应急指挥系统等,为各级监狱机关提供强有力的现代化监管手段。

2. 《中华人民共和国刑法修正案(八)》(后文简称《刑法修正案(八)》)的实施对监狱管理的影响

《刑法修正案(八)》对我国监狱刑罚执行政策的修改,尤其是对死缓、无期罪犯的减刑、假释工作做出了重大改变，这势必对当前具体的监狱刑罚执行工作产生巨大影响。

面对下一步押犯结构及重刑犯增加的巨大变化，罪犯管理和改造难度势必增强，与此同时，又会因基层警力严重不足，给监狱的安全稳定和民警的人身安全带来巨大压力。管理难度加大，抗改问题凸显。现有的考核和减刑制度对这批罪犯将不再发生应有的导向作用，现有的考核奖惩必将出现不适应。设施水平不够，监管风险加大。尤其是以关押长刑期罪犯为主的高度戒备等级监狱，监狱现有的监管设施、防暴能力和装备水平严重不足，所需制服性和驱赶性武器配备数量很少，远不能很好地应对和处置突发的危险性事件。教育面临挑战，目标需要调整。大量的有期徒刑罪犯，还要按现有的教育方式引导他们积极改造，再加上刑法修正案实施前判决收押的罪犯，他们在监狱内的教育改造，也会与新收押罪犯互相影响、互相攀比。老病罪犯增加，监狱负担加重。监狱多数位于较为偏远地区，自身没有较高水平的监狱医院，缺少必要设备和高水平医疗人员，外出看病又涉及监管安全和警力问题。《刑法修正案（八）》中明确规定，判处死缓罪犯和部分暴力性犯罪的罪犯不能假释，这就使这部分人将在监狱内度过漫长刑期，除非个别出现符合保外就医的情况，否则年老护理、疾病治疗等问题，都只能由监狱负责，但国家给予监狱的经费和医疗保障却远不能满足这方面的需要。

3. 处理监狱突发事件，实施应急指挥协同的需要

监狱突发事件往往性质严重，对社会的危害性大。全国公安系统自实施信息化金盾工程，组建了"110"指挥中心，综合警力迅速提升，管理与业务手段全面现代化，极大地提高了干警快速反应和协作配合的能力，为维护社会治安秩序发挥了重要作用。实施全国监狱系统信息化工程，形成全国监狱系统计算机监管信息网络与全国监狱管理与应急指挥系统，监狱发生案件时，可快速反应，果断处置。必要时协调相关监狱，联系公安、武警等部门，协同行动。这也是公安、武警系统信息化应用水平对监狱系统信息化建设的客

观要求。

4. 提高监管工作效率和质量的需要

随着国家司法部对科技强警和监狱信息化的大力提倡,监狱安防获得了前所未有的发展机遇,全国各级司法机构都在积极筹划监狱安防系统的建设。监狱安防综合管理平台的推出给监狱行业带来全新的、真正实现了所有监狱安防业务全面整合的整体解决方案,为各业务子系统提供资源共享和信息互通的平台,并可通过视频监控与其他各类安防业务的联动与集成,极大地提升监狱安防管理的效率,有效节省监狱干警的人力资源投入。罪犯从入监接收、初期教育、心理矫治、教育和劳动改造到最后服刑期满出狱整个服刑期的全过程,会产生大量的监管工作与教育改造过程的记录以及记载执行工作内容的信息资源,迫切需要实现监狱管理工作手段的电子化和网络化,将监狱管理人员从繁重的手工劳动中解放出来,减少工作中不必要的环节,提高工作效率。计算机网络对监狱的执法提供更加有效的法律支持和监督,实现司法信息资源的及时交换与利用,从根本上提高狱务工作效率和实现异地监狱管理机关及时信息交流,提高工作质量,降低改造工作的成本,真正实现监狱刑罚执行的高效与公正。

5. 落实科技兴监的需要

司法部党组和司法部监狱局高度重视科技工作,把科技作为提高监狱执法管理水平的重要手段,坚持向科技要警力、要战斗力。2008年,司法部监狱局研究起草了《监管安全科技发展规划(2010—2015年)》,提出了"科技兴监"基础理论、关键技术和示范工程等15项科研任务。2013年,司法部监狱局配合科技部社发司,启动了监狱科技支撑项目立项工作。2014年9月科技部批复了"监狱智能化安全防范体系关键技术研究与示范国家科技支撑"项目,组织部门为司法部,完成时间为2015年12月,项目包括精准管控、智能分析、周界防范、应急指挥、循证矫治等5个课题,经费总额为2173万元,其中,国家科技支撑计划专项经费1173万元。2013年10月，国家发改委批复建设国家监外罪犯管控物联网应用示范工程。整体工程建设周期两年半，即从2013年11月至2015年12月。示范工程总投资约1.2661亿元，拟申请中央补助资金6000万元，完成"五大智能系统"（即智能信息采集和传输系统、调遣押解智能管理系统、离监就医智能管理系统、短期离监智能管理系统、离监指挥智能管理系统）的建设任务。

1.3 监狱智能化安全防范关键技术的国内外建设情况

1. 国外监狱安全防范关键技术发展情况

由于欧美国家犯罪活动较为猖獗，罪犯数量的增加给监狱的罪犯管理改造和政府财政在监狱日常管理中的投入带来了极大压力，欧美等发达国家与地区非常注重信息技术在监狱管理中的应用。为此，高效的审讯手段、安全的监外监管、文明先进的罪犯狱内管控等降低监狱运营成本的多个模式先后出现并得以推广。

（1）高度信息整合与高效信息共享。

早在20世纪90年代，欧美监狱开始采用监狱罪犯数据系统，所有监房实现了计算机化管理。进入21世纪，全面引入罪犯管理系统，建立了监狱中心数据库。

监狱中心数据库存储和处理上万名罪犯的基本数据和详细情况如罪犯种类、犯罪记录、入狱时间、个体生理数据、号码、照片、个人详细资料和监舍等信息。采用统一的系统化方法管理监狱的罪犯资料，通过网络技术实现数据共享，监狱和当地公安局、司法和安全部门互联，方便各界对罪犯进行管理，并为监狱的所有监房提供资讯帮助。

（2）基于视频会议的高效远程庭审。

考虑到罪犯的健康、安全和其他后勤原因，使用视频会议系统在监狱现场和特别法庭之间进行法庭审判，降低了安全风险，防止罪犯在押送途中逃脱和劫持，实现了政府部门运转成本最小化。

(3)面向监外监管的高安全性虚拟监狱。

虚拟监狱是一种基于信息技术的远程监控系统,重点针对监外服刑或假释人员,通过佩戴在罪犯身上的监控设备,实现对监外服刑或假释的罪犯进行跟踪,有助于服刑或假释人员积极参与合法的社会活动,降低监狱运营支出。

监外罪犯佩戴的新式监控设备通常包含无线收发器、GPS、生理状态监测传感器,实现监外罪犯的定位跟踪、异常行为和心理状态监视,并具有破坏报警功能。

(4)文明先进的新型狱内监管环境。

日本和澳大利亚等国家在2007年前后推出了RFID电子标签及无围栏电子周界等技术,实现对狱内罪犯全天时、全区域的跟踪和监视,提升了监狱的监管效率,改善了罪犯的改造环境,降低了关押罪犯的心理抵触情绪,同时降低了监狱的运营成本。

以2007年5月初步建设完成的日本山口县"无围墙"监狱为例,监狱由政府出资,20年内预期投入520亿日元用于设备和各项服务支出,每年预期节省运营成本50亿日元。

(5)国际循证矫正实践。

循证矫正是近些年来国际矫正领域发展起来的新型矫正理念和方法,在国外矫正界得到了普遍认可和广泛应用。实践证明,该方法的应用对于提高矫正效果、降低重新犯罪率、节约司法成本具有明显成效。循证矫正在国外特别是发达国家已经经历了若干年的探索和实践,形成了一整套比较成熟和系统的理论、方法和技术。

2. 国内监狱信息化建设与标准化现状

(1)监狱信息化基础设施建设。

监狱信息化建设已累计投入资金超过50亿元。我国28个省(区、市)监狱管理局、593所监狱建成了省级广域网和局域网,省级网络连通率达到87.5%。平均每百名监狱干警的计算机配备数量达到47台,平均每所监狱配备信息化关键设备8台。19个省(区、市)监狱管理局、334所监狱组建了专门的信息化管理部门,信息化技术管理人员7000余人。

全国17个省(区、市)监狱管理局、492所基层监狱建设了指挥中心,江苏、新疆等10省(市)已经基本形成了监狱局、监狱两级应急指挥体系。全国监狱视频监控点总量达到26万个,878个关押点建设了视频监控系统,1053个关押点建设了门禁系统,912个关押点建设了周界报警系统,892个关押点建设了报警系统,全国监狱报警点总量超过5万个,配备各类安检设备超过2万套,平均每所监狱31套。

全国监狱系统已基本建设完成了无线通信网络,配备对讲机近15万台,平均每所监狱212台。

(2)监狱信息化规划及标准化现状。

《全国监狱信息化建设规划》提出了信息化建设的总体目标:构建覆盖全国监狱系统的网络互联互通、信息资源共享、标准规范统一、应用功能完备的信息化体系,明显提高监狱信息资源综合开发利用水平,形成全员应用、资源共享的信息化工作格局,显著提高监狱执法、安全防范、罪犯改造等工作的信息技术应用能力。

监狱信息化建设的主要任务是:建立一个平台、一个标准体系、三个信息资源库、十个应用系统。一个平台,即网络和硬件平台;一个标准体系,即监狱信息化标准体系;三个信息资源库,即监狱管理信息库、罪犯信息库、警察信息库;十个应用系统,即监狱安全防范和应急指挥系统、监管及执法管理系统、教育改造系统、生活保障及医疗卫生系统、警察管理系统、生产管理与劳动改造系统、监狱建设与保障系统、狱务公开系统、办公自动化和决策支持系统。

全国监狱系统实现了罪犯信息网上录入、网上管理和跨部门共享,通过大力加强狱政管理、教育改造等业务应用系统的建设和使用,业务应用系统的建设从单一应用向平台化应用发展,逐步迈入了集约化、智能化发展道路。全国监狱系统提供刑满释放人员信息超过100余万项,完成对罪犯的计算机辅助心理评估200余万人次,基层监狱干警办理减刑假释、记分考核等主要业务的工作效率分别提高了75%和45%,有效地缓解了警力不足的矛盾,极大地解放了警力。

1.3 监狱智能化安全防范关键技术的国内外建设情况

通过近几年的实践探索，开发和应用的监狱日常业务系统提升了监狱工作效能，完成了狱政管理等 15 项业务标准的制定工作，内容涵盖了狱政管理等主要监狱业务以及信息化总体技术要求，已成为指导监狱信息化建设应用的重要规范性文件。

3. 物联网等新一代信息技术发展与应用现状

（1）物联网概念与核心技术。

物联网是指通过 RFID、红外感应器、全球定位系统、激光扫描器等信息传感设备，按约定的协议，把任何物品与互联网连接起来，进行信息交换和通信，以实现智能化识别、定位、跟踪、监控和管理的一种网络。

目前，广为接受的物联网技术架构为 ITU 提出的泛在网络架构。该架构将物联网分为感知层、网络通信层、信息处理与平台支撑层以及应用服务层等四层。物联网的核心技术通常从感知技术、网络传输技术、信息处理技术和系统架构方面进行描述，主要包括：物联网基础资源管理与服务技术、异构网络融合技术、智能集成感知识别器件与设备研制、海量异构数据处理技术、物联网基础软件等。

（2）物联网技术特征与应用特征。

物联网本身是信息技术发展到一定阶段的必然产物，但就其未来的发展和实质而言，其目标是实现社会资源、信息资源、物理资源的统一组织管理和深度融合利用。从物联网用户角度来说，更为看重物联网的实施部署和运维能带来什么。在用户需求与相关技术发展趋势两种因素的共同作用和双重驱动下，物联网的技术特征和应用特征既与信息化技术息息相关、一脉相承，同时又呈现出自身独有的一些特征。总结起来，物联网的应用特征主要体现在低成本、高度整合和自动化精细化管理。

①以业务为中心的高度信息整合。随着各行业信息化建设的逐步推进，以及工业化和信息化融合的逐步深入，一方面获得了信息技术带来的工作效率提升、生活便捷性的提高，另一方面也面临着同一行业内多种信息化系统并存、彼此相互孤立所带来的运维成本

高、系统整合度低等问题,给生产、生活效率的提升造成了"天花板"效应,亟待进一步提升行业信息化系统的整合度,降低系统运维成本。

通过对行业不同信息化系统中的数据进行共享,挖掘不同系统间的数据相关性,充分挖掘和利用这些数据的相关性,能够进一步提升效率、降低资源损耗和成本。

②低成本实时泛在互联。通信网络特别是移动通信网的快速发展,已经初步实现了在任何时间、任何地点与任何人之间的信息交换。但是社会经济发展要求精细化资源配置与生产过程监测,以全面提高生产过程的安全性和效率,这要求各类传感器件和识别器件能够全时不间断地和现有信息系统互联,基于人进行信息交互的传统通信网络必须在不大幅度增加建设维护及使用成本的前提下支持全新的人、物、环境及现有信息系统间的实时可靠信息交互。

③精细化、自动化信息的获取与加工处理。在生产过程中,通过降低人的介入程度,能够提高产品加工过程每个环节的准确性,减少产品不良率,提高生产效率。在日常生活中,通过自动感知人这一实体的生理特征和活动状态,进行健康监护管理,辅助进行生活环境控制,能够显著提升人们生活的便捷性和舒适性。

(3)物联网行业应用。

物联网应用的特点体现为与国家和人民的日常社会经济活动关联度大,对国家的多个支柱产业如农业、工业制造、交通物流具有很高的渗透性和耦合黏度。目前,物联网在安防、电力、交通、物流、医疗、环保等领域已经得到应用,且应用模式正日趋成熟。

《物联网"十二五"发展规划》列出了九大物联网重点应用示范的行业领域,分别为智能工业、智能农业、智能物流、智能交通、智能电网、智能环保、智能安防、智能医疗、智能家居。其中智能安防的物联网应用主要集中在社会治安监控、危化品运输监控、食品安全监控,重要桥梁、建筑、轨道交通、水利设施、市政管网等基础设施的安全监测、预警和应急联动,提升对重点区域、特殊人群、重要基础设施的突发异常事件及时预警和常态监控能力,加快突发事件响应速度,提升处理效率。

4. 面向监狱应用的新一代信息技术应用现状与发展趋势

2009年以来，随着物联网技术在国内逐渐为各个行业用户所认可和接受，多家监狱围绕监狱安全防范和罪犯管控业务需求，着重探索了室内定位、智能视频分析、电子周界等物联网技术在监狱中的应用试验。

（1）定位技术发展现状与趋势。

定位技术可分为室内定位和室外定位两类。从定位原理上，无线定位技术分为基于距离测量的定位技术、基于角度测量的定位、基于信号强度和场景特征的定位技术、基于接近关系的定位技术，以及基于运动传感器的惯性导航定位技术。

室外定位技术前期主要采用卫星导航技术，其基本原理是基于多个卫星到达时延的距离测量和多个距离测量值，采用最小方差拟合算法得到对应的三维位置。近年来，为了克服城市高层建筑、立交桥等产生的遮挡、信号衰减和多径效应，引入了基于运动传感器的惯性导航技术，通过惯导和卫星导航信息的融合，相关技术指标基本满足了室外定位的应用要求。

室内定位由于室内无线传播环境复杂、信号衰减严重，普遍存在多径及非视距传输情况，导航卫星的信号难以穿透建筑物，到达信号的信噪比较低，已经无法达到定位最低信噪比要求。20世纪90年代以来，先后出现了超声波、红外、地磁、RFID电磁场等室内定位技术。

RFID定位是利用在空气中传播的电磁场/波进行定位，属于室内定位中技术种类最多、试用和应用最为广泛的一类定位技术。用于定位的电磁场/波通常包括低频（LF）、超高频（UHF）和微波（MW）等三个不同频段。低频电磁场定位技术由于信号传输距离受限（2~5m），一般使用基于接近关系的定位技术，由于受人体等环境变化影响较小，识别准确率与定位稳定度较高，但实现全区域覆盖的整体建设成本高。

基于UHF的电磁波定位技术可分为基于无源RFID和有源RFID的技术进行定位这两种。无源RFID使用基于接近关系的定位技术，优点是无须供电，成本低廉，但由于受到人体对电磁波吸收和干扰的影响，成功读取率低，无法实际应用。

有源 RFID 与微波频段有源 RFID、Zigbee、WLAN 的定位原理基本相同，主要差别在于通信机制、通信频段。这类定位技术可分为基于到达时延/到达时延差的距离测量与三边定位、基于电磁信号强度训练的拟合定位这两种不同的技术。

基于距离测量的定位技术由于室内多径和非视距严重，定位精度不稳定。基于电磁信号强度训练的相似度拟合定位在场景发生变化时，原有训练集失效，定位性能恶化比较严重。

根据各类定位技术的分析，可以看出没有一类技术能够在部署成本、定位精度、覆盖范围、场景变化敏感度等方面全面满足室内定位要求，因此不同定位技术机制的融合与多类定位信号载体的集成逐渐成为室内定位技术的发展趋势和重点研究方向。

(2) 智能视频分析技术发展现状与趋势。

智能视频分析主要用于解决传统视频监控仅提供人工监看和历史内容记录存储功能，无法提供自动异常检测和分析功能，导致人工介入程度高、实际应用效果差的问题。智能视频分析的基本目标是赋予计算机或机器具有类似人的视觉内容分析能力。

智能视频的核心技术主要包括：①基于混合高斯概率模型的运动目标与背景分离；②基于目标信号特征训练和特征信息如形状/色度/直方图提取的目标分类、识别与跟踪；③集成目标检测、分类和跟踪的特定应用开发。相对而言，第①种技术最为成熟。

在智能安防领域，智能视频分析的主要应用包括周界视频监控、生物特征识别（包括人脸识别、指纹识别和虹膜识别）、异常行为分析等。此外，车牌识别、闯红灯车辆抓拍在交通安全管理领域也得到了广泛应用。

周界防入侵监控与闯红灯车辆抓拍的主要检测内容为是否有目标越线和滞留，其核心技术是基于混合高斯模型的背景分离与运动目标提取，技术成熟度高。但当摄像头工作在云台模式下，背景发生显著变化，使用混合高斯模型已无法对背景进行建模和分离，难以实现目标的有效提取。另外，随着大雪、浓雾、灰霾等特殊恶劣天气的频繁出现,由于可见光成像自身的局限性,同样难以获得较为满意的智能监控效果。

生物特征识别以及车牌识别的核心技术在于目标信号特征的训练以及待检测目标的特征向量提取和识别分类。

异常行为分析是建立在目标提取、分类、识别和跟踪技术基础上,通过目标特征信息相关的时间序列和空间信息建模,进行目标行为的分类和分析。具体可分为监控对象的个体姿态判别和群体行为分析,从机器视觉学科角度来说,异常行为分析属于高层语义信息自动分析的范畴。

生物特征识别、异常行为分析由于复杂场景下时常出现的遮挡现象、摄像机对被监控对象姿态和角度的方位较为敏感、监控环境光照不均匀和快速变化等现实客观存在的因素,应用效果不佳。

由上文技术和应用现状分析可以看出,智能视频分析技术的发展趋势和重点研究方向是引入全天候的远红外热成像技术并实现基于云台工作模式下热像视频自动目标提取,通过建立指定应用场景中空间位置分布和环境光照度模型,实现生物特征识别与异常行为分析算法的定制与优化。

(3)电子周界技术发展现状与趋势。

电子周界技术起源于美国军方自20世纪70年代启动的相关研究计划,至20世纪90年代已经涌现出了多种周界防范技术,其后美国军方基本终止了相关技术的研究。

目前主流的电子周界技术可分为基于目标阻断或衰减信号原理的红外/激光/微波对射技术,用于检测目标攀爬围栏引起振动信号的技术如振动电缆/振动光纤,用于检测目标移动产生的多普勒频移和信号幅度衰减的技术,如泄漏电缆/微波雷达。

红外/激光/微波对射技术,特别是红外和微波对射,容易由于周围小动物、树枝、树叶等物体的阻断引起误报,同时室外气候环境变化引起信号传播条件和衰减程度的变化也可能产生误报,误报率很高,难以实际应用。激光对射误报率稍低,但由于激光发生器衰减严重,系统整体寿命偏低。

振动电缆/振动光纤通过附着于围栏,能够检测到目标攀爬围栏动作引起的围栏振动,但引起围栏振动的因素除了人的攀爬行为外,小动物的误撞和大风天气也容易引起围栏振动,因此误报率较高。传统振动电缆/振动光纤多采用防区报警方式,为降低系统成本,一般防区较长,缺乏目标精确定位能力,难以与视频监控设备有效联动。近年来,基于高级信号处理技术和光栅调制的振动光纤能够实现较高的目标定位精度,同时可在一定程度上滤除外界干扰因素。

泄漏电缆/微波雷达主要通过检测人体目标移动产生的多普勒频移和回波信号幅度衰减模式实现目标探测和分类,能够以隐蔽方式布设,有效滤除了反射截面(RCS)与人体目标明显不同的小动物、树枝、树叶、风等外界因素产生的误报事件。由于微波雷达的监测范围和信号散射角度难以控制,误报率偏高。泄漏电缆则由于仅支持手动调整探测参数,无法自适应于外部气候条件的变化和较短距离内存在不同地埋介质环境的情况,效果较差,整体维护管理成本较高。

针对已有电子围界技术存在的不足,中国科学院基于多传感器融合技术研制出基于附着于围栏的分立式震动传感器的周界防控技术,通过多个震动传感器探测信号的时频分析以及与气象传感器的融合,实现了5米以内的目标平均定位精度,滤除了小动物、树枝、树叶、风等因素产生的误报事件,整体试验效果优于国外相关技术。

由上面各类技术分析可以看出,电子周界防控技术与气象等环境监测传感器的融合,以及人体目标特征信号的提取和准确分类是电子周界技术的发展趋势和重点研究方向。

1.4 监狱智能化安全防范体系的建设内容

监狱智能化安全防范体系包括罪犯循证矫正、区域管控、行为图像智能分析、周界融合和智能化综合管控平台这五大部分,涉及以下几个关键技术。

(1)罪犯循证矫正关键技术。

1.4 监狱智能化安全防范体系的建设内容

针对目前监狱罪犯改造缺乏有效技术支撑手段和可量化矫正证据,研究循证矫正的基础理论,设计循证矫正的基础数据库,开展罪犯信息的多维度数据检索与挖掘技术研发工作,构建循证矫正技术支撑系统,创新矫正方法,丰富科学矫正手段和模式,全面提高监狱罪犯改造质量。

主要研究内容包括:①基于大样本采集的业务层面罪犯矫正证据集合汇总以及基于元分析和系统评价的证据集合筛选;②基于 Hadoop 平台的罪犯矫正证据数据化及矫正证据快速存储检索技术;③基于 Map Reduce 计算模型的并行关联规则挖掘算法的设计与优化;④基于关联规则挖掘结果的罪犯改造矫正专家知识库构建以及自助式心理矫正学习和个性化远程心理咨询矫正服务平台建设等。

(2)基于室内定位的全时空罪犯精准管控关键技术。

针对监狱罪犯"脱管"现象较为严重、监管环境空间覆盖率偏低等问题,研发基于 RFID 的高可靠性罪犯精准定位技术,构建全时空罪犯精准管控系统,实现服刑人员的全过程、全方位、全覆盖识别、定位和异常行为预警,全面提高罪犯管控的空间覆盖率和时空轨迹分析能力。

主要研究内容包括:①高稳定度室内定位技术基础理论分析与系统总体设计;②支持多接口、多天线形态的定位基站公共开发平台设计以及支持在线功率控制和状态检测的定位基站设备研制;③低成本、极低功耗、轻薄型的罪犯定位标签(腕带)研制;④超低占空比、低延时、低冲突概率的多定位标签接入协议设计与实现。

(3)罪犯行为智能分析与识别关键技术。

针对狱内罪犯行为缺乏有效的自动分析检测手段,基于视频录像进行人工事后取证为主要手段的现状,研发基于视觉自动分析的罪犯异常行为自动预警技术和基于视频摘要的视频浓缩与快速检索技术,打造面向监狱应用需求的罪犯行为智能分析与识别系统,实现服刑人员异常行为的自动识别与预警,提高了狱内重特大案件的预警和及时处理能力。

主要研究内容包括：①建立监狱罪犯行为视频基准库和环境情景模型；②监狱罪犯行为分析与识别关键算法；③基于人脸识别技术的自动点名系统；④监狱视频监控内容自动化标注、视频浓缩模型建立，以及优化监控画面布局模型。

(4) 全天候智能周界关键技术。

针对监管环节漏洞造成罪犯脱逃的问题，研发基于超宽带波导雷达的隐蔽式电子周界技术、热成像图像增强和智能分析技术，建成全天候智能周界安防系统，全方位、全天候预防罪犯脱逃，保证监管无死角，封堵监管漏洞。

主要研究内容包括：①面向监狱的特定场景分析和电磁波仿真分析的参数选择；②基于扩频通信和高速信号过采样原理的超宽带波导雷达基带信号解调处理算法，基于迟早门延迟相关器的虚拟分段算法；③基于温度(亮度)信息的目标增强、目标自动提取和识别置信度估计算法；④环境传感器与核心传感器，以及基于实时环境信息的核心传感器之间的两级传感器融合机制等。

(5) 应急指挥综合管理关键技术。

针对监狱信息化系统特别是安防系统分散建设、缺乏有效信息集成的问题，研究基于物联网技术的多系统智能联动技术与可视化指挥技术，构建信息资源统一管理、安全共享和智能融合的应急指挥综合管理平台，高效整合各类安防要素和信息资源。

主要研究内容包括：①基于海量时空数据和领域知识库的应急指挥智能决策模型研究；②研究基于统一机器框架实现多元稀疏群体数据的应急指挥知识发现机制；③研究面向监狱的可视化导航技术以及触摸式控制台信息快速投放至大屏幕画面的技术等。

监狱作为一种高安全等级的特殊场所，有其特有的技术限定条件和应用约束因素。在重点分析监狱使用环境、业务需求和总结前期物联网应用试点工作经验教训的基础上，明确相关技术应用的制约因素，并进行针对性的技术研发和优化定制，是关键技术研究成功的关键和核心重点。

1.5 监狱智能化安全防范关键技术涉及的主要共性、关键技术及其难点

（1）基于罪犯多维信息的循证矫正数据模型构建与验证。

根据"循证矫治模式"构建的业务需求，对罪犯的基础信息进行了收集、整理和归纳。罪犯的基础信息主要包括罪犯服刑期间的管控信息和狱内改造表现，以及罪犯入狱前和重新犯罪前在文化水平、生活经历、性格偏好、风险需求等方面的特征。

构建循证矫正基础信息库和案例库，同时通过罪犯个体变化情况的记录与积累，在网上建立个体罪犯改造的动态轨迹记录，实现罪犯个体信息资源、事件处置体会、矫正经验等的共享。构建不同维度多种信息变量之间的统计关联分析模型，研究构建罪犯"循证矫正"数据分析模型，评估教育矫治措施的实际效果，为创新和优化教育矫治措施起到提供科学依据的作用。

循证矫正数据模型构建的难点在于矫正证据元数据集定义和多维度矫正基础数据库构建，结构化/半结构化"经验证据"的统一组织、存储、检索和并行处理，多维数据间聚类与非线性相关关系的关联挖掘。

（2）高可靠性、高准确度、极低功耗的室内定位技术。

目前，室内定位技术纷繁多样，包括声、磁、射频、红外、运动感知等多种定位信号载体和基于时延/到达角的三角/三边定位，基于时延差的双曲定位，基于信号强度的场景训练标定匹配拟合，基于接近关系的关键点定位，以及惯性积分自定位等多种定位机制。

室内定位技术在监狱实际应用中面临的最大挑战是包括最为常见的人体移动、金属物体如监舍门移动等在内的应用场景变化，导致各种定位信号载体的传播条件发生变化，致使定位系统性能急剧恶化，出现性能不够稳定的问题。深入分析和总结监狱应用场景的特征，结合各种室内定位技术的仿真分析和已有室内定位产品的测试验证，选择对场景环境变化不敏感的定位信号载体和定位技术体

制，是室内定位系统能够实际应用的关键和难点所在。

由于附着于罪犯等被定位对象的定位标签/腕带，内置了罪犯的身份信息，必须具有防暴力拆卸的能力和极高的识别准确率，这同时也带来了定位标签/腕带日常更换电池或充电比较困难的问题，必须采用极低功耗的电路设计，延长罪犯定位标签/腕带的工作时间。这些要求是监狱业务需求与常见室内定位应用的显著区别之一。

室内定位技术的难点在于面向监狱特定应用环境的高稳定度、高识别准确率的定位信号载体和技术体制的分析验证和确定，高精度定位算法的设计，以及定位标签环境适应性设计与极低功耗电路优化设计技术。

(3) 基于智能视频分析的罪犯异常行为分类探测技术。

从管控业务需求角度对狱内罪犯的常规行为与异常行为进行界定与分类，目前尚未形成相应的标准，同时可能存在模糊性和交集，需开展专门研究并建立标准化、规范化、可识别区分的行为模式库。

视频质量在环境变化时的不可控，导致视频分析的困难，包括光影的变化、遮挡和重叠、角度变化、目标与背景颜色相似等，导致视频质量不高、特征提取困难，使得视频智能分析失效。

视频分析作为一种智能化技术，必然有一个判断的准确率和误报率，如何尽可能降低误报，同时又尽可能避免漏报，这是一个需要解决的矛盾。

(4) 全天候、极低漏报率和误报率的电子周界技术。

监狱为防止罪犯脱逃，建设并投入使用了两道物理围墙/围栏，同时在外部围墙上加装了高压电子脉冲围栏，部分监狱在两道围墙/围栏之间加设了电子周界。

常见的电子周界技术包括红外/激光对射、基于围栏的振动光纤、振动电缆和分立式震动传感器、微波雷达、地埋式泄露电缆等。电子周界技术实际应用中面临的最大挑战是室外气候条件的动态变化以及小动物、树枝、树叶等周遭物体造成的误报。

由于监狱是一类安全等级要求非常高的特殊场所，对传感器连接线缆部署方式(尽量不外漏以防止罪犯利用其实施脱逃)、设备工作的可靠性具有更为严格的要求。

此外,与常见的电子周界应用相比,监区周界部署了夜间光照设施,更易于全天时的视频联动和预警事件印证。但为了实现有效的视频联动和印证,必须达到较高的入侵目标定位精度,以便基于位置信息确定参与联动的摄像头,提高事件预警处置能力。

由于环境恶化,浓雾、灰霾等恶劣天气时有出现,基于可见光视频监控和夜间补光方式已经难以达到全天候电子周界防控的目标。远红外热成像能够捕获物体自身发出的 $8\mu m \sim 14\mu m$ 波长远红外光波谱,具有很强的透雾、透雨雪和穿透灰霾的能力。

电子周界技术的难点在于具有室外环境气候自适应能力与高目标定位精度的可隐蔽布设的电子周界探测技术的融合,云台模式下热成像智能视频分析算法的优化和精简,基于置信度的可见光视频及热成像智能分析与隐蔽式电子周界目标探测的融合。

1.6 创新点

(1)系统级创新。

坚持先进技术与业务模式紧密结合,打造整合安防、改造职能各要素、覆盖管控各环节的全局化、自动化、精细化、管用易用的面向罪犯监管与改造业务的物联网技术支撑体系,提升狱情犯情分析和态势研判水平,提高警务综合保障能力,切实降低一线干警工作负担,提高罪犯改好率。

(2)技术创新。

针对监狱高准确率、长工作时间的特定定位需求,集成极低功耗、高稳定度的近场低频磁传播与极低占空比的低延时 UHF 有源 RFID 技术,结合低频磁场训练与极低功耗三轴加速度计,实现面向监狱的高稳定度、高准确率的罪犯精准定位。

采用链路可变增益控制技术和基于迟早门延迟相关器的虚拟分段技术,实现低误警率、高探测率、高定位精度和环境适应性的隐蔽式超宽带波导雷达技术,通过与热成像图像增强与智能分析信息的融合，构建全天时全天候、高安全等级的罪犯脱逃防范体系。

研究并建立罪犯行为标准化模式库、视频基准库，建立目标识别特征模型、行为识别情景模型和参数体系，解决监狱应用场景下环境复杂、目标相似度高等问题，化被动监控为主动报警。

基于大样本实验研究，采用元分析和系统评价方法，综合评估各项证据的正确性、有效性。利用数据关联分析挖掘技术，融合罪犯基础信息数据和服刑期间的狱内实时管控数据，构建"循证矫正"数据分析模型，挖掘出最佳证据，全面提升改造质量，降低重犯罪率。

第 2 章　监狱信息化

2.1　监狱信息化的概念

在人类社会的发展进程中，管理创新和技术创新是推动经济增长的两个基本动力源。我国监狱发展的最大的障碍存在于此，创新成为制约监狱发展的瓶颈。随着当前信息技术日益发展和成熟，监狱管理创新理论的研究持续深入，为快速提升监狱管理水平提供了理论和技术双重保障，监狱信息化应运而生。

监狱信息化(prison informatization)，是指运用高效安全的网络通信与信息化设施，通过培养专业对口、业务过硬、快速反应、规范执法的现代化警察队伍，持续推进监狱各项管理工作体制创新，强化监狱基本职能，提高罪犯改造质量的社会化进程。

监狱信息化是通过建立网络互联互通、信息资源共享、标准规范统一、应用功能完备的信息化体系，提高监狱信息资源综合开发利用水平，形成全员应用、资源共享的信息化工作格局，显著提高监狱执法、安全防范、罪犯改造等工作的信息技术应用能力。

2007 年 5 月 29 日，司法部在南京召开全国监狱信息化建设工作会议正式发布了《全国监狱信息化建设规划》，其中对监狱信息化的概念进行了定义。

同时，在此规划中还明确了监狱信息化建设的总体目标和主要任务。

监狱信息化建设的总体目标：构建覆盖全国监狱系统的网络互联互通、信息资源共享、标准规范统一、应用功能完备的信息化体系，明显提高监狱信息资源综合开发利用水平，形成全员应用、资源共享的信息化工作格局，显著提高监狱执法、安全防范、罪犯改造等工作的信息技术应用能力，为推进司行政系统信息化建设奠定基础。

监狱信息化建设的主要任务：建设一个平台、一个标准体系、三个信息资源库、十个应用系统。"一个平台"，即网络和硬件平台；"一个标准体系"，即监狱信息化标准体系；"三个信息资源库"，即监狱管理信息库、罪犯信息库、警察信息库；"十个应用系统"，即监狱安全防范和应急指挥系统、监管及执法管理系统、教育改造系统、生活保障及医疗卫生系统、警察管理系统、生产管理与劳动改造系统、监狱建设与保障系统、狱务公开系统、办公自动化和决策支持系统。

实施监狱工作信息化建设的目的是实现监狱各项工作的数字化、智能化、标准化和网络化，提高监狱的安全防范水平、提高工作效率、提高改造质量。因此，监狱工作信息化具备以下特点：

(1)管理智能性。即各种管理和控制设施的智能化，如监管工作中涉及的图像、声音的采集处理、探测报警、门禁系统都应实现智能化控制。

(2)办公高效性。可以进一步提高办公、通信、决策等方面的工作效率，节省人力、资源、能耗等方面的费用开支。

(3)工作方便性。能够实现信息的快速采集、处理与交换，能够让需要了解信息的单位和个人快速地查阅到许可的信息。

(4)监管安全性。采用信息技术建设起来的监狱，能够进一步提高监狱的安全防范能力，确保监狱安全稳定，为监狱做好对服刑人员的改造工作、提高教育改造质量打好坚实的物质基础。

2.2 监狱信息化的意义

(1)新形势下提高监管安全防范水平的紧迫需要。

随着社会治安形势的变化及近年来开展的专项斗争，监狱押犯构成发生变化，暴力犯、团伙犯、重刑犯、智能型犯罪及带黑、涉毒性质的罪犯比例上升，狱内改造与反改造的斗争日趋激烈。监管

2.2 监狱信息化的意义

场所不安定因素增多，狱内犯罪具有更强的欺骗性、突发性、纠合性、残忍性和智能性，成为当前影响监管安全与稳定的一大隐患。因此，在监管安全的新形势下，急需有通过计算机技术实现的强有力的监管改造手段和高效的监狱管理工作机制，有现代科学技术装备的一支高素质的监狱人民警察队伍，有通过信息网络技术支持的领导指挥与决策和应付突发事件的联动应急指挥系统等，为各级监狱机关提供强有力的现代化监管手段。

(2) 保证国家对监狱建设投资效益得到充分发挥的需要。

监狱分布面广，点多分散，多数监狱地处偏远、偏僻，迫切需要作布局上的调整和监管工作条件上的改善。国家在"十五"和"十一五"期间已经加大对监狱建设的投资。为确保投资效益的充分发挥，在完成监狱基础建设的同时需要加强信息化建设。特别是，各级监狱机关的纵向与横向组网通信需求迫切，通信组织的安全性、保密性和可靠性要求较高，通信中以罪犯基础档案(含多媒体资料)为主要业务流的业务数据量大，系统内不仅信息传递执法性和专业性强，工作的特殊性需求大，专项应用开发要求高，而且传递量大，要求通信可靠、准确、及时、保密，没有较高水平信息化建设的保证，国家对监狱建设的投资效益就很难得到充分发挥。

(3) 处理监狱突发事件实施应急指挥协同的需要。

监狱突发事件往往性质严重，对社会的危害性大。全国公安系统自实施信息化金盾工程，特别是组建"110"指挥中心以来，综合警力迅速提升，管理与业务手段全面现代化，社会治安信息、案件准确、及时处置，极大地提高了快速反应和协作配合能力，为维护社会治安秩序发挥了重要作用。实施全国监狱系统信息化工程，形成全国监狱系统计算机监管信息网络，形成全国监狱管理与应急指挥系统，监狱发生案件时，可快速反应，果断处置。必要时协调相关监狱，联系公安、武警等部门，协同行动。这也是公安、武警系统信息化应用水平对监狱系统信息化建设的客观要求。

(4) 依法公正实施刑罚执行的需要。

实现以信息化网络技术为基础的监狱网上狱务公开，网上执法监督，实时记录和真实再现教育改造质量的全过程，可以增强对监狱管理改造的监督力度,提高监狱执法工作的透明度,使监狱执法程序更加严格公正,从根本上杜绝人为的主观随意性,使监狱刑罚执行和教育改造工作始终保持其应有的客观性,从源头上防治司法腐败,确保司法公正。这是现代社会经济与文化发展水平的客观要求,也是中央政法工作和法制建设基本准则以及监狱工作社会化发展方向的要求。

(5)监狱工作社会化和提高罪犯教育改造水平的需要。

由信息化网络技术和视音频技术实现的多种现代化教育手段,同样适用于对罪犯的教育改造。如何使教育改造罪犯工作向科学化、社会化转变,是国家提高罪犯改好率,降低重新犯罪率的重要课题。建设全新的向社会开放的罪犯教育改造综合工作平台,改变罪犯改造工作处在单一封闭式教育的现状,推进监狱教育改造的社会化进程,创建社会志愿者帮教罪犯的工作机制,提高全国监狱系统的罪犯教育改造效率和质量水平,同样迫切需要监狱信息化手段的建设。

(6)提高监狱工作效率和质量的需要。

罪犯从入监接收、初期教育、心理矫治、教育和劳动改造到最后服刑期满出狱整个服刑期的全过程,有大量的监管工作与教育改造过程的记录与执行工作内容的记载等信息资源的产生,迫切需要实现监狱管理工作手段的电子化和网络化,使监狱管理人员从繁重的手工劳动中解放出来,减少工作中不必要的环节,提高工作效率。计算机网络对监狱的执法提供更加有效的法律支持和监督,实现司法信息资源的及时交换与利用,从根本上提高狱务工作效率和实现异地监狱管理机关及时交流信息,提高工作质量,降低改造工作的成本,真正实现监狱刑罚执行的高效与公正。

(7)提高监狱人民警察队伍建设水平的需要。

用现代化信息技术装备强化干警的思想观念与执法手段的电子化转变,实现全国监狱系统的监狱干警的司法与素质教育培训机制,为监狱各级领导和干警提供快捷的法律法规查询,学习法学理论,将先进的管理经验进行汇总,转变成所有干警可以共同学习借鉴的经验。这种知识的汇集和经验的共享,必将促进监狱警察队伍整体素质的提高,进一步提高监狱警察的执法水平。

(8)国家安全和社会安定对监狱信息资源的需要。

罪犯从被批捕、起诉、判决、入监到刑满释放回归社会形成了司法业务的一个工作流程,监狱是其中的一个重要信息节点。司法业务流程到此转入相对独立、长达数年的稳定和被得到刑罚执行的特性管理循环,是罪犯原有信息的汇聚节点和新生信息的原发节点,对于这些信息的采集、汇总、数字化是监狱业务现代化的迫切需要,也是国家司法业务和社会平安建设的重要信息资源建设,对这些信息资源的利用,以及监狱多年积累的罪犯改造成果和对刑满释放人员重新犯罪率的统计、分析、汇总,多网联动实现对刑满释放人员,社区矫正人员的教育改造情况进行动态跟踪,建立把罪犯改造成为守法公民的科学模型,构筑教育,挽救,改造罪犯的最后一道防线,为国家安全和社会安定制定综合治理的方针政策,实现领导决策分析,提供监狱司法信息支持等,都需要监狱信息化手段的支持。

2.3 监狱信息化的必要性

1. 监狱安全的必要性

从监狱安全工作来看,要确保监狱的安全不仅要实时监视罪犯所在的位置,还要实时掌控罪犯的各种状态,如罪犯是否吵架,罪犯和哪些人接触等。

根据2003年到2007年脱逃案件和狱内重大恶性案件的统计分析,由于罪犯行为未被监测导致"脱管",实施脱逃与狱内发案的约占80%。由于监狱漏洞失控的约占20%,其中越围墙脱逃占2.56%,挖地道脱逃占1.62%,盗抢警服、便服伪装监狱干警职工占5.12%,随车辆从大门脱逃占8.16%,暴力冲出大门脱逃占1.15%,借零散劳动、会见、外出治疗、押解途中的警力不足、监管不紧、管理不严占1.78%。

就目前监狱警力配置来看,仍有12个省(区、市)的警囚比没有达到18%,仍有相当部分省(区、市)监狱基层警力未达到75%。

2. 教育改造的必要性

罪犯教育改造工作是监狱的重要组成部分。从前文的数据和教育改造工作来看,要开展提升罪犯心理素质、文化层次、劳动技能等生存适应能力的教育改造活动,需要针对罪犯的不同心理特征、文化层次和专业技能设计个性化的思想、文化和技能教育课程。受到现有教育资源、教育模式的限制,当前还不能实现差别化教育,使教育效果达到最大化。

3. 综合治理协同的必要性

刑满释放人员回归社会后,重新犯罪的外在原因十分复杂,既有一些必然性的因素,也有许多偶发因素。从必然性因素看,主要包括社会歧视、生存条件缺失和原有团伙影响等方面。利用电子政务网络共享刑满释放人员信息,动员和组织全社会的力量,运用综合治理手段,通力协调消解重新犯罪外在产生症结,建设综合治理协同系统是必要的。中央社会管理综合治理委员会(简称中央综治委)是协助中共中央、国务院领导全国社会管理和综合治理的常设机构,下设办公室作为办事机构,与中共中央政法委员会合署办公,中央政法委员会书记一般兼任中央综治委主任。《人民法院报》2014年10月10日刊发中共中央政治局委员、中央政法委书记孟建柱2014年7月15日在司法体制改革试点工作座谈会上的讲话摘要。孟建柱在讲话中说:"最近,中央决定,将中央社会管理综合治理委员会恢复为中央社会治安综合治理委员会,目的是集中精力抓好平安建设。"

4. 社会发展的必要性

随着国家电子政务的发展,监狱机关相关的公安、法院、检察院等部门,都已建设相关信息化系统。监狱是国家刑罚执行机关,是国家机器的重要组成部分。监狱刑罚执行制度是社会主义司法制度的重要组成部分。监狱执法工作的开展,直接关系到社会稳定,

2.3 监狱信息化的必要性

从党和国家大局出发，站在巩固党的执政地位、保障国家长治久安的高度，监狱电子政务建设是完善我国社会主义司法制度的客观要求，是推进司法行政工作改革发展、全面履行司法行政职能的内在要求，有利于减少社会不稳定因素、促进社会和谐、促进社会公平正义。

（1）我国的信息化发展情况

我国的信息化发展经历了酝酿、起步、推进、加速和全面推进五个阶段。

①信息化酝酿阶段（1978—1983年）。1978年3月，中共中央召开了全国科学大会，这次大会被誉为科学的春天。在这次大会上，邓小平作了长篇重要讲话，并提出"科学技术是生产力"的重要论断。

1983年，国家制定新技术革命对策时，首次把发展信息技术纳入国家政策，信息技术开始凸显。

②信息化起步阶段（1984—1992年）。1984年10月，中共十二届三中全会通过的《中共中央关于经济体制改革的决定》揭开了中国信息化的序幕。

1986年3月，国家科学技术委员会编制了《高新技术研究开发计划纲要》，俗称"863"计划。

1988年5月，国家制定了"火炬计划"。

1987年，国家信息中心成立，负责国家经济信息系统的规划与建设。

1989年，国务院批准了《关于我国电子信息产业发展战略的报告》。

1991年6月，国务院发布了《计算机软件保护条例》。

③信息化推进阶段（1993—1997年）。1993年3月，建设国家公用经济信息通信网（即金桥工程）。

1994年9月，中国公用计算机互联网（CHINANET）开始启动建设。

1995年10月，中共十四届五中全会通过了《关于制定国民经济和社会发展"九五"计划和2010年远景目标的建议》，首次提出了"加快国民经济信息化进程"的战略任务。

1996年1月,国务院信息化领导小组成立,由国务院副总理邹家华担任组长,由20多个部委共同组成,统一领导和组织协调全国的信息化工作。

1997年4月,国务院在深圳召开了全国信息化工作会议。

1997年12月底,中国公用计算机互联网(CHINANET)实现了与中国科技网(CSTNET)、中国教育和科研计算机网(CERNET)、中国金桥信息网(CHINAGBN)的互联互通。

④信息化加速发展阶段(1998—2005年)。1998年3月,信息产业部成立。

1999年12月,国家信息化工作领导小组成立。

2001年7月,《国家信息化指标构成方案》出台。

2001年3月,《国民经济和社会发展第十个五年计划纲要》对"加快推进国民经济和社会信息化"做了进一步的规定。

2000年1月16日,中国国家重点企业电子商务网络启动。

⑤信息化全面发展阶段(2006—2020年)。2006年3月19日,中共中央办公厅、国务院办公厅印发了《2006—2020年国家信息化发展战略》,提出信息化是充分利用信息技术,开发利用信息资源,促进信息交流和知识共享,提高经济增长质量,推动经济社会发展转型的历史进程。

2014年2月27日,中央网络安全和信息化领导小组成立。该领导小组将着眼国家安全和长远发展,统筹协调涉及经济、政治、文化、社会及军事等各个领域的网络安全和信息化重大问题,研究制定网络安全和信息化发展战略、宏观规划和重大政策,推动国家网络安全和信息化法治建设,不断增强安全保障能力。

我国的信息化发展战略是指以信息化促进工业化,以工业化带动信息化,走出中国特色的信息化道路。

《2006—2020年国家信息化战略》全面分析了国内外的信息化发展形势,提出了2020年前我国信息化的指导思想、战略方针和战略重点,对我国切实走新型工业化道路,加快经济增长方式转变,促进社会主义和谐社会建设和建设创新型国家,具有深刻的历史意义和现实意义。

电子政务是指运用计算机、网络和通信等现代信息技术手段，实现政府组织结构和工作流程的优化重组，超越时间、空间和部门分隔的限制，建成一个精简、高效、廉洁、公平的政府运作模式，以便全方位地向社会提供优质、规范、透明、符合国际水准的管理与服务。

电子政务的特点：a. 必须借助于电子信息化硬件系统、数字网络技术和相关软件技术的综合服务系统。b. 处理与政府有关的公开事务，内部事务的综合系统。c. 新型的、先进的、革命性的政务管理系统。

电子政务的内容：a. 政府从网上获取信息，推进网络信息化。b. 加强政府的信息服务，在网上设有政府自己的网站和主页，向公众提供可能的信息服务，实现政务公开。c. 建立网上服务体系，使政务在网上与公众互动处理，即"电子政务"。d. 将电子商业用于政府，即"政府采购电子化"。e. 充分利用政务网络，实现政府"无纸化办公"。f. 政府知识库。

我国电子政务网络建设分为电子政务内网和电子政务外网两部分。

①国家电子政务内网平台。电子政务内网主要是指政府内部办公，包括向公务员提供服务及政府机关之间的互联互通。电子政务内网是电子政务的核心和基础之一，电子政务内网主要为领导决策和指挥提供信息支持和技术服务，并承担公文、应急、值班、邮件、会议等办公业务。

电子政务网络的安全性要求物理隔离，这决定了政府的局域网、城域网和广域网都是两套，即政务内网有自己的政府局域网、城域网和广域网，政务外网也有自己的政府局域网、城域网和广域网；党委、政府、人大、政协、纪委五套班子统一建网，避免重复建设；政务外网通过政府网站与 Internet 连接，实现"电子政府"；可以按地/市为单位，统一 Internet 出口，通过多种手段保证信息安全。

政务内网与其他网络完全物理上断开，政务外网与政府网站采用逻辑隔离设备隔离。政务内网与政务外网在承载业务上都要求具有支持数据业务，语音业务和视频业务的能力，但一般语音业务和视频业务在政务外网上运行，数据业务在政务内网和政务外网上都运行。中央、地方电子政务内网如图 2-1 所示。

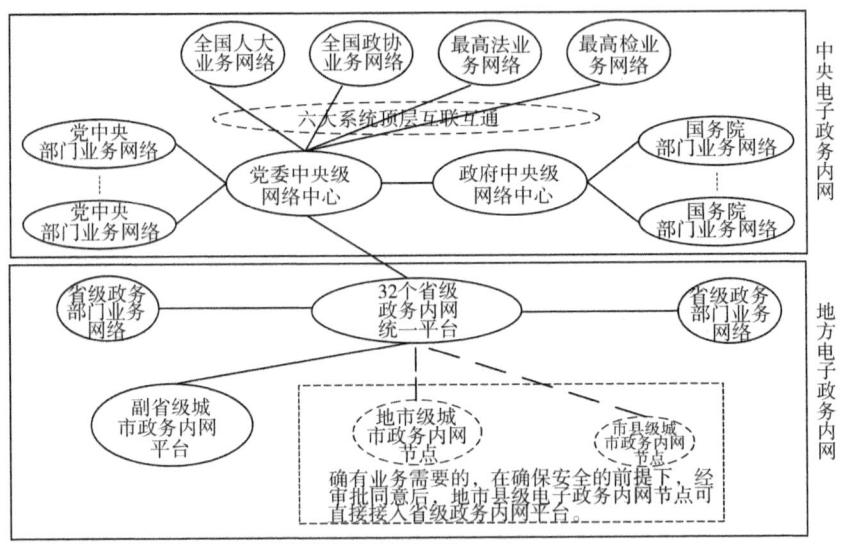

图 2-1　电子政务内网

②国家电子政务外网平台。电子政务外网是指政务机关利用互联网通过统一门户对外统一发布信息和向社会提供信息服务、业务办理和管理监督等政务活动的公共信息网络。

政务外网作为政府部门的公用行政基础设施，首先满足各级政府部门的非涉及国家秘密信息的各类业务系统的搭载需求。满足政府内部非涉密类业务和信息传输的需要，为其提供基础的网络承载和支撑服务，其次解决跨部门、跨地区业务在公开前内部办理安全传输、处理与交换的需求。

政务外网承载各级政务部门业务协同、社会管理、公共服务、应急联动等面向社会服务的业务应用系统，主要满足中央和各级地方对口政务部门之间信息纵向传输、汇聚及各级政务部门之间、政

2.3 监狱信息化的必要性

务部门与公众、企业之间信息交换与共享的需求，与互联网安全联结，支持各级政务部门面向社会的门户网站。政务外网能支撑多个业务系统的文件、数据、表格、图像、图片等多媒体数据的传输，能够支持视频会议、视频点播、话音等业务。电子政务外网如图2-2 所示，电子政务外网与互联网如图 2-3 所示。

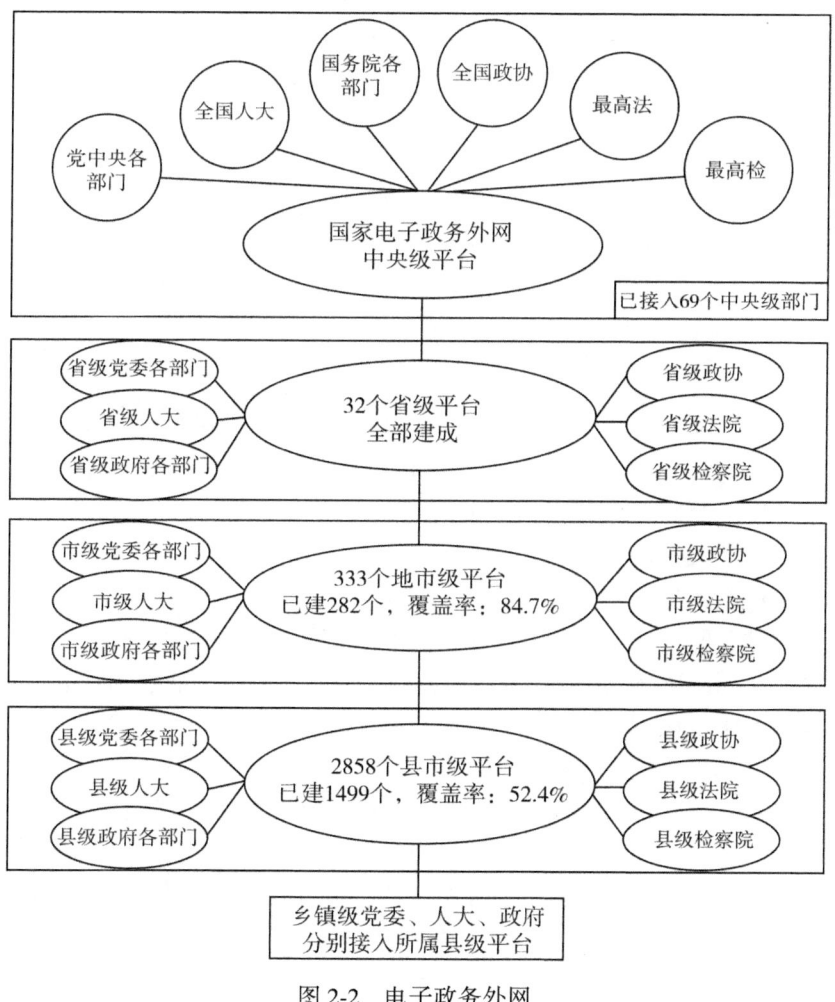

图 2-2　电子政务外网

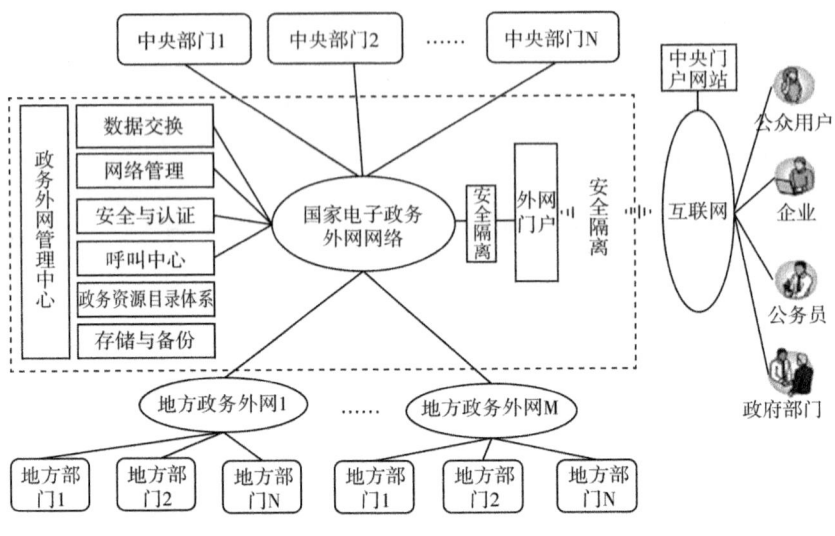

图 2-3 电子政务外网与互联网

电子商务是指在互联网(Internet)、企业内部网(Intranet)和增值网(Value Added Network,VAN)上以电子交易的方式进行交易活动和相关服务的活动,是传统商业活动各环节的电子化、网络化。

电子商务的几种模式如下。①B2C:企业对个人用户的 EC。②C2C:个人对个人的 EC。③B2B:企业对企业的 EC。④C2B:个人对企业的 EC。⑤O2O:Online to Offline 的 EC。

我国的电子商务发展经历了起步、初步发展、高速增长和纵深发展四个阶段。

①起步阶段(1993—1998 年)。

1993 年,我国成立了以国务院副总理为主席的国民经济信息化联席会议及其办公室,相继组织了金关、金卡、金税等"三金工程",取得了重大进展。1996 年,全桥网与因特网正式开通。1997 年,信息办组织有关部门起草编制中国信息化规划。同样是在 1997 年,中国第一家垂直互联网公司——浙江网盛科技股份有限公司诞生。1998 年 3 月,中国第一笔互联网网上交易成功。

②初步发展阶段(1999—2002 年)。

2.3 监狱信息化的必要性

1999年3月8848等B2C网站正式开通,网上购物进入实际应用阶段。同年政府上网、企业上网、电子政务、网上纳税、网上教育、远程诊断等广义电子商务开始启动,并已有试点,并进入实际试用阶段。在这个阶段中国的网民数量相比起今天实在是少得可怜,根据2000年年中公布的统计数据,中国网民仅1000万。在这个阶段,网民的网络生活方式还仅仅停留于电子邮件和新闻浏览的阶段。网民未成熟,市场未成熟,以8848为代表的B2C电子商务网站能说得上是当时最闪耀的亮点。

可惜8848最终逝去,萌芽期的电子商务环境里没能养活几家电子商务平台,只是孕育了一批初级的网民。这个阶段要发展电子商务难度相当大。

③高速增长阶段(2003—2006年)。

在这一阶段,当当、卓越、阿里巴巴、慧聪、全球采购、淘宝,这几个响当当的名字成了互联网江湖里的热点。这些生在网络长在网络的企业,在短短的数年内崛起,和网游、SP企业等一起搅翻了整个通信和网络世界。这个阶段对电子商务来说最大的变化有三个:大批的网民逐步接受了网络购物的生活方式,这个规模还在高速的扩张;众多的中小型企业从B2B电子商务中获得了订单,获得了销售机会,"网商"的概念深入商家之心;电子商务基础环境不断成熟,物流、支付、诚信瓶颈得到基本解决,在B2B、B2C、C2C领域里有不少的网络商家迅速成长,积累了大量的电子商务运营管理经验和资金。

④纵深发展阶段(2007年至今)。

电子商务已经不仅仅是互联网企业的天下。数不清的传统企业和资金流入电子商务领域,使得电子商务世界变得异彩纷呈。B2B领域的阿里巴巴、网盛科技的上市标志着电子商务步入了规范化、稳步发展的阶段;淘宝的战略调整,百度的试水意味着C2C市场在不断地优化和细分;PPG、红孩子、京东商城的火爆,不仅引爆了整个B2C领域,更让众多传统商家按捺不住纷纷跟进。

(2)公安信息化发展

1998年,公安部为适应我国在现代经济和社会条件下实现动态管理和打击犯罪的需要,实现"科技强警",增强公安系统统一指挥、快速反应、协调作战、打击犯罪的能力,提高公安工作效率和侦察破案水平,提出建设"金盾"工程。"金盾"工程实质上就是公安通信网络与计算机信息系统建设工程。

"金盾"工程是国家电子政务建设的12个重要业务系统之一。总体工程5年内完成,分两期建设。

①调研立项(1998—1999年)。

自从1984年公安系统计算机网路建设正式启动后,我国公安系统分期启动了"中国犯罪信息中心"(CCIC),并于1994年年底正式运行。经过十几年的发展,公安系统在网络、有线通信、行动通信系统等信息基础建设方面都取得了重大进展。同时,服务于公安机关刑事执法和行政执法的计算机业务信息应用也取得了很大的成绩。

1998年,公安部提出建设"金盾"工程,并进行调研、立项等基础准备工作。

②工程一期(1999—2002年)。

一期工程要重点建设好一、二、三级信息通信网路以及大部分应用数据库和共享平台等工程,周期暂定为三年。

"金盾"工程一期主要完成公安基础通信设施和网络平台建设。基础通信设施主要包括有线通信、移动/无线通信、卫星通信;网络平台建设主要包括电话专网、计算机专网、电视会议系统。

经过第一阶段为期三年的基础建设后,"金盾"工程开始正式起步,2001年4月被国家计委正式立项,列为国家信息化的重点工程之一,从此,"金盾"工程进入全面推进的阶段。预计到2004年,金盾工程将在全国范围内100%完成联结公安部到各省、自治区、直辖市的一级网,以及联结省到各地市的二级网的建设;在联结地市到各区县的三级网建设方面,不同地区根据发展水平和投资力度的不同,已分别完成60%到80%不等。在北京、上海等地区,三级网和区县到派出所的接入网都已经100%完成。总体而言,"金盾"工程的实施力度将比人们原来的预期要大。

③工程二期(2002—2004年)。

2.3 监狱信息化的必要性

二期工程的主要任务是完善三级网及延伸终端建设,全面完成基础研究部门所需要的应用系统,全面实现公安工作通信多媒体化,相关业务信息共享,公安工作信息化,周期暂定为两年。

总体建设目标:落实"科技强警"战略决策,在现有的公安信息化基础设施和装备的基础上,充分利用先进的技术手段建成和不断完善全国公安通信网络和全国公安信息系统,推动公安各业务系统的应用与全国信息化发展水平相适应,实现以各项公安业务为基础,以全国犯罪信息中心(CCIC)为核心,以全国公安工作信息化为目标的信息共享和综合应用。为公安机关打击犯罪维护国家政治安定和社会稳定,提高办公效率和执法能力;为社会提供信息服务,全面建成面向 21 世纪的全国公安信息化基本体系。

整体建设内容:主要包括公安基础通信设施和网络平台建设、公安计算机应用系统建设、公安工作信息化标准和规范体系建设、公安网络和信息安全保障系统建设、公安工作信息化运行管理体系建设和全国公共信息网络安全监控中心建设等。全国公安计算机网络分为三级,连接公安部至省、自治区、直辖市的网络为一级网,连接省、自治区、直辖市至市地的网络为二级网;连接市地至县(市)区的网络为三级网。

(3)检察院信息化发展

2000 年 1 月,最高人民检察院召开全国检察机关科技强检工作会议,做出了《关于在大中城市加快科技强检步伐的决定》。

2001 年 11 月,除西藏自治区检察院外,全国检察机关一级专线网已经开通,最高人民检察院与省级检察院、省级检察院与省级检察院之间的专线电话、视频会议和计算机数据传输系统已经开始试运行,初步实现了"三网合一"功能。全国检察系统广域网数据交换与应用技术规范已经开始组织实施。

2007 年,全国检察机关信息化应用基础网络平台建设基本完成:全国 32 个省级院、347 个地市级院和 2323 个县级院建成了计算机局域网,最高人民检察院互联网门户网站完成改版。最高人民检察院组织编写的《电子政务工程项目建议书》提交国家发改委,并被列入国家电子政务工程十一五规划。

2009年8月4日，最高人民检察院关于印发《2009—2013年全国检察信息化发展规划纲要》的通知（高检发技字〔2009〕1号）。

2009年11月，全国检察机关技术信息工作会议在江苏省苏州市召开，会议提出要"大力加强检察技术和信息化工作"。检察信息化是科技强检的先导，要始终把这项工作作为实施科技强检战略重中之重的任务来抓。要以检察工作需求为导向，以检察信息资源管理为核心，加快建设全国检察机关统一的信息交换与资源共享平台及服务体系，大力推进应用系统互联互通、资源共享，争取到2013年建成覆盖全国各级检察机关的检察信息化综合体系。

——全面推行讯问职务犯罪嫌疑人全程同步录音录像。

职务犯罪案件讯问犯罪嫌疑人全程同步录音录像制度是一项广受社会关注的重要改革。2011年底召开的全国检察长会议做出了"按照'全面、全部、全程'的要求，落实和完善讯问职务犯罪嫌疑人同步录音录像制度"的工作部署。在高检院的强力推动下，特别是刑诉法修改后，各级检察机关坚决按照"全面、全部、全程"的要求，认真落实和完善讯问职务犯罪嫌疑人同步录音录像制度。

——积极打造案件统一管理平台。

以检察信息化为依托，案管改革工作风生水起。各地检察机关抓紧开发案件管理软件，纷纷建立网上案件管理平台，积极构建统一受案、全程管理、动态监督、案后评查、综合考评的执法办案集中管理机制，实现办案网上运行、网上监督、网上考评。

——竞相开展执法办案风险预警评估。

借力电子软件的及时、准确、客观，对执法办案过程中可能出现的超期、错案及信访风险进行自动评估、自动预警，实现动态管理和实时监督，已经成为各地检察改革的一道靓丽风景。

——实现行贿犯罪档案查询全国联网。

检察机关开展行贿犯罪档案查询工作，在有关部门和社会各界的大力支持下，查询需求不断增长，尤其是2009年以来查询量剧增。特别是2012年2月查询系统实现全国联网之后，极大调动了行贿犯罪档案查询的积极性。以浙江为例，联网一年来，浙江省检察机关共受理查询4.6万余次，比上年同期增长137%。

2.3 监狱信息化的必要性

——充分利用现代化信息手段深化"阳光检务"。

目前,以最高人民检察院门户网站正义网为龙头,以各地三级检察院门户网站为主体的检察网络宣传体系已经形成。通过检察民生热线、检察微博、远程视频接访、实名 QQ 接访、庭审网络直播等形式,检察机关不断丰富电子"检务公开"、网络"检务公开"的内容和形式,延伸舆情收集和应对的触角,提高舆论引导能力。在这个过程中,检察机关的公共形象和执法公信力也不断获得提升。

(4) 法院信息化发展

2001 年以来,最高人民法院先后制定了《人民法院计算机信息网络建设规划》、《国家"十五"计划期间人民法院物质建设计划》、《人民法院信息网络系统建设实施方案》、《人民法院信息网络系统建设技术规范》、《人民法院专网建设技术方案》、《人民法院计算机信息网络建设管理规定》等近 20 项政策文件,要求各级法院按照统一规划、持续发展、资源整合、信息共享的原则开展信息化建设。

2002 年 10 月,最高人民法院在山东召开全国法院信息化建设工作会议,全国法院信息化工作全面展开。要求坚持"科技强院"的工作方针,按照"需求主导、循序渐进"的工作思路,信息化建设要实现"让人民群众在每一个司法案件中都感受到公平正义"的目标。

最高人民法院于 2007 年 8 月初在黑龙江省牡丹江市召开了全国法院信息化工作会议,制定并印发了《最高人民法院关于全面加强人民法院信息化工作的决定》(以下简称《决定》),进一步明确了人民法院信息化工作的指导思想、基本原则、工作目标和保障措施等。《决定》明确提出人民法院信息化工作的主要目标:到 2010 年,覆盖全国各级法院的业务网络基本建成,以审判信息管理和司法信息资源开发利用为核心的各类应用全面推进,技术和业务标准化体系建设基本满足发展需求,审判信息资源目录体系与交换体系、信息安全基础设施初步建立,各项制度逐步完善,保障体系基本完备,高素质技术队伍基本形成,信息化在促进司法审判管理、司法政务管理和司法人事管理规范化、科学化等方面的作用明显增强,在提高审判效率、保证审判质量等方面充分发挥作用。

2010年,最高人民法院向国家申报的人民法院电子政务项目——国家司法审判信息系统工程(简称"天平工程")通过了专家评审。

人民法院信息化建设的主要任务是,适应信息时代要求,坚持服务人民群众、服务审判执行、服务司法管理,加快建设审判流程公开、裁判文书公开、执行信息公开三大平台,着力在软硬件建设、深化应用、资源整合、安全保障四个方面实现新的发展,全面推进审判执行工作信息化,努力实现人民法院审判体系和审判能力的现代化。要强化保障,加强组织领导、强化顶层设计、加强经费保障、确保网络安全、加强机构和队伍建设,着力构建人民法院信息化建设新格局。

——在审判管理方面,通过对立案、排期、分案、审理、结案、统计、归档等各个环节的程序性信息管理,实现审限管理和流程监控。

——在数字庭审方面,综合利用网络、数据库、音视频和智能控制等技术手段,实现庭审音视频录制和网络直播,实现庭审快速记录,实现证据实时展示,实现质证留痕,实现远程质证和证人保护。

——在远程审判方面,各级法院积极探索远程音视频在审判工作中的应用。采用远程开庭的方式,原本需要多方当事人到同一指定法庭接受庭审的模式,被多方当事人在不同地理位置、同时参加庭审的司法便民新举措所代替。

——在执行管理方面,最高法院建立全国法院执行案件信息管理系统,在执行协作、组织协调、督察督办、规范执行等方面发挥着越来越重要的作用。全国法院被执行人信息查询平台向公众开放。公众可以通过互联网登录,了解到被执行人在全国法院的欠债及履行情况,使社会公众在社会交往和交易活动中对被执行人会做出更加全面客观的评价。

——在社会监督方面,各级人民法院通过各种具体措施,实现主动公开、全面公开、深度公开。有的法院选择群众关注案件网上视频直播,使接受监督呈现良性互动。

2.4 监狱信息化的可行性

(1)2006年4月24日,国务院印发了《研究监狱布局调整和监狱体制改革试点有关问题的会议纪要》(国阅[2006]40号)。

上述《纪要》提出要积极稳妥地推进监狱体制改革,大力加快监狱布局调整步伐。坚持以改扩建为主,结合新建、迁建和撤销部分监狱,使监狱布局合理、规模适度、分类科学、功能完善,投资结构更加合理,管理工作实现信息化,为监狱事业的发展、不断完善刑罚执行制度和构建社会主义和谐社会服务。

其中关于监狱信息化建设方面明确提出:"关于监狱信息化建设。请司法部商有关部门抓紧拟定监狱信息化建设规划,建设项目按程序报发展改革委,进行必要性、可行性研究论证;所需资金请发展改革委安排,财政部给予支持。要注意从实际需要出发,厉行勤俭节约,避免重复建设"。

(2)2006年,中央政法委发出《关于进一步加强执法工作信息化建设的通知》(政法[2006]30号)。

中共中央政法委员会提出政法部门信息化建设的总体工作思路是,按照贯彻落实科学发展观、构建社会主义和谐社会的要求,紧紧围绕容易发生执法不严格、不公正、不文明、不作为等问题的执法岗位和执法环节,坚持"花钱少、用得好"的原则,大力推进执法信息化建设,争取用五年左右的时间,实现各个政法系统上下之间的联网,各省(区、市)政法部门之间互联互通,初步建成覆盖整个政法系统、比较统一完善的执法信息网络。

上述通知指出,加强信息化建设是解决执法突出问题的必然要求,是提高政法队伍建设水平的必然要求,是更好地服务人民群众的必然要求。当务之急是要从群众对执法行为不满意的地方入手,紧紧围绕容易发生徇私枉法、权钱交易,容易发生违规违法办案、执法不文明,容易发生玩忽职守、执法不作为,容易发生地方和部门保护、违法干预办案等重点岗位,着力加强执法流程管理、执法质量控制、执法公开、执法监督、队伍建设等最基本、最急需环节的建设,加强核心软件的开发应用,探索建立以流程管理为主线,以监督制约为手段,以能力、效率、公正为目标的信息化管理新模式。

(3)2007年2月5日,司法部、国家发改委、财政部、国土资源部、建设部等五部委联合印发了《关于印发〈关于进一步推进监狱布局调整工作的意见〉的通知》(司发通〔2007〕5号)。

上述通知明确提出:"要在监狱建设和布局调整中加快监狱信息化建设步伐。要从实际需要出发,制定与监狱布局调整规划相配套的信息化规划,在监狱项目设计和建设的同时推进信息化工程建设"。

2001年国务院做出监狱布局调整的重大决策。2006年司法部等五部委下发关于加快推进监狱布局调整的意见。

2.5 监狱信息化的发展

1. 监狱信息化的发展阶段

监狱信息化的发展包括总体设计、起步加速、初始应用和深化应用四个阶段。

(1)总体设计阶段(2005—2007年)。

监狱信息化在2005年以前,全国没有统一的监狱信息化运行机制,各省份的监狱信息化工作各自为战,没有统一的规划和管理。2005年以后,随着国家对信息化工作的重视,以及公安、法院、检察院等业务协同部门的信息化发展,监狱信息化开始进入总体设计布局阶段。

2006年,司法部监狱管理局组织研究起草《全国罪犯信息编码规范》和《全国罪犯信息数据交换规范》。国家标准化管理委员会同意设立司法部行业标准,并规定了司法行业归口管理范围。司法行业标准代号为SF,司法行政信息化技术标准正式成为司法行业标准归口管理范围。

(2)起步加速阶段(2008—2010年)。

为确保监狱应用软件的统一管理,避免重复建设和浪费。2008年,司法部监狱管理局启动了监狱信息化软件评测工作,首先对全国监狱使用数量最大的监狱罪犯管理软件进行评测工作。

2007年,按照国家发改委《国家电子政务工程建设项目管理暂行办法》(国家发展改革委令第55号),启动了《全国监狱信息化工程(一期)》项目申请工作,组织编制项目建议书和需求分析。

(3)初始应用阶段(2011—2014年)。

2011年,相关部门开始对《刑罚执行业务规范》等15个业务技术标准进行了评审,同时为加强"科技强警"工作,开始启动国家科技支撑和国家监狱物联网应用示范申报工作。

(4)深化应用阶段(2015年至今)。

随着"十二五"国家科技支撑项目"监狱智能化安全防范体系关键技术研究与示范"的执行,监狱信息化开始向智能化应用迈进。

2. 全国监狱信息化建设规划

2006年12月,司法部监狱管理局发布了《全国监狱信息化建设规划》。

监狱信息化建设的主要任务可概括为:一个平台、一个标准体系、三个信息资源库、十个应用系统。

"一个平台",即网络和硬件平台。网络、通信和信息识别技术的综合应用,构成了监狱信息化建设的技术支撑平台。监狱信息化网络和硬件平台,由覆盖全国各监狱的计算机网络和各级数据中心组成。主要内容包括:建设部、省和监狱内部局域网,实现各职能部门网络互联;建设从部、省到监狱三级专网,实现监狱系统纵向联网;建设部、省、监狱三级数据中心,实现对各级数据的存储和共享;部、省两级数据中心和网络的建设,同时要满足司法行政其他工作的需要。

网络和硬件平台结构示意图如图2-4所示。

"一个标准体系",即监狱信息化标准体系,包括监狱管理编码标准、罪犯信息编码标准、警察职工信息编码标准。监狱管理编

第 2 章 监狱信息化

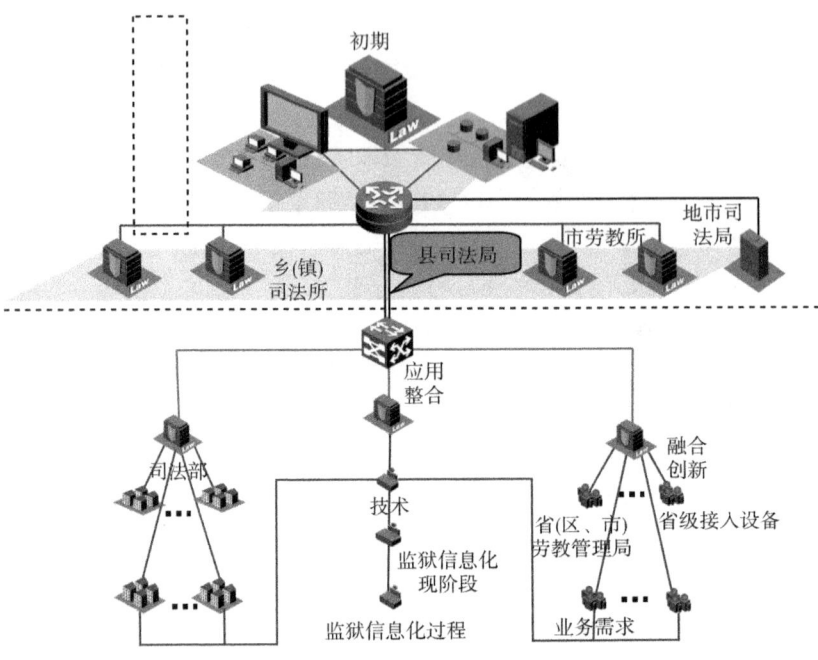

图 2-4 网络和硬件平台结构示意图

码标准,包括全国监狱机构、安全防范与应急指挥、工人管理、生产安全、监狱建设规划和经费保障等信息编码标准。罪犯信息编码标准,包括罪犯管理、刑罚执行、心理矫治、改造质量评估、劳动改造、医疗卫生等信息编码标准。警察职工信息编码标准,包括全国监狱警察职工基本信息和警察执法质量评估等信息编码标准。

"三个信息资源库",包括监狱管理信息库、罪犯信息库、警察职工信息库。

"十个应用系统",即监狱业务应用系统,包括监狱安全防范与应急指挥系统、监管与执法管理系统、教育改造管理系统、生活卫生管理系统、警察职工管理系统、狱务公开系统、生产管理与劳动改造系统、监狱建设与保障管理系统、办公自动化系统、决策支持系统。

3. 全国监狱信息化一期工程

为加强全国监狱信息化建设，争取国家财政资金支持，司法部监狱管理局启动了《全国监狱信息化工程(一期)》申报工作。2008年8月14日至2009年3月，按照《国家电子政务工程建设项目管理暂行办法》(国家发改委第55号令)规定，司法部监狱局开展了全国监狱信息化工程项目需求分析报告编制工作，研究编制《全国监狱信息化工程项目需求分析报告》。2008年8月15日，在《全国监狱信息化建设规划》的基础上，司法部监狱管理局依照国家发改委相关要求，对《全国监狱信息化建设规划》进行了补充和修订，并正式印发了《全国监狱信息化建设规划》(司发通〔2008〕124号)。

2008年12月10日，全国监狱系统信息化需求分析汇总会在北京召开，会议的主要目的是根据发改委55号令要求，切实做好监狱信息化立项的需求分析工作。

2009年4月，国家发改委正式评审通过了《全国监狱信息化工程(一期)需求分析报告》。

2009年8月，国家发改委组织专家评审通过了《全国监狱信息化工程(一期)项目建议书》，初步核定了评审意见，即全国监狱信息工程(一期)的主要建设任务为"一个平台、一个标准体系、两个信息资源库、三个应用系统"，总体投资规模为24亿元。

2009年9月11日，为加快全国监狱信息化工程立项进度，解决东、中、西部地区监狱信息化投资补助问题，司法部正式向国家发改委报送了《关于提请批复〈全国监狱信息化工程(一期)项目建议书〉的函》(司发函〔2009〕260号)。该函告内容包括一期工程建设任务和一期项目投资两部分。

2010年7月1日，国家发改委正式批复全国监狱信息化一期工程立项，下达了《国家发展改革委关于全国监狱信息化一期工程项目建议书的批复》(发改高技〔2010〕1389号)，要求在现有资源的基础上，通过购置必要的软硬件设备，主要完成以下建设任务：

(1)制定全国监狱信息化相关标准；

(2)依托国家电子政务外网或公安金盾网，实现司法部、各省级监狱管理机关及所辖监狱的网络连接；完善司法部、各省监狱管理机关及所辖监狱的局域网。

（3）在司法部、各省级监狱管理局机关及所辖监狱，建设预案管理、应急指挥联动、目标跟踪地理信息管理、警务人事等监管安全系统，建设狱政管理、刑罚执行、罪犯教育与改造、生活卫生、综合治理系统等罪犯管理系统，建设罪犯信息查询、门户网站等狱务公开系统；

（4）在司法部、各省级监狱管理机关建设监狱罪犯信息库和监狱警察信息库；

（5）建设相应的安全保障系统和相关的配套环境。

4. 监狱智能化安全防范体系关键技术研究与示范项目

2014年9月，科技部批复了司法部申报的"十二五"公共安全领域国家科技支撑"监狱智能化安全防范体系关键技术研究与示范"项目。项目包括精准管控、智能分析、周界防范、应急指挥、循证矫正等5个课题，经费总额为2173万元，其中，国家科技支撑计划专项经费1173万元。该项目的批复实施，是贯彻落实科技部《国家公共安全科技发展"十二五"专项规划》和司法部监狱局"科技兴监"工作部署的一项重要举措。

2008年，司法部监狱管理局研究起草了《监管安全科技发展规划（2010—2015年）》，提出了"科技兴监"基础理论、关键技术和示范工程等15项科研任务。2012年，科技部决定将"特殊场所安全防范与控制技术"列入《国家公共安全科技发展"十二五"专项规划》的重点任务，在"十二五"期间国家科技计划项目中予以重点支持。

第3章 监狱罪犯询证矫正关键技术

3.1 监狱罪犯询证矫正关键技术研究的背景

2015年7月,中共中央政治局委员、中央政法委书记孟建柱在全国监狱工作会议上指出,多年来的实践经验告诉我们,成功教育好一名服刑人员,不仅仅挽救了他本人,挽救了他的家庭,对整个社会稳定都具有重要意义。各级司法行政机关要认真总结教育管理工作中积累的宝贵经验,不断提升教育管理工作水平。要确立劳动、监管等各项工作为教育管理服务的理念,确保监狱工作沿着正确方向健康发展。要进一步提升理念,把普遍教育与个别化教育结合起来,把传统教育管理手段和现代教育矫治技术结合起来,有针对性地做好分类教育、个别化矫治工作,促进教育管理科学化。要进一步创新内容、方法,从道德、文化、法律等方面综合采取措施,加大心理、行为矫治力度,促进教育管理专业化。

从监狱工作角度透视社会问题,集中体现在"社会安全"这一重大问题,其中最为突出的是罪犯重新犯罪的问题:刑满释放人员由于各种复杂的主客观原因重新犯罪时,犯罪伎俩更为老练,犯罪性质更加恶劣,对社会安全和人民群众的切身利益构成严重威胁。

刑罚的潜在价值追求是矫正和教育,而教育的本质则是在执行刑罚过程中,对服刑罪犯区别应用各种手段以达到转变其犯罪思想、行为恶习,教授其文化知识和培养职业技能的目的。近年来,我国监狱系统和社区矫正系统坚持监狱工作方针,认真落实监管工作"首要标准",把教育改造罪犯作为中心内容,积极探索教育改造新思路,创新教育改造方式、方法和内容,大力加强罪犯教育改造工作，教育改造质量明显提高。

但是，当前我国罪犯改造矫正工作面临着新的形势和新的挑战，监狱拥挤，押犯构成比较复杂，待矫正人员数量增长迅速，教育改造罪犯的手段比较单一、方法比较陈旧，集体教育、课堂教育等传统教育改造形式已经难以全面适应社会发展和专业化教育改造的要求，尤其是缺乏有量化实证数据支持的有效矫正项目和方法措施，教育改造工作任务更加艰巨，罪犯教育改造难度加大，国家刑罚成本居高不下。

此外，监狱已建和在建的罪犯信息库等数据资源库之间未能实现资源共享，近年来发生的一些重大狱内案件，教训之一就是罪犯信息不完整、不准确，导致有关案件在处置过程中应对不及时、措施不到位。

为解决监狱工作面临的"重新犯罪"威胁社会安全的问题，做到党中央要求的最大限度提高罪犯"改好率"，其基本解决思路之一是全面加强对罪犯改造矫正措施的创新，显著提升改造质量。

循证矫正是近些年来国际矫正领域发展起来的新型矫正理念和方法，在国外矫正界得到了普遍认可和广泛应用。实践证明，该方法的应用对于有效提高矫正效果，降低重新犯罪率，节约司法成本具有明显成效。循证矫正在国外特别是在发达国家已经经历了若干年的探索和实践，形成了一整套比较成熟和系统的理论、方法和技术。通过学习国外循证矫正的有益做法，探索本土化的罪犯矫正方法和措施，并以此为基础设计开发适应实务探索所需的循证矫正数据库，对建构完整的循证矫正理论框架和操作体系，推动教育改造工作的专业化、科学化、信息化建设，预防重新违法犯罪和维护社会稳定具有非常重要的意义。

循证矫正是遵循科学依据、寻找最佳证据对罪犯进行矫正。目前，循证矫正已成为西方发达国家普遍认可并使用的罪犯矫正新方法，司法部也多次召开会议研讨并推广循证矫正理论和方法。任城监狱运用循证矫正理念，立足教育改造实际，以冲动性暴力犯和精神病态暴力犯为研究对象，推进循证矫正实践探索，不断提高教育矫治质量，更好地完成了刑罚执行任务。

针对目前监狱罪犯改造缺乏有效技术支撑手段和科学、客观、全面有效的矫正证据等问题，研究循证矫正的基础理论，设计循证矫正的基础数据库，开展罪犯信息的多维度数据检索与关联规则挖掘研发工作，建立基于关联规则挖掘结果的防治矫正措施专家库，构建个性化、科学化、自助式心理矫正与自主学习基础平台，创新矫正方法，丰富科学矫正手段和模式，全面提高监狱罪犯改造质量。

3.2 监狱罪犯询证矫正关键技术的发展基础

1. 循证矫正有效证据的采集与筛选技术

罪犯作为一个社会个体，其涉及的相关信息非常多，某些信息由于时间较长已经无法获取，同时不同罪犯的信息的全面性和准确性也有所不同。与此同时，同一罪犯对监狱改造工作的接收程度与改好程度也随着其不同的心理状态和境遇而有所不同。

根据循证矫正模式构建的实现需求，对罪犯的基础信息进行收集、整理和归纳。主要包括罪犯服刑期间的管控信息和狱内改造表现，以及罪犯入狱前和重新犯罪前在文化水平、生活经历、性格偏好、风险好恶等方面的特点，构建循证矫正基础信息库和案例库，同时通过罪犯个体变化情况的记录与积累，建立个体罪犯改造的动态轨迹记录，可以实时跟踪和分析罪犯心理状态以及对改造过程的接收程度。

循证矫正模式中有效证据采集和筛选工作的难点在于如何处理部分罪犯缺失的证据项，如何通过系统分析和专家经验归纳的有机结合实现有效证据的正确筛选。

2. 基于罪犯多维信息的循证矫正数据模型构建与验证技术

在业务层面证据集合确定后，需要进行证据和案例库的数字化。证据及案例库涉及了不同类型、不同属性的数据，如文字描述、离散数值、连续数值、时空数据、行为信息等，同时存在部分证据项的缺失和不完整问题,这给证据和案例库的结构化数据存储、管理和计算处理带来了较大的挑战。

充分利用异构数据管理的技术进展,针对不同类别的数据采用更为高效的数据库管理平台,并通过数据仓库进行统一的高效组织管理。在此基础上,构建不同维度多种信息变量之间的统计关联分析模型,研究构建罪犯循证矫正数据分析模型,评估教育矫治措施的实际效果,为创新和优化教育矫治措施起到提供科学依据的作用。

循证矫正数据模型构建的难点在于矫正证据元数据集定义和多维度异构矫正基础数据库平台构建,异构、不完整、稀疏的"经验证据"数据化及其组织、存储、检索和高效并行处理,多维数据间非线性关联规则关系的动态分析挖掘。

3.3 监狱罪犯询证矫正关键技术的国内外发展情况

循证矫正是近年来国外兴起的新型矫正理念和方法。长期以来困扰刑事司法领域的一个重要问题就是,如何才能更有效利用司法资源,实现罪犯矫正和犯罪预防。1997年,美国马里兰大学的学者们探索了一项解决此问题的技术革新,形成了一份600多页的研究报告《预防犯罪:哪些管用、哪些不管用、哪些有希望》并提交国会。该报告总结了500余项研究个案的研究方法,审查了家庭、警察、社区、地点、劳动力市场、学校和刑事司法系统七种不同环境下的效果,总结了预防犯罪中的有效方法。

该报告是循证矫正发展的标志性事件,此后循证矫正被广泛采用,并大大提高罪犯矫正的质量,有效降低了再犯率,节约了司法成本。目前我国的循证矫正工作还处于刚刚开始的阶段,关于罪犯犯因性的评估方法、基础以及罪犯矫正方法、措施的科学归纳、分析、评估还比较欠缺。要在我国罪犯矫正领域运用循证矫正方法,必须积累大量的实践标本信息,从中提炼有效的矫正方法。

1. 关联规则挖掘技术与海量数据处理平台发展现状

（1）主要数据挖掘技术。

数据挖掘是指从大规模的数据中发现有意义的模式并揭示出数据间的未知依赖关系的过程。数据挖掘通常通过统计、在线分析处理、情报检索、机器学习、专家系统（依靠过去的经验法则）和模式识别等诸多方法，在数据库、数据仓库或者其他信息库中的大批量的、模糊的、有噪声的、随机的数据集合中获取有效的、潜在的、有用的、可被理解的知识。数据挖掘过程由以下三个阶段组成：数据准备、数据挖掘、结果表达和解释。

数据挖掘的功能就是用来指定挖掘任务所要寻找的模式类型。一般来说，数据挖掘任务及其对应的分析方法可以分为以下几种类型。

①关联分析（association analysis）。

通常，在多个变量属性之间会存在着某种规律性，我们把这种能寻找出来的规律称为关联。数据之间的关联是大型数据集中存在的一类可被发现的、重要的知识。运用关联分析可以找出大量数据集中属性之间所隐藏的关系。

其中，关联又可分为三种类型：简单关联、时序关联以及因果关联。人们为了度量其所发现规则的相关性，采用设置支持度和置信度阈值这两种基本方式，在后来的研究中，又不断地引入了兴趣度、相关性和提升度等参数来检验所挖掘的关联规则的准确性和实用性，使其更符合实际需求。

②聚类分析（clustering）。

把复杂的数据根据其属性的相近程度归类，使每一个类别的数据间的属性相近，不同类别的则相异，称为聚类。

③分类（classification）。

分类是利用样本数据集通过分类算法进而得出精确的分类器。分类一般被用于规则描述和预测。与聚类算法不同，分类器支持事前训练（从数据中选出已经分好类的训练集，在该训练集上运用数据挖掘分类的技术，建立分类模型，对于没有分类的数据进行分类),且分类的类别预先定义且类别数量确定。聚集不依赖于预先定义好的类,无须预先训练。

④预测(predication)。

预测就是利用历史的数据集找出其中的变化规律,然后建立模型,并通过此模型来对未来采集到的数据种类、特征以及规律进行预测。预测所关心的是预测规律的精度以及不确定性,并用预测方差进行度量。预测通常通过分类得出预测模型。

⑤时序模式(time-series pattern)。

通过时间序列搜索出数据集中重复发生、概率较高的模式,称为时序模式。同预测一样,时序模式也可解释为用历史的数据来预测未来的值,但通过时序模式的方式所预测的数据变量所处的时间不相同。

(2)关联规则挖掘技术。

①基本算法。

关联规则挖掘是数据挖掘领域研究的重要内容,其目的是为了发现同样的项目集或者属性出现的相关性,即找到频繁出现的项目集(频繁集或其属性的所有子集,以及它们之间的相关性)。利用相关的概念,即支持度和置信度的度量准则来寻找其中符合条件的关系。

关联规则挖掘可以分为两个步骤:找出全局数据库中所有的频繁项集;获得所有的频繁项集后,产生相应的大于最小置信度的强关联规则。

关联规则挖掘技术发展至今,有多种基于关联规则挖掘算法的演化,最为知名和得到广泛应用的算法包括经典 Apriori 算法及其演化算法——基于频繁树增长的挖掘模型(FP-Growth)。

a. Apriori 算法。Apriori 算法是 R. Agrawal 和 R. Srikant 在 1993 年提出的关联规则挖掘的原创性算法,其命名源于算法使用了频繁项集性质的先验知识,该算法的核心思想是使用了逐层迭代来产生候选项集,即用频繁 k 项集去寻找候选($k+1$)项集。直到所有满足条件的项集生成。每迭代一次,需要重新扫描数据库一次。

算法需要重复扫描数据库,因此,若数据库中存在长度大的频繁项集时，将增加扫描数据库的次数，同时，当数据库很大的时候，也会增加每一次扫描全部项集的时间。

b. FP-Growth 算法。FP-Growth 算法运用频繁树结构存储频繁项集，利用具有较高压缩比的树形结构存储事务，其最大特点是不需要生成大量的候选频繁项集即可直接找出所有的频繁项集，降低了算法开销。

②并行实现技术。

Apriori 算法需要多次扫描数据集，每次扫描都会涉及相当高的计算复杂度，因此，采用并行执行策略，能够大幅减少处理时间，提高算法执行效率。

目前已经提出的并行关联规则算法主要有 Agrawal 等人提出基于 Apriori 的 CD 算法、DD 算法、CaD 算法。

a. CD 算法。CD 算法的基本思想是将数据集划分到每个节点，每个节点统计候选集计数。该算法的优点是各处理器之间不用交换数据，只需交换计数。因此，处理器在扫描数据时各自独立。

b. DD 算法。DD 算法将候选集和数据划分到每个处理器（CD 算法中只划分数据集，每个处理器拥有完整的候选集）。每个处理器通过和其他处理器交换数据集获取本地候选集的全局计数，然后通过交换本地候选集的全局计数获取全部候选集的全局计数。

c. CaD 算法。CD 算法与 DD 算法在每一次计算结束时均需同步计算或频繁项集，在处理器负载不均衡的情况下，负载较轻处理器先处理完相关任务后将等待负载较重处理器的处理结果。CaD 算法的设计思想是在每一次计算结束时无须同步。

(3)云计算平台。

云计算主要是指一个系统平台或者一种类型的应用程序，能够按需进行动态部署、配置、重配以及取消服务。云计算平台由一系列可以动态升级和被虚拟化的资源组成，具备以下特征：资源配置动态化、池化和透明化；基于虚拟化技术快速部署资源或获得服务；提供可被监控与量测的服务；减少用户终端的处理负担等。

云计算可提供以下几个层面的服务：基础设施服务(IaaS)，平台服务(PaaS)和软件服务(SaaS)。主流的商业云计算平台包括亚马逊的 EC2 平台、谷歌的 Google AppEngine 服务、IBM 的蓝云平台、EMC 的 Atoms 云存储系统与私有云解决方案、Saleforce 的 Force.com 服务、微软的 Azure 平台等。监狱作为一个对信息安全要求较高的场所，采用国外商业云计算平台会给信息安全带来极大的隐患。

近年来，随着云计算技术和应用的逐步发展，先后出现了多个开源云计算平台，主要包括：Eucalyptus 开源云计算平台、Enomalism 弹性计算平台与 Hadoop 开源云计算平台。

Eucalyptus 开源云计算平台是加州大学圣巴巴拉分校为进行云计算研究而实现的亚马逊 EC2 开源版本，Eucalyptus 依赖于 Linux 和 Xen 进行操作系统虚拟化，它与商业服务接口兼容。

Enomalism 弹性计算平台作为一个可编程的虚拟云架构，提供了一个功能类似于亚马逊 EC2 的云计算框架。与 Eucalyptus 开源云计算平台不同，Enomalism 同时支持 Xen 和 Kernel Virtual Machine (KVM) 两种虚拟机制。

Hadoop 是 Apache 软件基金会发布的一个开源分布式计算平台，以分布式、高容错性、高伸缩性的 Hadoop 文件系统 HDFS 和 MapReduce 计算模型为核心，为用户提供了系统底层细节透明的分布式基础架构。Hadoop 具有的高可靠性、高扩展性、高效性和高容错能力允许用户将 Hadoop 部署在低廉的硬件上，有效组织计算、存储资源，搭建自己的分布式计算平台，并可充分利用集群的计算和存储能力，完成海量数据的处理。

目前 Hadoop 已经发展成为包含多个子项目的集合，Hadoop 项目的主体结构如图 3-1 所示。

HDFS 作为一个分布式文件系统，具有高容错性，能够部署在低廉硬件上，通过提供高吞吐率来访问应用程序的数据，适合那些有着超大数据集的应用程序。HDFS 放宽了可移植操作系统接口 POSIX 的要求，能够实现以流的形式访问文件系统中的数据。

MapReduce 作为一种分布式并行计算模型，它可以将任务分发到由上千台商用机器组成的集群上，并以一种高容错的方式并行处理大量的数据集。MapReduce 在执行时先指定一个 map 映射函数，

3.3 监狱罪犯询证矫正关键技术的国内外发展情况

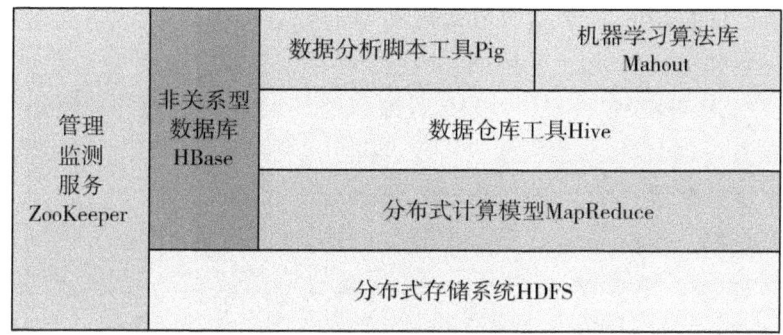

图 3-1 Hadoop 项目的主体结构图

把输入键值对映射成一组新的键值对，经过一定处理后交给 reduce 化简函数。reduce 函数对相同键下的所有值进行处理后再输出键值对作为最终的结果。

HBase 是一个分布式的、面向列的非关系型开源数据库，不同于一般的关系数据库，HBase 是一个适合于存储非结构化数据的数据库，只有简单的字符串类型，它是基于列而不是基于行的模式进行数据存储管理。HBase 适合于存储稀疏数据，能够对海量异构数据提供随机访问和实时读写功能，支持基于 MapReduce 模型进行海量数据的并行处理。

Hive 最早由 Facebook 设计，是一个建立在 Hadoop 技术架构基础之上的数据仓库，提供了一些用于数据整理、特殊查询和分析存储在 Hadoop 文件中的数据集的工具。Hive 提供了一种结构化数据的机制，支持类似于传统关系型数据库中 SQL 语句——Hive QL 语言查询数据。Hive 编译器自动将把 Hive QL 编译成一组 MapReduce 任务，实现与 Hadoop 技术架构的一致性。

Pig 是一个对大型数据集进行分析和评估的平台，能够处理大型的数据集。Pig 的底层由一个编译器组成，它在运行时产生一些 MapReduce 程序序列。Pig 的用户开发语言采用了 Pig Latin 的脚本语言。

Mahout 是可伸缩的机器学习算法库，通过 MapReduce 计算模型实现,主要提供了聚类、分类、协同过滤和频繁项集挖掘等基本算法。Mahout 虽然实现了很多机器学习算法,但仍有一些算法处于开发和测试的状态。

ZooKeeper 作为一个为分布式计算框架设计的管理和监测用开源服务,是 Hadoop 集群管理中必不可少的模块,用于为开发者提供同步、配置管理、分组和命名等服务。

目前,Hadoop 受到了国内外互联网知名企业的重视,得到了广泛应用:雅虎通过 Hadoop 集群支持广告系统和 Web 搜索;Facebook 通过 Hadoop 集群支持用户行为分析与机器学习;阿里巴巴使用 Hadoop 系统用于存储并分析淘宝交易的相关数据;百度使用 Hadoop 进行搜索日志的分析和网页数据挖掘。

Hadoop 的发行版本除了 Apache 社区提供的开源 Hadoop 外,IBM、英特尔、华为、EMC、Cloudera、Hortonworks、MapR 等公司先后推出了具有专业技术支持的商业版本。

3.4 监狱罪犯询证矫正关键技术在监狱的使用情况

循证矫正(evidence-based correction,EBC)意为遵循证据的矫正,也就是遵循科学依据、寻找最佳证据对罪犯进行更具针对性的矫正。其核心是矫正人员运用科学的方法对罪犯进行评估和分类,针对罪犯具体犯因性问题,选择最直接、最有力、最佳的证据(方法、措施、矫正项目等),结合罪犯的特点和意愿实施矫正活动,最终目的是提高矫正效率、降低再犯罪率。循证矫正通常包括 5 个步骤(5 个 A):提出问题(Ask),获取证据(Access),评价证据(Appraisal),应用证据(Apply),后效评价(Assess)。

从字面意义理解,循证矫正存在一定程度的认知差别,从实务角度分析也容易产生误读,为进一步厘清循证矫正与其他概念的关联和区别,需要剖析循证矫正的认识误区:

误区之一:循证矫正就是个案矫正。循证矫正不同于个案矫正,但二者相互联系,有共同之处。循证矫正是对基于犯因性需求所确认的某类罪犯进行矫正的方式方法，个案矫正可以为循证矫正系统分析奠定良好基础，个案矫正过程中可以运用循证矫正的成果和方法，同时为循证矫正积累资料，反之亦然，循证矫正也可提升个案矫正的质量和水平。

误区之二：循证矫正就是传统矫正。这种观点是把循证矫正简单化，直接把传统矫正贴上循证矫正的标签，将其与循证矫正等同。事实上，我国传统矫正方法体现出朴素的循证矫正理念，如目前推行罪犯"5+1+1"教育改造模式，实施分类教育、个别教育、教育质量评估、心理矫治等制度，体现出明显的分类、评估等循证理念。然而，传统的矫正模式和经验，未经科学验证，不是严格意义上的循证矫正，需要运用循证理念方法，将长期形成的教育改造方法进行总结、提炼和升华，加以模式化和规范化，使其具有更强的实用指导性和效果实效性。

误区之三：循证矫正很神秘，难开展。这种观点认为循证矫正方法、工具太专业、太复杂，用起来难度大，无处下手。其实，倡导遵循证据进行矫正实践，并非一种新理念，而是人们很早就有的一种朴素常识和愿望，在日常生活工作中，几乎每个人都知道要按照最佳证据、方法、措施来做事情，因为这样更利于成功、避免失败，少走弯路、提高效率。

误区之四：循证矫正要统一实施，快速推进。司法部领导曾指出，各地监狱积极开展循证矫正工作的态度值得肯定，但循证矫正专业性要求较强，是一项具有开创性、系统性的工作，不能简单运用行政力量强制推动。要遵循循证矫正的规律，经过严格程序和标准，完成矫正方案，经过验证评估成熟并形成规范后，再在更大范围推广，将其作为一项长期工作，循序渐进。

通过对循证矫正的基础理论的深入研究，设计循证矫正的基础数据库，利用先进的大数据技术开展罪犯信息的多维度数据检索与关联规则挖掘研发工作，建立基于关联规则挖掘结果的防治矫正措施专家库，构建个性化、科学化、自助式心理矫正与自主学习基础平台，创新矫正方法，丰富科学矫正手段和模式，提高监狱罪犯改造质量。

本研究对循证矫正工作有如下作用及影响。

1. 基于大数据的校正平台建设促进循证矫正的规范性

在传统矫正模式下，矫正工作者主要凭借个人经验来实施矫正。这些个人经验，有的来自个体本人在工作实践中积累的经验，有的是在学校和书本中获得的经验，有的来自师徒传授的经验，尽管有一定的正确性，在实践中还会不断加以修正，但总体而言，他们只经过片面的经验验证，其正确性、有效性难以得到保证。本研究严格遵循循证矫正模式的理念设计，校正平台能够集合所有能够获取的矫正证据，并具备证据的真实性、证据的适用性、证据的有效性的验证能力，通过大数据分析技术寻找最佳的研究证据来实施矫正，从而确保了研究证据的科学、有效，为下一步实施矫正工作奠定了坚实的基础。

传统矫正正是因为缺乏严格的程序而具有极大的随意性，导致矫正效果缺乏稳定性和可预见性。比如，在犯因性矫正措施上，很多监狱警察没有遵守罪犯犯因性需求的特点，把一些没有效果的矫正项目强加给罪犯。而作为罪犯，由于受到矫正主体关系的不平等，只能被动地接受矫正者的教育。如果罪犯违背了矫正者的教育，就会受到相应的惩罚。循证矫正综合管理平台遵循严谨而科学的程序，尽管个案矫正计划不同，矫正项目重点和矫正策略不同，但与其利益相关的事宜，均遵循同样程序规则，受到同等的程序保障，沿着同样的步骤、方式、时限展开。有效地组织矫正活动，减少了矫正中的随意性，最大限度地确保矫正程序的公开、公正、公平，提高了矫正效率，确保循证矫正目标的顺利实现。

长期以来，监狱机关对罪犯矫正质量评估重要性缺乏足够的认识，更缺少相关的工作要求、制度和机制建设。因而对罪犯矫正质量的评估处于一个模糊、不确定的状态。循证矫正管理平台要求以定量的分析方法来评定罪犯矫正的绩效。如在制定矫正质量标准时，先对罪犯的危险程度进行科学的评价，从而为下一步分类矫正奠定基础；在评估方法上，循证矫正遵循客观性，要求必须坚持实事求是的态度，不能主观臆断或掺杂个人偏见或者带有明显的感情色彩。这样就减少了矫正者因对罪犯主观印象所导致的矫正效果的偏差。

循证矫正平台注重和强调矫正项目或干预措施最终所取得的实际效果,看重支出成本与实际收益,强调将有限资源用到真正需要的罪犯身上,对高危罪犯配置更多的资源,提高了矫正的效率。因此,循证矫正遵循专业的评估机制,必将为罪犯矫正规范化、科学化奠定坚实的基础,必将会对监狱工作产生全方位的影响。

2. 矫正资源库建设保证循证矫正的科学性

矫正资源库能够充分积累其他国家的矫正技术或其他学科的理论、知识和经验,在矫正手段、矫正内容、矫正模式乃至矫正理念上进行创新,积极探索行之有效的矫正技术和方法,真正确保我国监狱对罪犯刑罚执行目标的实现。矫正资源库建设以"高速化"的信息平台建设为依托,确保"高速"地完成矫正工作,矫正资源库通过基本信息采集技术,全面、及时、客观地掌握罪犯个体的各种历史材料与现实行为表现的第一手资料,矫正资源库具备证据评价筛选技术,矫正工作者可以选择在数据库检索有关证据资源,同时结合不同罪犯特点,再对获得的证据进行评价和筛选;建立矫正过程控制方式评估技术等相关信息平台建设,实现矫正评估的信息资源共享,可以实现矫正手段的技术支持。

3.5 监狱罪犯询证矫正关键技术研究

围绕监狱罪犯询证矫正关键技术整体目标,通过业务分析、文献研究、现场调研、专家咨询等多种研究方法与多维度数据关联分析技术的紧密结合,开展循证矫正研究与实践技术研发和应用工作的技术路线图如图 3-2 所示。

罪犯循证矫正研究与实践技术支撑系统的总体研究方案如图 3-3 所示,通过研发数据迁移工具,将罪犯基础信息数据如犯罪信息、改造信息数据等结构化数据以及罪犯各类录音文件等非结构化数据向罪犯矫正数据中心进行迁移,并研发罪犯矫正证据检索组件

第 3 章 监狱罪犯询证矫正关键技术

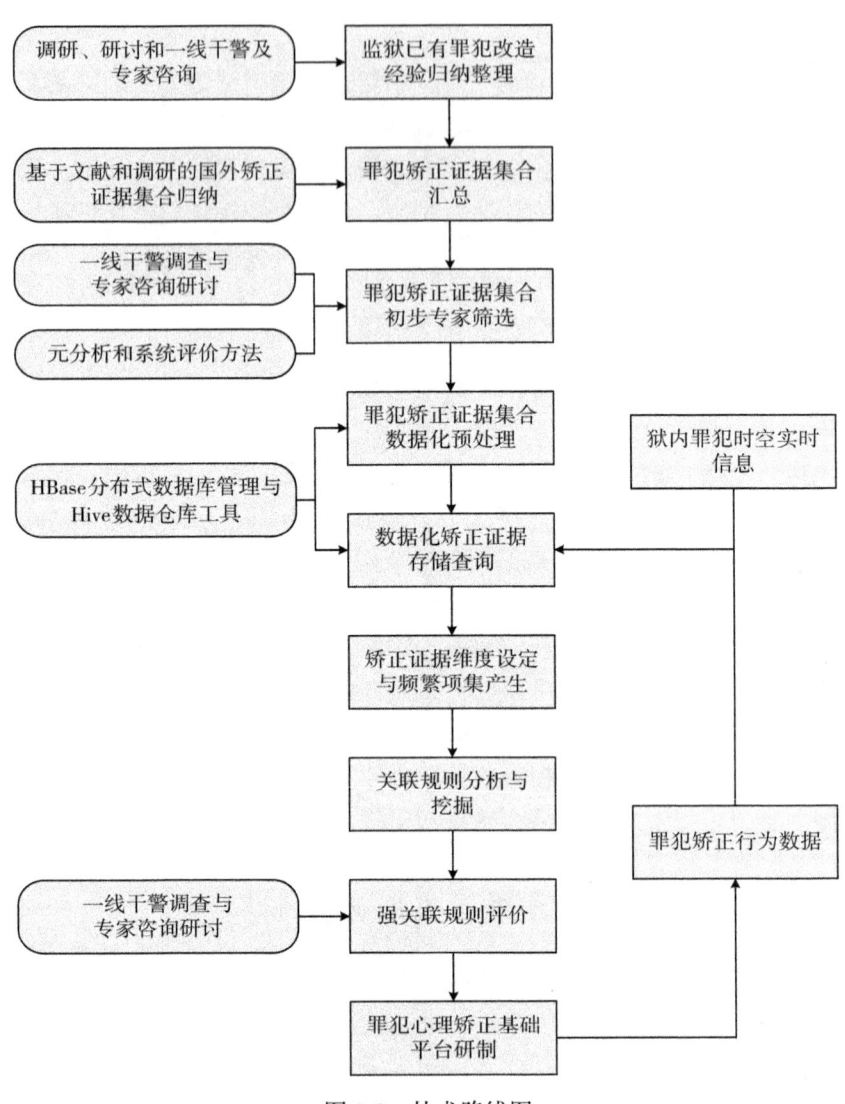

图 3-2 技术路线图

和关联规则算法用以支撑罪犯循证矫正业务应用,最终建立满足循证矫正行业标准的循证矫正基础平台。

　　在前期工作的基础上,调研走访司法部循证矫正试点单位,与

图 3-3 罪犯循证矫正研究与实践技术支撑系统的总体研究方案

具有丰富罪犯教育改造的一线干警和犯罪预防矫正专家进行深入的研讨，对我国监狱罪犯改造前期积累的经验进行归纳总结，界定罪犯重新犯罪或参与狱内重特大案件、心理状态异常波动的可能源，并将相关经验应用到原始数据的采集和筛选过程。同时，采用文献研究与调研考察方式，深入分析国外循证矫正工作，梳理出国外循证矫正过程主要应用的矫正证据集合。通过国内已有教育改造经验的总结与国外循证矫正工作的分析归纳，确定可能的罪犯矫正证据集合。

在完成罪犯矫正证据集合初步汇总后，为了降低有效数据的维度，基于大样本试验数据，依据科学性、系统性和全面性原则，采用元分析及系统评价等客观科学的方法，紧密结合一线干警及领域专家工作的实践经验，实现矫正依据的初步筛选，综合评估各项证据的正确性、有效性以及可推广性、可执行性、成本-效益状况等。

1. 业务层面罪犯矫正证据集合界定的技术实现

设计的业务层面罪犯矫正证据集合界定方案如图 3-4 所示，主要包括试点单位调研、矫正专家研讨、矫正经验总结、罪犯问卷调查设计、罪犯问卷调查结果分析、确定罪犯矫正证据集合。主要采用到试点单位调研、与矫正专家研讨的方式实现矫正证据集合初步筛选。

（1）试点单位调研实现矫正证据集合初步筛选。

第3章 监狱罪犯询证矫正关键技术

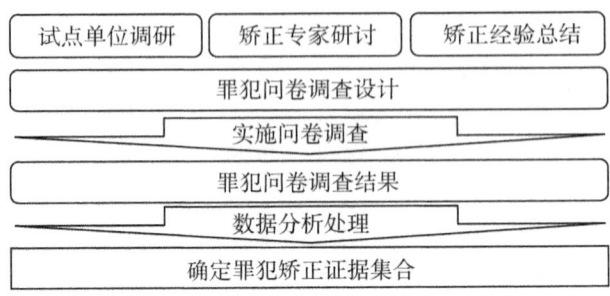

图 3-4 业务层面罪犯矫正证据集合界定研究方案

燕城监狱作为本项目的试点单位,通过对教育改造部门相关干警进行访谈以及实地考察,发现当前阶段的循证矫正工作在学习、引进、吸收国外经验和做法的基础上进行本地化的开发和研究而逐步形成的。尤其是一些量表和评估工具,通过这些量表发现罪犯潜在的问题及风险,根据经验制定针对性的解决方案,矫正手段僵化,信息化程度不高,干警工作负担较重,容易出现主观判断失误或矫正方案失效等问题。

(2)矫正专家研讨实现矫正证据集合初步筛选。

通过与东西部几个监狱等具备丰富矫正实践经验的一线干警和犯罪狱方矫正专家深入的探讨,确定遵循提出问题、获得证据、评价证据(找出最佳证据)、应用证据和后效评估这五个循环的科学有效的实施方法和步骤开展循证矫正工作,通过综合分析档案资料、个别谈话、询问他犯、日常管理、通信会见等掌握罪犯的身份信息、犯罪信息、个人简历、社会关系等情况,为教育矫治罪犯准备基础条件,采取个别谈话、观察判断、狱情分析、内查外调、心理测试、耳目贴靠等方式为循证矫正工作提供可靠证据,通过对罪犯成长经历、家庭状况、教育状况、经济状况、交友状况、性格习惯、心理特征、不良嗜好等进行综合分析,为矫正罪犯明确方向,为教育转化提供准确的证据,使矫正工作者、最佳证据和罪犯三者有机结合并取得最佳矫正效果,使转化工作做到科学性、客观性、针对性和实效性。

3.5 监狱罪犯询证矫正关键技术研究

基于调研结果,我们设计了两套调查问卷(A 卷和 B 卷)并对 1100 名罪犯进行了问卷调查,通过定量分析及定性分析方法对问卷调查结果进行分析,从而得出罪犯犯罪根源规律、罪犯再犯根源规律等,A 卷和 B 卷的设计从多个维度进行综合性的调查,为业务层面罪犯矫正证据集合界定提供事实上的统计学依据,也为矫正策略的制定提供相关依据。

A 卷调查的主要目的是探索罪犯犯罪根源规律,包括性别、年龄、民族、文化程度、婚姻状况、家庭状况、监护人关系、社交范围、社交方式、困难处理方式等个人行为习惯因素和外界环境因素对罪犯犯罪行为产生的影响。A 卷主要调查内容包括基本情况和本次犯罪情况。

基本情况包括性别、年龄、民族、文化程度、婚姻状况、家庭状况、监护人关系、社交范围、社交方式、困难处理方式。本次犯罪情况主要包括实施本次犯罪时的年龄、本次犯罪的类型、本次犯罪被判刑期、实施此次犯罪之前的婚姻状况、实施此次犯罪之前的住所情况、实施此次犯罪之前居住区域、实施此次犯罪时的所在地与居住地是否一致、实施此次犯罪之前与家人的关系、实施此次犯罪之前与你共同生活的家庭成员中有无违法犯罪的人员、实施此次犯罪之前你的朋友中有无违法犯罪的人员、实施此次犯罪之前你的就业状况、实施此次犯罪之前是否有固定收入、此次被判刑之前每月的收入、此次判刑之前收入是否是家庭的主要经济来源、实施此次犯罪之前收入的主要用途、犯罪前收入支配情况、实施此次犯罪之前的吸毒情况、实施此次犯罪之前是否酗酒、实施此次犯罪前的上网情况、此次犯罪的诱因、实施此次犯罪行为后是否对受害人感到愧疚、对此次被判刑的态度、所判罪名是否认可、此次刑罚执行期间是否有过违法违纪行为。

B 卷调查的主要目的是探索罪犯再犯根源规律,包括性别、年龄、民族、文化程度、婚姻状况、家庭状况、监护人关系、社交范围、社交方式、困难处理方式等对罪犯再犯行为产生的影响。B 卷主要调查内容包括基本情况、第一次犯罪情况、本次犯罪情况。基本情况包括性别、年龄、民族、文化程度、婚姻状况、家庭状况、监护人关系、社交范围、社交方式、困难处理方式。第一次犯罪情况包括犯罪时的年龄、犯罪的类型、被判的刑期、婚姻状况、就业状况、是否有固定收入、住所情况、与家人的关系、家庭成员中有无违法犯罪的人员、朋友中有无犯罪的人员、是否吸食毒品、是否酗酒、上网情况等。本次犯罪情况包括实施本次犯罪时的年龄、本次犯罪的类型、本次犯罪被判刑期、实施此次犯罪之前的婚姻状况、实施此次犯罪之前的住所情况、实施此次犯罪之前居住区域、实施此次犯罪时的所在地与居住地是否一致、实施此次犯罪之前与家人的关系、实施此次犯罪之前与你共同生活的家庭成员中有无违法犯罪的人员、实施此次犯罪之前你的朋友中有无违法犯罪的人员、实施此次犯罪之前的就业状况、实施此次犯罪之前是否有固定收入、此次被判刑之前每月的收入、此次判刑之前收入是否是家庭的主要经济来源、实施此次犯罪之前收入的主要用途、犯罪前收入的支配情况、实施此次犯罪之前的吸毒情况、实施此次犯罪之前是否酗酒、实施此次犯罪前的上网情况、此次犯罪的诱因、实施此次犯罪行为后是否对受害人感到愧疚、对此次被判刑的态度、所判罪名是否认可、此次刑罚执行期间是否有过违法违纪行为。

通过对调查问卷的结果进行归类整理,针对罪犯各信息维度的数据统计表格,利用基于大数据分析的关联规则算法对调查结果进行犯罪诱因相关性分析和罪犯重犯诱因相关性分析。

A卷调查关联性分析结果(部分)分别如表3-1、表3-2、表3-3所示,从表中可以看到性别、年龄、文化程度对犯罪诱因有规律性影响。年龄与犯罪行为关系的定量分析结果表明,成年人犯罪比例高达96.5%,成年早期3.3%,未成年人3%;文化程度与犯罪行为关系的定量分析结果表明,文盲和小学未毕业犯罪率18.7%,初中以下61.3%,高中中专技校19.5%,大专及以上4.5%;婚姻状况与犯罪行为关系的定量分析结果表明,不稳定婚姻68.5%,稳定婚姻31.5%,另外已婚犯罪比例22.4%,未婚或其他状况77.6%;家庭完整性与犯罪行为的关系定量分析结果表明,完整家庭76.4%,不完整家庭23.5%;就业情况与犯罪关系的定量分析结果表明,农村务工人员、个体营业者、下岗失业人员犯罪比例尤为突出，尤其农村务工人员高达 41.4%；收入情况与犯罪关系的定量分析结果表明，无固定收入者和无收入者更容易犯罪，其中无固定收入者的罪犯比例高达 45.4%。

表 3-1　　　　　　　性别与犯罪频次关系表

性别	犯罪频次(人数)	百分比(%)
男	1096	99.8
女	2	0.2

表 3-2　　　　　　　年龄与犯罪频次关系表

年龄(岁)	犯罪频次(人数)	百分比(%)
18~22	92	8.4
23~25	133	12.1
26~30	307	28.0
31~35	157	14.3
36~40	125	11.4
41~45	134	12.2
46~50	81	7.4
51~60	54	4.9
>60	13	1.2
合计	1098	100

表 3-3　　　　　　　文化程度与犯罪频次关系表

文化程度	犯罪频次(人数)	百分比(%)
文盲	29	2.6
小学未毕业	133	12.1
小学毕业	80	7.3
初中未毕业	312	28.4

续表

文化程度	犯罪频次(人数)	百分比(%)
初中毕业	281	25.6
高中未毕业	113	10.3
高中毕业	101	9.2
大专及以上	49	4.5
合计	1098	100

我们通过调研走访司法部循证矫正试点单位,与具有丰富罪犯教育改造的一线干警和犯罪预防矫正专家进行深入的研讨,对我国监狱罪犯改造前期积累的经验进行归纳总结,采用文献研究与调研考察方式,深入分析国外循证矫正工作,梳理出国外循证矫正过程主要应用的矫正证据集合。初步确定了可能的罪犯矫正证据集合,并针对证据结合进行犯罪关联分析、元数据分析,最终将矫正证据集合维度降低到14类,包括:包括性别、民族、出生年月、文化程度、婚姻状况、捕前职业、案别、原判刑期、成长环境、历次犯罪情况、社会关系、生理特征、心理特征、行为特征。矫正证据集合维度也达到了本课题预期指标大于或等于8类的要求。

2. 罪犯矫正证据数据化及数据存储检索的技术实现

设计的罪犯矫正证据数据化及数据存储检索方法主要应用于业务层面的罪犯矫正证据数据存储检索,其总体方案如图3-5所示,依照Hadoop大数据挖掘技术体系标准以及相应的最佳实践案例进行设计,架构设计沿袭了分层设计的思想,将平台所需提供的服务按照功能划分成不同的模块层次,每一模块层次只与上层或下层的模块层次进行交互(通过层次边界的接口),避免跨层的交互。该设计的优势在于:各功能模块的内部是高内聚的,而模块与模块之间是松耦合的。这种架构有利于实现平台的高可靠性,高扩展性以及易维护性。当需要进行扩容Hadoop集群时,只需要在基础设施层添加一台新的Hadoop节点服务器即可,而对其他模块层无须做

3.5 监狱罪犯询证矫正关键技术研究

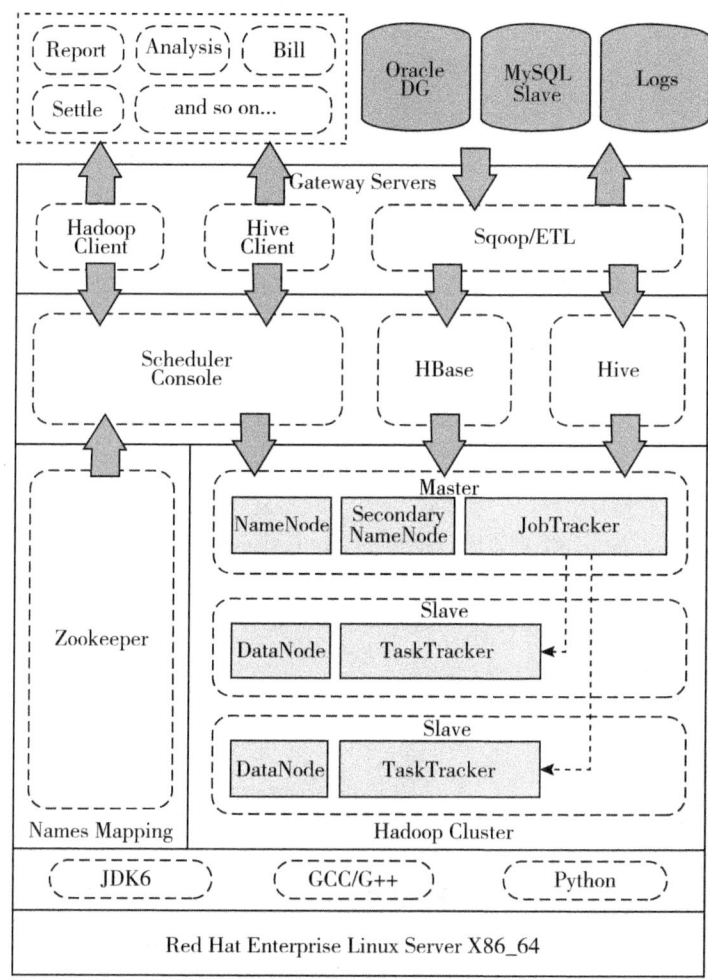

图 3-5 矫正证据数据化及数据存储检索

任何的变动,且对用户也是完全透明的。

整个平台按其职能从下到上依次划分为运行环境层、基础设施层、基础平台层、用户网关层、用户层五个模块层次。

运行环境层为基础设施层提供运行时环境,由操作系统和运行时环境两部分构成。采用 64 位的 Centos6.5 操作系统,为了提高磁盘的 I/O 吞吐量，避免安装 RAID 驱动，而是将分布式文件系统的数据目录分布在不同的磁盘分区上，以此提高磁盘的性能，运行环境为 JDK1.7。

基础设施层由 Zookeeper 集群和 Hadoop 集群两部分组成，为基础平台层提供命名服务、分布式文件系统、MapReduce 等基础设施服务。ZooKeeper 集群用于命名映射，作为 Hadoop 集群的命名服务器，基础平台层的任务调度控制台可以通过命名服务器访问 Hadoop 集群中的 Name Node，同时具备 failover 的功能。

Hadoop 集群作为大数据平台的核心，是基础平台层的基础设施，提供了 HDFS、MapReduce、JobTracker 和 TaskTracker 等服务。在系统中采用双主节点模式，以此避免 Hadoop 集群的单点故障问题。

基础平台层由任务调度控制台、HBase 和 Hive 三个部分组成，为用户网关层提供基础服务调用接口。任务调度控制台是 MapReduce 任务的调度中心，分配各种任务执行的顺序和优先级。用户通过调度控制台提交作业任务，并通过用户网关层的 Hadoop 客户端返回其任务执行的结果。

HBase 是基于 Hadoop 的列数据库，为用户提供基于表的数据访问服务。

Hive 是在 Hadoop 上的一个查询服务，用户通过用户网关层的 Hive 客户端提交类 SQL 的查询请求，并通过客户端的 UI 查看返回的查询结果，该接口可提供数据部门准即时的数据查询统计服务。

用户网关层为终端客户提供个性化的调用接口以及用户的身份认证，是用户唯一可见的大数据平台操作入口。终端用户只有通过用户网关层提供的接口才可以与大数据平台进行交互。用户网关层可以根据实际的需求无限扩展，以满足不同用户的需求。

客户应用层是各种不同的终端应用程序，包括各种关系型数据库、罪犯循证矫正基础平台、罪犯循证矫正终端等。在实际应用环境中，罪犯的信息数据类型包含结构化数据和非结构化数据，监狱内罪犯各类基础数据及改造数据等结构化数据存储在关系型数据库中，而罪犯通话录音、访谈等非结构化数据存储在不同存储服务器

3.5 监狱罪犯询证矫正关键技术研究

中。为了实现对矫正证据的分析处理，本课题设计了基于 Mapreduce 机制的数据迁移任务，将监狱内罪犯各类基础数据及改造数据迁移到 HDFS，利用 hadoop 云计算技术对罪犯矫正相关数据进行处理分析。

实施过程采用 sqoop 框架将罪犯各类基础数据及改造数据进行迁移和存储，数据迁移架构如图 3-6 所示。通过 sqoop，我们可以将监狱各类罪犯数据集合从传统关系数据库导入到 HDFS。实施过程分为结构化数据迁移和非结构化数据迁移。

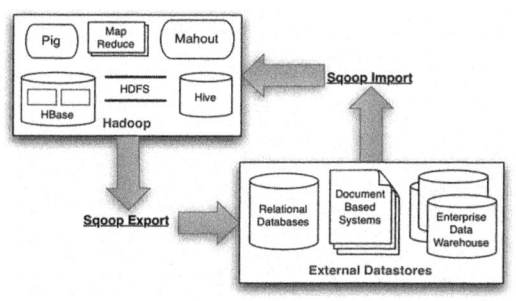

图 3-6 矫正证据数据迁移架构

(1)结构化数据迁移及存储设计。

结构化数据迁移和存储设计的方法为：读取要导入数据的表结构生成运行类（默认是 QueryResult），打成 jar 包，设置好 job，然后提交给 Hadoop，由 Map Reduce 来执行 Import 命令。数据迁移 job 流程如下。

①首先要对数据进行切分 Data Split Data Driven DB Input Format，get Splits(Job Context job)。

②切分好范围后，写入范围，以便读取 Data Driven DB Input Format. write(Data Output output)。

③读取写入的范围，Data Driven DB Input Format. read Fields (Data Input input)。

④然后创建 RecordReader，从数据库中读取数据 Data Driven DB Input Format. create Record Reader(Input Splitsplit, Task Attempt

Context context)。

⑤创建 MAP，Map TextImport Mapper. setup(Context context)。

⑥Record Reader 一行一行从关系型数据库中读取数据，设置好 Map 的 Key 和 Value，交给 Map DB Record Reader. next KeyValue ( )。

⑦运行 MAP，map Text Import Mapper. map(Long Writable key, Sqoop Record val, Context context)，最后生成的 Key 是行数据，由 Query Result 生成，Value 是 Null Writable. get( )。

(2) 非结构化数据存储设计。

对于大量的半结构化数据(semi-structure data)和非结构化数据，本课题采用 Hbase 进行存储。对 Hbase 中数据的读写首先是根据行键值或行键值域(row key range)来检索，行键值是按照字典序排列的，针对同时访问的数据设计好相似的行键值会相应的减少 I/O 操作。为方便罪犯信息的检索，我们用罪犯编号作为行键值，罪犯的其他信息作为列信息。

Map Reduce 是一种分布式的并行编程模式，它可以实现大型数据集的并行运算。Lucene 是 Apache 下的搜索引擎开发包，当索引文件不断增大时，Lucene 搜索便会出现瓶颈问题。本课题通过利用 Map Reduce 的思想，将罪犯矫正证据检索请求映射到对应的分布式服务器中进行 Map 操作，再结合 Lucene，从对应索引服务器中查询后利用 Reduce 操作返回最终结果。实验结果表明，这不仅解决了大数据量查询的瓶颈问题，还将系统效率提高了 66.7%。

我们设计了基于 Mapreduce 机制的数据迁移任务，将监狱内罪犯结构化/非结构化各类基础数据及改造数据迁移到 HDFS，利用 hadoop 云计算技术对罪犯矫正相关数据进行处理分析，实现数据化预处理。我们设计了矫正证据数据化及数据存储检索方法，建立了由 3 台服务器组成的 hadoop 集群存储及计算环境，并在燕城监狱进行试点数据实验，将燕城监狱的罪犯基本信息数据和改造信息数据等结构化数据以及心理咨询电话录音和亲情电话录音等非结构化数据进行了数据迁移和存储，总存储容量达到 24TB。实验结果表明，通过本方案建立的循证矫正资源库能够达到课题预期指标

16TB 的容量，并且很容易通过横向扩展达到更大的存储容量级别。用户网关层用于为终端客户提供数据的快速插入、查询、删除和更新调用接口，是用户唯一可见的大数据平台操作入口。

3. 罪犯矫正证据强关联规则挖掘的技术实现

设计的罪犯矫正证据强关联规则挖掘策略为：通过建立罪犯犯罪行为因素分析模型和罪犯再犯行为因素分析模型，对数据关联挖掘算法 Apriori 算法和 FP-Growth 算法进行业务实现，将算法处理结果和罪犯犯罪行为因素分析模型及罪犯再犯行为因素分析模型进行反复相互验证，最终完成模型和算法的修正。

为了实现数据关联规则智能挖掘，对罪犯问卷调查结果采用了复杂定量分析、交叉制表、卡方检验等手段进行综合性评估，评估过程中仅考虑单个因素对罪犯犯罪、再犯罪的影响。评估结果表明：罪犯的年龄因素、罪犯的家庭状况及家庭关系因素、罪犯的文化程度、罪犯的婚姻状况、社交习惯、意见接纳程度、解决问题的方式、犯罪类型、刑期、居住状况、家人中有无违法犯罪人员、就业、收入状况及收入支配情况、不良生活习惯(如酗酒、网瘾等)等均会诱发罪犯犯罪行为。其中：吸毒、酗酒容易诱发再犯，由于生活需要诱发再犯比例下降，但仍然很高；由于冲动诱发再犯比例下降，但仍然很高；由于报复他人再犯比例下降明显；社会地位等社会因素易诱发再犯行为；经济因素，快速赚钱再犯比例上升明显；对被害人的愧疚心理越高再犯率越低；此次刑罚执行期间有无违法违纪，违纪状况出现越多再犯比例越高；有过脱逃行为的罪犯更容易再犯。

根据评估结果，建立罪犯犯罪行为因素数据分析模型和罪犯再犯行为因素数据分析模型。

建立的罪犯犯罪行为因素分析模型如图 3-7 所示，罪犯犯罪可能性因子$(P) = (A_i \times FA + F_i \times FF + FR_i \times FFR + MR_i \times FMR + SC_i \times FSC + OS_i \times FOS + SM_i \times FSM + CT_i \times FCT + S_i \times FS + HS_i \times FHS + FC_i \times FFC + IN_i \times FIN + LS_i \times FLS)$。

建立的罪犯再犯行为因素分析模型如图 3-8 所示，罪犯再犯可能性因子（P）=（$LS_i×FLS+IN_i×FIN+IM_i×FIM+SL_i×FSL+GU_i×FGU+DS_i×FDS+ES_i×FES+RE_i×FRE$）。

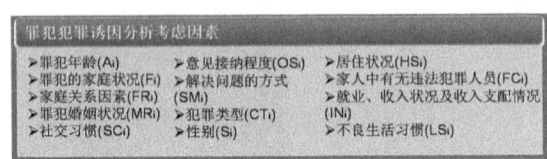

图 3-7　罪犯犯罪行为因素分析模型

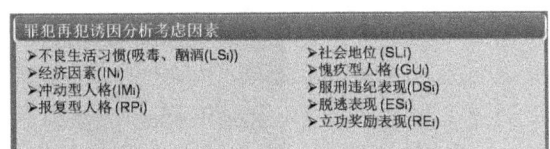

图 3-8　罪犯再犯行为因素分析模型

采用关联规则分析挖掘技术，融合罪犯原始基础数据和服刑期间的狱内实时数据管控，基于两种循证矫正数据设计分析模型，设计数据关联规则智能挖掘算法，找出数据库中隐藏的关联网，有助于发现罪犯犯罪行为与罪犯基本属性及客观属性间的关系、罪犯再犯与初犯间的关联关系，以及再犯与罪犯基本属性及客观属性间的关系。

（1）关联规则的发现过程。

①迭代识别所有的频繁项目集。

此过程要求频繁项目集的支持度不低于用户设定的最低值。

从原始资料集合中，找出所有高频项目组。高频的意思是指某一项目组出现的频率相对于所有记录而言，必须达到某一水平。以一个包含 A 与 B 两个项目的 2-itemset 为例，我们可以求得包含{A，B}项目组的支持度，若支持度大于或等于所设定的最小支持度（Minimum Support）门槛值时，则{A，B}称为高频项目组。一个满足最小支持度的 k-itemset，则称为高频 k-项目组，一般表示为 Largek 或 Frequentk。从 Largek 的项目组中再试图产生长度超过 k 的项目集 Largek+1，直到无法再找到更长的高频项目组为止。

②关联规则数据挖掘。

从频繁项目集中构造置信度不低于用户设定的最低值的规则,产生关联规则。识别或发现所有频繁项目集是关联规则发现算法的核心,也是计算量最大的部分。

支持度和置信度两个阈值是描述关联规则的两个最重要的概念。一项目组出现的频率称为支持度,反映关联规则在数据库中的重要性。而置信度衡量关联规则的可信程度。如果某条规则同时满足最小支持度(min-support)和最小置信度(min-confidence),则称它为强关联规则。

就"酗酒+婚姻不稳定"对再犯行为造成的影响这个案例而言,使用关联规则挖掘技术,对数据库中的记录进行信息挖掘,首先必须要设定最小支持度与最小可信度两个门槛值,在此假设最小支持度 min-support=5%,最小可信度 min-confidence=65%。因此符合需求的关联规则将必须同时满足以上两个条件。若经过挖掘所找到的关联规则{酗酒,婚姻不稳定}满足下列条件,将可接受{酗酒,婚姻不稳定}的关联规则。用公式可以描述为:

Support(酗酒,婚姻不稳定)≥5% and Confidence(酗酒,婚姻不稳定)≥65%。

其中,Support(酗酒,婚姻不稳定)≥5%于此应用范例中的意义为:在所有再犯记录中,至少有5%的罪犯具备酗酒和婚姻不稳定这两项因素。Confidence(酗酒,婚姻不稳定)≥65%于此应用范例中的意义为:在所有再犯记录中,至少有65%的罪犯在酗酒的同时具备不稳定的婚姻。

因此,今后如果有罪犯出现曾经有酗酒和婚姻不稳定等因素,我们将该罪犯定义为再犯高发对象。这个定义是根据{酗酒,婚姻不稳定}关联规则而定,因为普遍犯罪规律支持了这种定义。

(2)关联规则算法。

本课题内置两种关联规则算法,Apriori 算法和 FP-Growth 算法。

①Apriori 算法。

Apriori 算法流程如图 3-9 所示。找出频繁"1 项集"的集合,该集合记作 L1。L1 用于找频繁"2 项集"的集合 L2，而 L2 用于找 L3。如此下去，直到不能找到"K 项集"。随后，产生关联规则，对于每个频繁项集 L，产生 L 的所有非空子集，对于 L 的每个非空子集 S，如果 P(L)/P(S)≧min_conf，则输出规则"S∂L-S"。

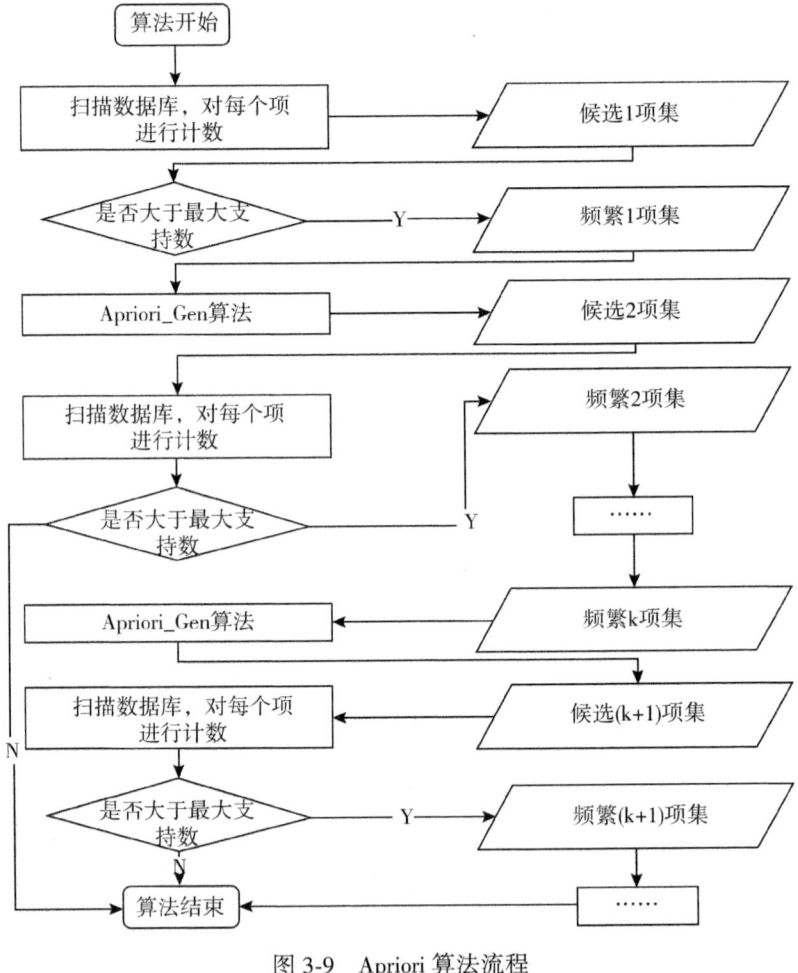

图 3-9　Apriori 算法流程

②FP-Growth 算法。

FP-Growth 算法的基本思路是：不断地迭代 FP-tree 的构造和投

影过程。对于每个频繁项，构造它的条件投影数据库和投影 FP-tree。对每个新构建的 FP-tree 重复这个过程，直到构造的新 FP-tree 为空，或者只包含一条路径。当构造的 FP-tree 为空时，其前缀即为频繁模式；当只包含一条路径时，通过列举所有可能组合并与此树的前缀连接即可得到频繁模式。

a. FP-tree 的生成。FP-tree 的生成方法如图 3-10 所示。第二步根据支持度对频繁项进行排序是 FP-tree 的生成的关键。通过将支持度高的项排在前面，使得生成的 FP-tree 中，出现频繁的项更可能被共享，从而有效节省算法运行所需要的空间。

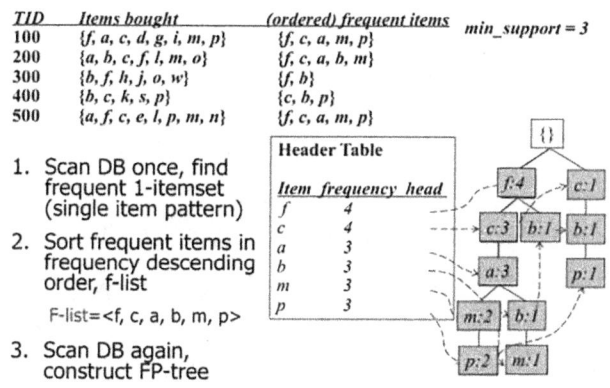

图 3-10　FP-tree 生成方法

b. FP-tree 子集分割。FP-tree 子集分割方法如图 3-11 所示，求 p 为前缀的投影数据库：根据头表的指针找到 FP-tree 的两个 p 节点，搜索出从这两个节点到树的根节点路径的节点信息（包含支持度）。然后累加路径节点信息的支持度，删除非频繁项，对剩下的频繁项按照前文的方法构建 FP-tree。

采用关联规则分析挖掘技术，融合罪犯原始基础数据和服刑期间的狱内实时数据管控，建立罪犯犯罪行为因素数据分析模型和罪犯再犯行为因素数据分析模型，设计 2 种数据关联规则智能挖掘算法，找出数据库中隐藏的关联网。通过数据关联规则智能挖掘算法研究，能够对调查问卷的结果分析提供理论和工具支撑，保证罪犯

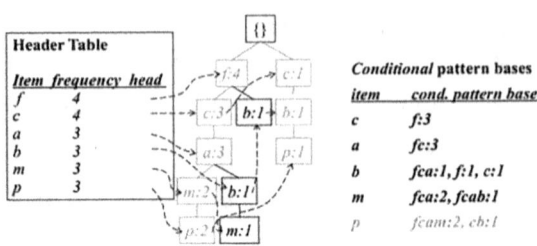

图 3-11 FP-tree 子集分割方法

矫正证据集合确定的准确性，并能够支持矫正证据集合的动态监测和变更，另外关联规则智能挖掘算法对业务关联规则（罪犯基本信息关联规则及量表自测得分关联规则）提供底层支撑。

4. 动机性访谈技术研究

动机性访谈（motivational interviewing，MI）是一种以来访者为中心，通过鼓励来访者探索并解决内心矛盾而诱发其行为改变的指导性行为改变的方法。MI 发源于酒精依赖治疗领域，是 20 世纪 90 年代初米勒（Miller）和罗尼克（Rollnick）在成功治疗酒精依赖患者的基础上发展起来的，此后迅速在物质依赖治疗领域中广泛应用，并显示出良好的疗效。这之后，动机性访谈技术的应用突破了吸毒成瘾领域并被传播进新的行业领域，如心血管病的康复、糖尿病管理、家庭维护、疼痛管理、公共健康干预以及 HIV 传染预防等。目前，国外罪犯矫正界将动机性访谈作为提升罪犯内在改正动机，鼓励罪犯积极行为改变的循证实践之一。

（1）在罪犯矫正中引入动机访谈技术的理论背景。

监狱的主要职能是促使罪犯积极改变。而一个人能否改变需要强烈的内在改变动机。最新有关动机的研究发现，动机对于结果可以很好地预测。具体结论有以下五个方面：一是动机能够预测行为。动机可以预测一个人如何发起并运行完成行为。当然动机不是一个绝对保证，但是它确实增加了行动的可能性。二是动机是行为的特性。人们对不同的行为有不同的反应。例如，罪犯可能准备参加婚姻辅导(因为他认为它将帮助自己改善关系)并支付费用(因为它看起来容易),但是根本不准备去参加物质滥用评估(因为他认为自己没有问题)。正是由于人们对不同的行为感觉不同,因此,针对每一个行为可能需要被分别解决。三是动机是可变的。动机不像人的身高或者眼睛的颜色一样处于固定的状态,它能够被增加或者减少。通常在一个特定的事件发生之后,比如出生、结婚或者爱人的死亡,人们往往会因此而做出改变。比如,许多青年只是由于成熟了而远离了犯罪。而对于某些人,即使是一些小事情,如与朋友或者辅导者谈话也可能受到影响。四是动机是相互作用的。与工作人员谈话能够提高或者降低罪犯的动机,并指导罪犯讨论或者思考相关的内容。五是动机可能会受到内部与外部因素的影响,但是内在动机的改变通常持续更久。内部因素包括行动如何与个人的价值观或者目标相适应(改变对我如何重要)以及能力的坚信(我将能够做出这些改变吗)。与普通人相比,处于监禁设施里的罪犯改变自己原有行为的自愿性或者主动性即动机都不强,常常依靠外部的强制去改变。尽管相关研究表明,改变可能会因外部理由发生,但是它的生命力是弱的和短暂的,因此,如果目标是鼓励长期的行为改变,矫正人员需要能够运用技术方法去评估罪犯改变内在动机,需要采取相应的措施提高其参加矫正的动机,而不是完全依赖外部压力。总之,动机可以预测行为并且是可变的,而矫正人员对提高罪犯改变动机能够做许多事情,内部与外部因素都能影响动机,但是内部动机的改变通常持续更长。矫正工作人员可以通过强调自主性、能力与关联性支持罪犯去改变内在动机。而实践证明,动机性访谈技术可以有效提升罪犯内在改正动机,并可以应用于多种罪犯。因此,近年来,北美一些国家将动机性访谈技术引入到了刑事司法系统,用于提升罪犯的内在改正动机。

(2)动机性访谈促进罪犯改变的工作原理。

①动机性访谈的基本理论构成。

动机性访谈是通过帮助罪犯探索和解决矛盾而促进改变的以罪犯为中心的方法。动机性访谈不运用外部压力,而是一种寻找增加内在改正动机的方法。与传统的行为改变干预技术相比,动机访谈技术将当代许多行为改变的理论研究应用并整合在实践中。首先它借用了以顾客为中心的辅导中强调共情、乐观主义以及尊重顾客选择的人本主义理论。其次吸收了自我知觉理论，该理论指出一个人变得更多或者更少实施某个活动是基于他或者她采用的言语姿态。因此，谈论改变好处的罪犯更可能做出改变，而为现状辩护和防卫的罪犯更可能继续他目前的行为。最后，动机访谈技术主要借鉴了罗查斯卡（Prochaska）与迪克莱蒙特（Di Clemente）的行为改变阶段理论。该理论强调行为改变是一个连续和渐进的过程，这一过程可以分为前意向阶段、意向阶段、准备阶段、行动阶段和维持阶段5个阶段，不同阶段个体对自身行为改变的心理活动也不相同，为此，咨询中应当根据不同阶段的特点采取不同的咨询策略。根据上述理论，动机访谈整个访谈过程大致被分为两个阶段，第一阶段指向行为改变的前意向与意向阶段，主要是帮助罪犯增强行为改变的内在动机，第二阶段则指向行为改变的后面3个阶段，重点在于巩固罪犯对行为改变的承诺以及制订并履行行为改变的计划。在咨询策略上，由于罪犯的矛盾情感和阻抗常常是咨询第一阶段面临的主要问题，基于罗杰斯（Rogers）的人本主义理论和费斯汀格（Festinger）的认知推敲理论，动机访谈强调运用冲入和扩大认知不一致来激发罪犯行为改变的内在动机。当罪犯开始进入行为改变准备阶段后，能否做出有效的改变尝试是动机访谈的关键。为了巩固罪犯对行为改变的承诺以及制订并履行行为改变计划，动机访谈技术强调提高罪犯对行为改变的效能是咨询的重点。为此，根据班杜拉（Bandura）的自我效能理论，动机访谈着重通过各种效能增强策略来增强罪犯的效能信念。尽管动机访谈似乎在整个改变程序中发挥作用，但是它特别适合那些抵制、不情愿或者考虑改变的早期阶段的人。动机访谈背后的原则是通过倾听罪犯并追踪他们谈话与思想中的积极方面，矫正专业人员能够帮助提高罪犯在他们的生活中去做出将降低他们重犯可能性的积极改变的动机。

②动机性访谈促进改变的工作原理。

有关研究表明，动机性访谈促进改变主要通过提升三方面条件来实现：一是它能降低阻抗；二是它能显示矛盾；三是它能引出改变的谈话。

a. 它能降低阻抗。

传统的方法是通过说教或者惩罚手段促使罪犯改变，但实践证明当罪犯面对外部压力时，往往变得更加防御与阻抗。而动机性访谈通过倾听与反映罪犯所说的并强调其个人责任，而让罪犯觉得要进行的改变是自身的需要，也是自己的决定，因此而降低了对改变的阻抗。

b. 它能显示矛盾。

一般来说，对于处在不打算改变阶段的一些罪犯，不认为他们有改变的理由。而其他处在准备或者行动阶段的罪犯已经认识到了问题仅仅需要推动而去开始改变。在整个矫正过程中，复杂的感觉是改变程序的一个正常部分。实际上，矛盾心理不是一个远离改变的信号，而是预示了改变可能处于起点，说明罪犯正在思考改变。也就是说，矛盾使改变成为可能，它是积极行为改变的先兆。

最好的互动是罪犯对改变说出争论。首先，矫正官员要努力建立与罪犯的积极与合作的关系。其次，矫正官员要明确和引起罪犯注意对改变的矛盾心理。罪犯的目标或价值与其现有行为之间的缝隙产生矛盾。缝隙成为扩大罪犯改变的自身理由的基础。

c. 它能够引出有关改变的谈话。

人们可以真正地谈论自己是处在或者远离改变中。因此，矫正工作人员能够学习和了解那种谈话会导致改变。工作人员的言语为罪犯的言语设定了基调，反过来，会影响最终的结果。罪犯可能为改变在一定范围内有所准备，但工作人员的谈话最终会使罪犯的动机连续体有所不同，罪犯的动机可能会从没有准备到不确定而到准备充分。

在动机访谈中的谈话有五个要素：渴望、能力、理由、需要以及承诺（有时候被称为 DARN-C）。

■ 渴望。渴望表示了一个实现或者成功的希望，如"我希望我能够离开监督"，"我确实想要一个工作"。

■ 能力。能力谈论的是自信，如"我能戒掉烟瘾"，"我相信我能与配偶重归于好。我以前已经做过，它是可能的"。

■ 理由。理由包括有形的激励，动机或者改变的理论。理由可能集中在改变如何使事情变得更好或者继续行为如何使事情变得更坏。如"如果我找到一份工作，至少我妻子将停止唠叨"，"吸食快客真正引起了我的哮喘"。

■ 需要。需要强调改变的重要性与迫切性。需要可能与理由具有相似性，但需要可能包含了更多的情感，需要跳过逻辑理由而转移到了迫切性。理由如是说"我应该"，需要如是说"我必须"。

■ 承诺。承诺代表着准备就绪或者同意去改变，如"五个工作申请？是的，我将那样做"。

在这个模式中，谈话的频率不是主要的，更重要的是那些可以预测谁将成功或者不成功的言语质量与强度。前四种谈话（即DARN）驱使人们走向改变，而承诺性言语则意味着行动。

（3）动机性访谈在罪犯矫正工作中的实际应用。

①对罪犯采用动机性访谈应遵循的基本原则。

对于多数罪犯来说，在行为改变过程中，他们经常处在一种改变与不改变的矛盾情感中，如混乱的感觉、犹豫、为改变争论等，这实际上是改变过程中正常的部分，是行为改变意向阶段的主要心理特点。因此，针对这些特点要采取相应的访谈，应避免访谈过程陷入说教而导致阻抗是整个动机咨询的关键。作为一个干预方式对罪犯进行动机性访谈要遵循以下基本原则。

a. 表达共情。共情是有关良好关系与积极的工作环境。共情要求即使工作人员可能不同意罪犯的观点，也要尝试去理解罪犯的心态。共情还包括努力从罪犯那里引出他们的关注点与改变理由，而不是依赖矫正人员经常所采用的说服策略。

b. 化解阻抗。在动机访谈中，阻抗是一种正常现象，是改变过程中必然发生的，并非是要竭力克服的障碍。当罪犯考虑改变时有混乱的感觉是正常的。因此，矫正人员不必与罪犯争论。就像一个作者所写："不要与顾客争论或者辩论。你不可能通过推理来改变她的想法。如果这种方法能够发挥作用，到目前为止它早该发挥作用了"。矫正人员应当努力理解并尊重罪犯面对要做出改变所面临的矛盾心理，即一方面想要改变，另一方面又担心失败，对所要担负的责任以及即将面对的一切未知和不可预料的恐惧。当罪犯面临这种矛盾状态时而产生退缩时,即产生了阻抗时,矫正人员应当要及时地给予接纳,这可以使罪犯坦率地说出自己维持现状得到的益处。矫正人员的接纳,而不是一味地促使其改变,使罪犯感受到在治疗情境外从未有过的理解与尊重。

c. 显示差异。差异是一个人现有行为与其目标或者价值不在一条线上的现象。矫正人员不是告诉罪犯为什么应该改变,而是通过提出问题并做出陈述以帮助罪犯认识到其目前的不良行为与价值观之间的差异,即让罪犯意识到他们所希望的生活与维持目前行为所导致的后果相去甚远,引导其思考如不改变会发生什么,如改变又会发生什么,并将其反映给罪犯,使罪犯产生认知失调,从而促使罪犯考虑改变的可能性,明确他要改变的自身理由。

d. 支持自我效能。班杜拉的自我效能理论指出,个体对自我效能的感知水平是行为能够成功改变的一个重要因素,一个人对他认为是他自由选择的以及他相信能够完成的行为更可能坚持到底。因此,工作人员要保持乐观主义,让罪犯回想自己的长处以及过去的成功,肯定对改变的所有努力。在动机性访谈的实施过程中则需要始终强调由罪犯本人而不是由矫正人员来选择和履行改变行为的计划。例如,在咨询过程中,矫正人员不应对罪犯提出诸如"你应当这样做"一类的要求,恰当的表述是"如果你想这样做,我可以提供帮助"。此外,在访谈中,运用罪犯过去的成功经验来鼓励他们也是维持罪犯自我效能的有效策略之一。

总之,动机性访谈明显与对抗性方法不同,更加强调对罪犯的尊重、对改变更加乐观和让罪犯自己去选择。同时,它也与更广泛应用于社会工作和辅导领域的帮助方法有少许不同,动机性访谈强调要通过倾听来寻找各种方法引导矫正人员与罪犯之间的互动朝着积极的谈话方向进行。

②应用动机访谈技术提升罪犯改正动机。

动机性访谈的主要技术有4个,即开放性问题、肯定、反应性倾听以及摘要。可以说这些技术是动机性谈话的"油门"与"踏板",在与罪犯谈话中应当应用这些技术。

a. 询问开放性问题。

闭合性问题要求是或者不是的回应，而开放性问题要求更长的答案或者详细阐述。因此，在动机性访谈中经常会使用开发性问题让罪犯进行思考和阐述。当然，依据问题的目的，两类问题在访谈期间都可能是有用的。如果是为了收集信息，矫正人员可以问闭合性问题。如果问题的目的是收集详细的信息或者鼓励罪犯去思考回答，开放性问题通常更好。比如询问罪犯有关酒精滥用的问题，闭合性问题会问"你认为你有酒精滥用问题吗？"而开放性问题会问"酒精使用给你带来了什么麻烦吗？"很明显，对于前一个问题罪犯可以简单地回答"有"或者"没有"，而后一个问题罪犯需要思考，需要详细描述。比如"还有其他的吗？"与"其他还有那些？"的不同问话方式，虽然改变的只是一个词却戏剧性地提高了回应的品质。第一类问题要求是或者不是的回答。如果问题的目的是鼓励罪犯谈论，那么它彻底失败了。相反，第二类问题为更加详细与认真思考的回答设置了平台。开放性问题的另一个好处就是他们鼓励罪犯思考他或者她正在说的话。

b. 肯定积极的对话与行为。

要发生改变的是当事人而不是矫正工作人员，因此，动机性访谈能否发挥作用还需要依赖罪犯自身的强项、努力与资源。所以访谈者要有意识留意罪犯特定的强项、能力、良好的意向和努力并予以及时发现和肯定。

一种肯定强化了人们已做的事情或者打算去做的事情：

- 你在按照要求做工作。
- 感谢你告诉我。
- 很清楚你对这想了很多。
- 它似乎看起来将真正能对你发挥作用。

另一种肯定唤起罪犯钦佩的事情或者感兴趣的事情：

- 你非常关心你的孩子并且想要确保他们是安全的。
- 你情愿回应难对付的问题表明你真正思考了。
- 你是那种面对困扰你的事情能清楚地表明看法的人，那是真正的长处。

- 你有许多领导品质。很明显人们听你的。

一些心理学家建议,对积极行为改变的最佳比例是四个正面肯定对一个批评性评价。一个不严格的经验法则是尽可能多的用肯定,而且要肯定你想要再次看到的任何行为。一些工作人员寻求方法去表扬罪犯已经做的或者打算去做的事情,而其他人则花时间去熟悉罪犯的家庭、习惯以及长处,这样他们能够展现他个人生活中的真正兴趣。

另一个肯定的方法是"责备"他们的成功,而不是纠缠于失败,这包括对个人成功的特别关注。一些"如何"的问题能够强化积极的努力并建立自信:

- 你如何做到这一点?
- 你如何知道那将发挥作用?

工作人员也可以将肯定与其他激励相结合。例如,可以对准时完成任务或者摆脱原来麻烦的罪犯提高激励。每一次工作人员对好行为给予一个激励,实际上就提高了罪犯再次重复那个行为的可能性。因为这,工作人员(系统)应该为积极的行为建立特别的激励并寻找回报做得好的人的方法。比如对于社区矫正人员,激励清单可以包括以下:

- 口头肯定。
- 社区服务信用替代普通教育水平(GED)或治疗。
- 旅行许可。
- 传真或者邮件报告。
- 更加灵活的报告时间表,例如深夜/清晨或者前提报告。
- 计算课程参加替代办公室访问。
- 减少会见或者尿检频率。
- 完成证书或者推荐信。
- 延长时间去完成特定要求。
- 提早结束监督。

下面的例子展示了工作人员如何表扬满足了监管条件的罪犯,并建议适当放宽这些条件的方式:

- 对准时到达的罪犯:感谢你准时出现。我知道这么早到这里很困难，说明你正在坚持这样。

■ 尿检清白的罪犯：你的尿检又是阴性，因此我想我们能够返回到一月一次尿检。你为保持干净真正做出了很好的努力，我确保在文件中注明。很明显你这次非常努力，我想知道你一直在做什么以确保保持干净。这次与上一次比有什么不同？

■ 对及时支付费用的罪犯：付费？好的，我想你几乎带来了你的所有。你总是做出某种付款方式，而我认为这是真正帮助你摆脱困境。事实上，你做得足够好，可能会因你及时支付费用而呈请降低你的社区服务要求。你想看看吗？

c. 对你听到或者看到的做出反应。

反应性倾听是动机访谈技术的一项基本技能。反应通常是劝导、谈判与销售技术的核心。在罪犯矫正中，反应性陈述是对罪犯所说所想的推测。当然，反应不是表明与罪犯一致，只是他们告诉罪犯工作人员一直在听并帮助罪犯听到他们正在说什么。他们可能重复或者改变罪犯所说，概括一个情绪或者指出混乱的感觉。更高级的反应是可能通过强调部分罪犯所说或者指出两个陈述之间的联系来引导谈话、继续谈话、探索和思考。在反应过程中，要有所选择，只陈述罪犯所说当中最重要的元素。同时，在反应中工作人员要避免与罪犯争论。实践中，经常会出现这样的问题，即当双方有不一致时，工作人员常可能被诱使与罪犯争论，结果就会导致工作人员为改变争论，而罪犯为反对改变而争论。这时候可能每一个人都会更加坚信自己是正确的。罪犯变得相信改变是不必要的，工作人员坚信他的罪犯拖了他的后腿。为避免这些误区，工作人员应用两种方式来反应。第一种是评论而不与罪犯争论来化解阻抗，第二种是保持罪犯的谈论按照既定的方向以引起改变的兴趣。

d. 摘要。

摘要是反应的一个特别形式，是一段长的反应。摘要本质上是将罪犯所说是的几件事情汇总在一起的反应，它能够提醒罪犯主要的讨论点、行动计划以及罪犯采取行动的自身理由。摘要既包括罪犯对动机的想法，也包括决定行动的计划。摘要在两方面是有用的：一是如果罪犯放慢或者停止谈论，摘要能够充当帮助他继续的桥梁。二是摘要也帮助提醒罪犯他说了什么或者指出他陈述之间的联系。

除此，摘要可通过工作人员去强调罪犯已经说的元素或者主题顾及到谈话方向或者评论。摘要也适合作为访谈主要部分与访谈结束之间的过渡。

例如，下面的摘要在谈论费用支付与最近的尿检结果之间制造了过渡。

工作人员：好的，它听起来好像对你会发挥作用。你说你一周能够额外工作几小时，你妈妈说她愿意拨出钱这样你所可以很容易就交上费。我很高兴你与她讲这些。那听起来像一个好的计划，我确实它将帮助你走出去。另一个需要我们考虑的是最后一次的尿检问题。检测结果表明开始稀释，它意味着……

工作人员：那么在这一点上，它听起来像没有什么事情需要我们去解决。尿检开始稀释，但是你没有报告。这是它第一次似乎是个问题，我可能会观察一些事情。如果将来再发生我们肯定必须要再访。因为这一段时间我们还没有谈论这些，我想花费一点时间讨论你以前的毒品使用情况以及现在想要保持干净可能的一些个人理由，好吗？

摘要通常包括这样一些基本要素：
■ 被讨论的特定问题或者行为。
■ 罪犯想要行动的最重要理由。
■ 行动计划看起来像什么，包括评估完成行动成功的，对完成或者没有完成行动奖励或者惩罚。
■ 下次联系的日期和时间。

此外，矫正工作人员在访谈过程中按照谈话的时间顺序做好摘要记录也是非常重要的。一个好的摘要与好的顺序记录可以分享许多元素。

5. 罪犯心理矫正基础平台的实现

建立的罪犯心理矫正基础平台逻辑架构如图 3-12 所示，该平台基于成熟的分布式大数据分析平台 Hadoop 构建，采用 B/S 架构,客户端无须单独安装即可实现罪犯心理矫正。循证矫正业务平台可根据实际业务需求灵活扩展,无须更改底层服务。信息资源服务中心基于数据资源融合服务平台和大数据分析及挖掘平台,对循证矫正的业务扩展起到强大的支撑作用,通过数据资源融合服务平台持续检索矫正证据数据,大数据分析及挖掘平台利用检索到的证据并数据结合矫正业务和矫正资源库对罪犯的矫正工作给出合理化的建议,并对矫正动态进行持续跟踪。

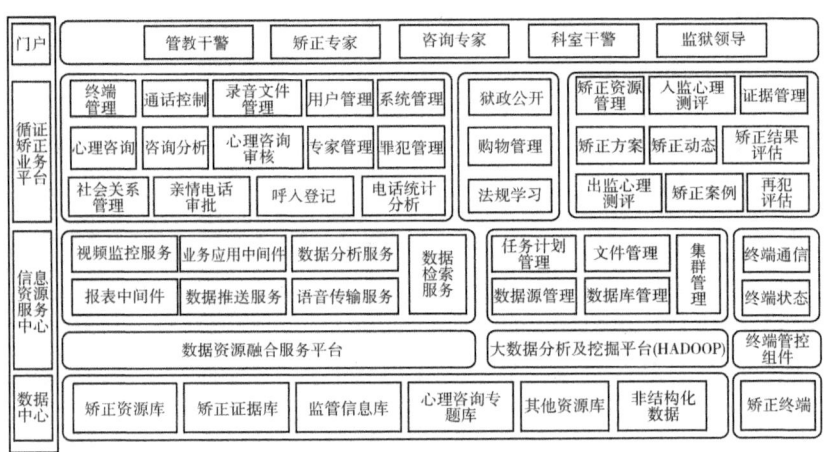

图 3-12　罪犯心理矫正基础平台逻辑架构

建立的罪犯心理矫正基础平台物理架构如图 3-13 所示,由部署在各个分监区的矫正终端(每个分监区布设 1～2 台矫正终端)、监区级监控终端,以及部署在监狱级数据中心的心理矫正资料流媒体服务器、音视频监控文件存储阵列、可视电话通信服务器、Hadoop 集群、管理服务器、心理矫正资源库以及部署在监狱指挥中心的平台管理终端、心理医师终端组成。其中 Hadoop 集群、管理服务器、心理矫正资源库、平台管理终端与心理医师终端可以根据实际需要部署在省级监狱管理局。

建立的罪犯心理矫正基础平台基础环境主要由三台 linux 服务器、一台 windows 服务器、一台矫正终端样机以及一台客户端电脑

3.5 监狱罪犯询证矫正关键技术研究

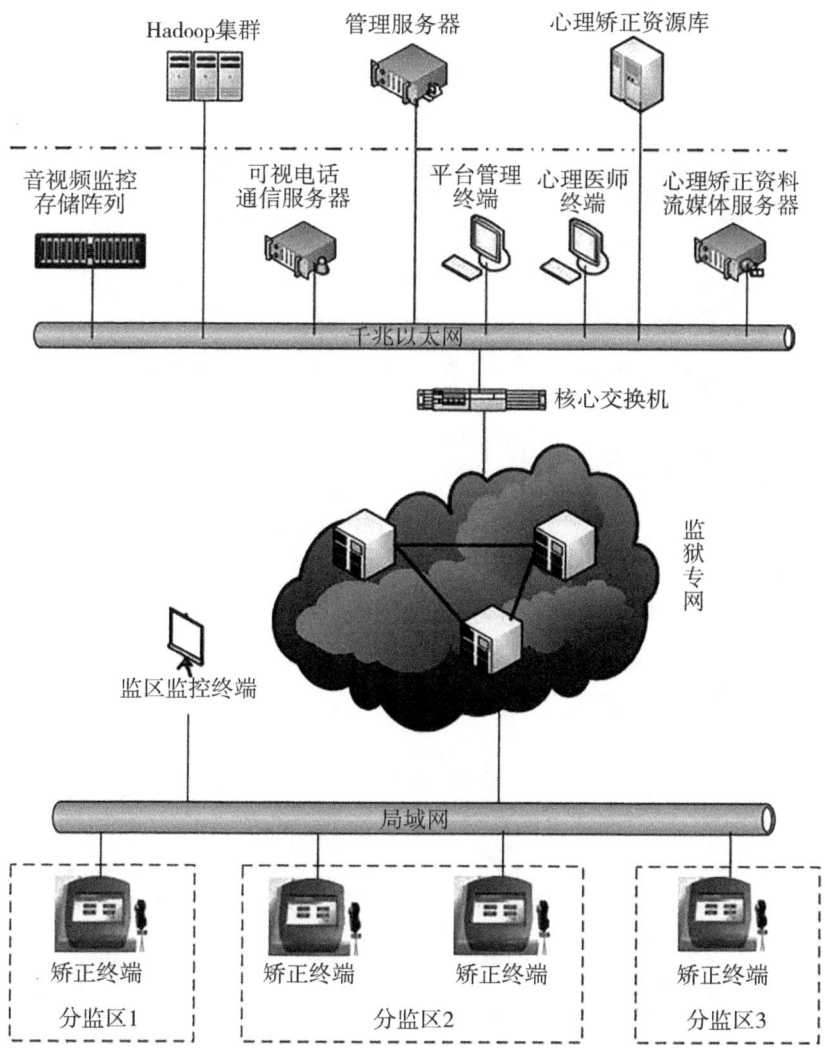

图 3-13 罪犯心理矫正基础平台部署架构

组成，其中三台 linux 服务器被构建为 hadoop 集群，windows 服务器作为 web 应用部署服务器，客户端电脑用来模拟用户行为，矫正终端用来模拟罪犯行为。其中 Hadoop 集群网络拓扑图如图 3-14 所示。Haddop 集群信息如表 3-4 所示，包含一台主机，两台从机。

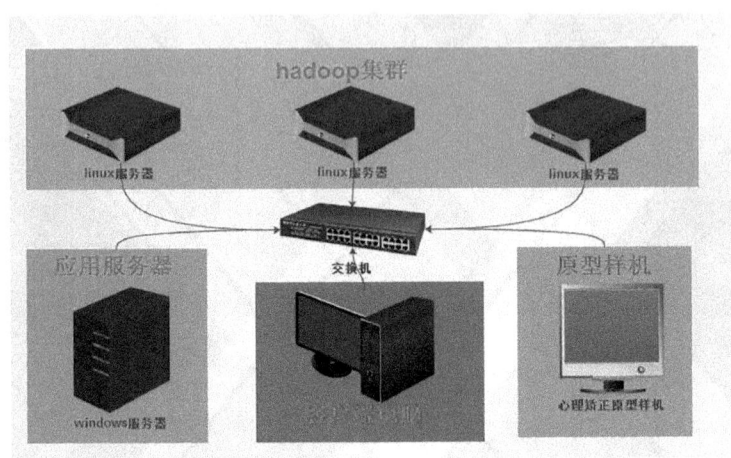

图 3-14　Hadoop 集群网络拓扑图

表 3-4　　　　　　　　　　**Hadoop 集群信息表**

主机名	角色	命令集合
master	Master slaves	Name Node Data Node Job Tracker Task Tracker Secondary Name Node
slave1	slaves	Data Node Task Tracker
slave2	slaves	Data Node Task Tracker

（1）罪犯矫正终端研制。

研制的罪犯矫正终端由触摸屏、工业级主板、语音通信模块、视频传输模块、罪犯身份识别读卡器，以及本地存储硬盘构成。其依赖于运行其上的嵌入式程序实现罪犯心理咨询以及相关的罪犯心

3.5 监狱罪犯询证矫正关键技术研究

理状况调查,矫正终端与矫正平台进行通信,具备心理咨询、远程授权、罪犯身份认证、录音实时上传、罪犯心理测验等功能,是心理矫正平台的核心外设。

(2) 罪犯心理矫正基础平台。

罪犯心理矫正基础平台研发过程包含循证矫正流程设计以及功能模块设计。

① 循证矫正流程设计。

通过与一线矫正业务相关干警以及矫正专家进行深入探讨,在掌握矫正业务实际操作模式以及熟悉一线干警操作习惯的基础上,设计了如图3-15所示的循证矫正业务流程图。罪犯通过监狱原有业务系统进行基础信息采集和录入,在循证矫正终端进行自助式的入监测评,系统将自动采集矫正证据的14个维度的信息进行危险

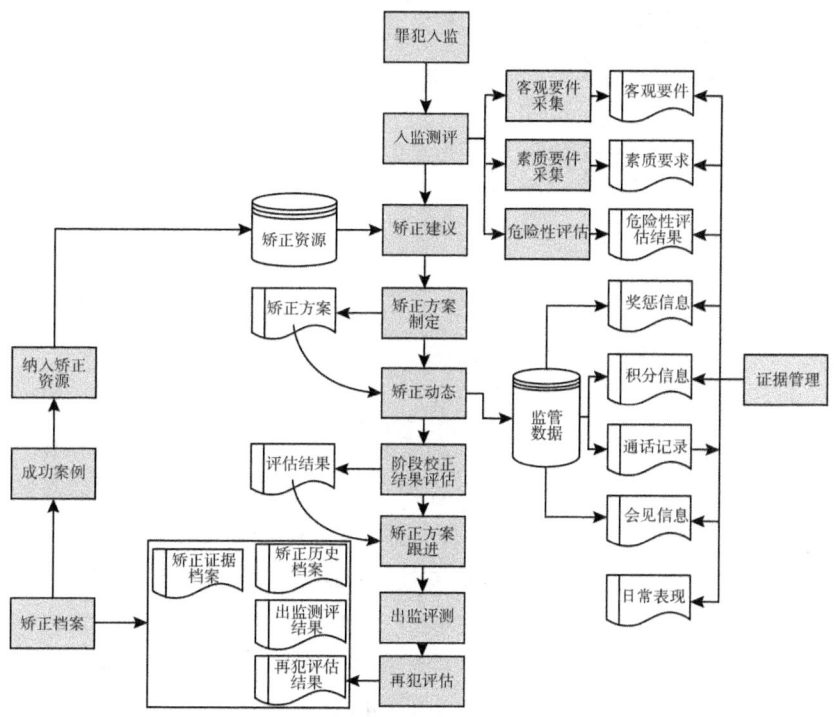

图 3-15 循证矫正业务流程图

第3章 监狱罪犯询证矫正关键技术

性评估,并向干警推荐与该犯罪信息维度类似的罪犯的成功矫正案例,干警可根据推荐结果设计针对该罪犯的个性化矫正方案,系统将对矫正方案效果进行持续跟踪,如果矫正效果有效,将视该个性化矫正方案为成功案例,系统建立该案例的检索索引,罪犯在矫正过程中循环执行上述矫正过程。

②功能模块设计。

a. 罪犯矫正信息维护及检索模块。罪犯矫正信息维护及检索如图 3-16 所示,该模块中的罪犯矫正信息包括:性别、民族、出生年月、文化程度、婚姻状况、捕前职业、案别、原判刑期、成长环境、历次犯罪情况、社会关系、生理特征、心理特征、行为特征等的维护及智能检索。

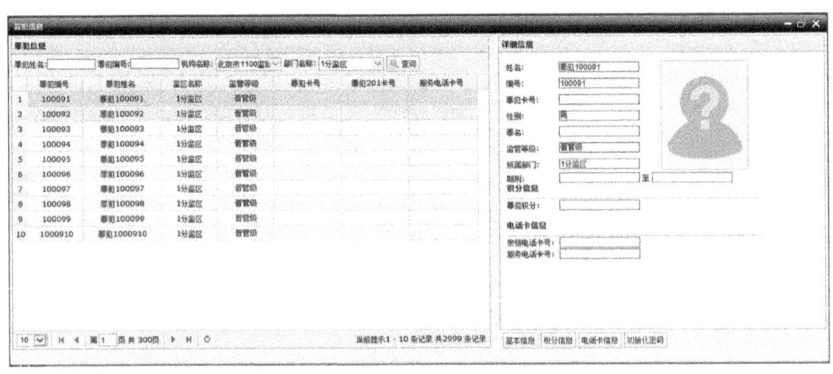

图 3-16 罪犯矫正信息维护及检索

b. 心理咨询模块。心理咨询模块专家库管理维护界面如图 3-17 所示,心理咨询专家库建立好之后,罪犯可通过罪犯矫正终端进行心理咨询,专家可通过平台对罪犯进行一对一的矫正指导。

c. 罪犯非结构化数据检索模块。罪犯非结构化数据检索界面如图 3-18 所示,通过该检索模块,干警和专家能够对罪犯的心理咨询录音、亲情电话录音以及干警访谈录音进行检索,专家可将罪犯的各种录音文件内容作为矫正方案制定的参考依据。

d. 矫正方案制定。干警可根据罪犯的测验结果、性别、民族、

3.5 监狱罪犯询证矫正关键技术研究

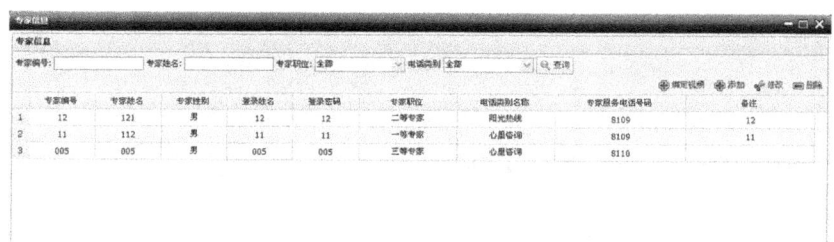

图 3-17 心理咨询专家库维护

图 3-18 罪犯非结构化数据检索

出生年月、文化程度、婚姻状况、捕前职业、案别、原判刑期、成长环境、历次犯罪情况、社会关系、生理特征、心理特征、行为特征等进行矫正方案制定，制定过程中可参考系统推荐的矫正方案。

e. 矫正资源管理。矫正资源内容包括针对各类罪犯的矫正资料和相关矫正方法文献，以及罪犯的成功矫正案例。矫正资源可以供干警随时查阅参考，也会通过系统内置的关联分析算法在干警制订矫正方案时进行推荐。

第4章 监狱罪犯全时空管控关键技术

4.1 监狱罪犯全时空管控关键技术研究的背景

监狱相关的社会问题集中体现在"社会安全",突出表现在监狱安全问题以及刑满释放人员的重新犯罪问题等两个方面。为解决监狱工作面临的"监狱安全"与"重新犯罪"两大社会安全问题,做到党中央要求的"四无"和最大限度提高罪犯改好率,其基本解决思路之一就是全面加强对罪犯的安全管控,全面推进人防、物防、技防、联防"四防一体化"建设,缩短或消除脱管时间,封堵监管漏洞。

传统干警巡检、门禁等人防、技防手段受制于监控空间覆盖率、事件预警实时性和警力有限、警员高强度工作易疲劳、监管环节不完善等因素,出现"失控"的空白时间段和监视的盲区,罪犯"脱管、漏管"现象较为严重。就目前监狱警力配置来看,因此无法单纯依靠增加警力投入解决罪犯"脱管、漏管"问题。

根据监狱脱逃案件和狱内重特大恶性案件的统计分析,由于罪犯行为未被监测导致脱管而实施脱逃与狱内发案的约占80%,由于监狱漏洞失控的约占20%。因脱管而导致罪犯脱逃和狱内发案的案件中,脱管时间最长达70分钟,最短为5分钟。

罪犯监测空间上不仅存在监视死角,如狭隘的走廊等隐蔽位置无法监视,同时存在环境空间监测覆盖率过低的问题。目前环境空间监测手段最为先进的监狱覆盖率只达到70%,空间监测覆盖率不足20%约占监狱总数的1/2。

目前常见的提高罪犯监测空间,预防乃至杜绝"脱管"现象的技术手段包括视频监控(安装分布更为广泛的视频摄像头和更大存储容量的视频存储设备)、室内定位系统(安装室内定位基础设施并给被定位对象佩戴更换周期长、防水防尘防破坏报警的定位腕带,可固定于手腕或脚踝)。

视频监控的优点是场景直观,信息丰富全面,可视化程度高,但存在脱管时间无法设置和快速自动预警,视频监控值班干警工作强度大、容易疲劳,致使无法对罪犯实施有效监视,不能充分解决罪犯脱管问题。采用智能视频分析技术可以显著降低值班干警工作强度,提高自动预警和事件处置能力,但是存在无法对监控对象实现各种环境条件下的识别等问题,更无法准确界定罪犯的所在位置。由于光学成像特征的自身限制,对罪犯分布较为密集易出现遮挡的场景,使用效果更是难以令人满意。

因此,极高稳定度、长持续工作时间、覆盖区域广泛的罪犯精准管控系统,成为整个监狱智能安全防范技术体系的核心部分,能够在各种复杂的应用环境下,特别是在存在视线遮挡的条件下对罪犯的所在位置、停留时间、身份识别提供高准确率、高可靠性的感知能力,为杜绝罪犯"脱管、漏管"现象、提高监狱对罪犯在监内整个区域的时空信息的实时监控管理能力提供了有力的技术支撑。

4.2 监狱罪犯全时空管控关键技术的发展情况

随着无线通信技术的发展和数据处理能力的提高,基于位置的服务成为最具发展潜力的信息服务,快速准确地获得移动终端的位置信息并提供位置服务的需求变得日益迫切。

1. 定位基本原理

从定位原理上,无线定位技术可分为基于距离测量的定位技术、基于信号和场景特征的定位技术、基于接近关系的定位技术(通常又称为信标定位技术),以及基于运动传感器的惯性导航自定位技术等四种主流定位技术。

基于距离测量的定位技术主要通过测量被定位对象到多个已知

位置的固定设备(参考点)的距离或者距离差,采用三边/三角定位或者双曲线定位(见图 4-1),实现被定位对象的二维空间或三维空间位置确定。当参考点数量大于定位所需的最少参考点数时,可通过最小二乘方算法进一步提高定位精度和稳定性。

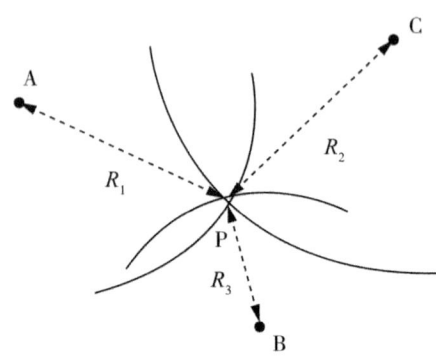

图 4-1 基于距离测量的定位技术原理图

为了测量被定位对象到参考点的距离或距离差,通常基于传播时延、传播时延差、到达信号相位差、往返时间测量等方式得到路径传播时间后,乘以定位信号载体的空气传播速度得到距离。这类技术通常对室内的严重多径传播环境较为敏感。

基于信号和场景特征的定位技术通过事先学习待定位区域的各个参考点位上多个固定设备发射信号的强度等特征,并采用聚类或者概率分析算法。根据被定位对象接收的多个固定设备信号特征实现被定位对象的位置确定。这类技术的主要缺点是对室内信号传播环境变化较为敏感。

基于接近关系的定位技术通常建立在近距无线通信如蓝牙或射频识别 RFID 技术的基础上,利用信号覆盖区域范围有限的特点,根据能否正常接收指定固定设备的信号,判定被定位对象的所在区域和大致位置。定位精度取决于定位信号载体的有效传播范围。从原理上来说,基于接入蜂窝基站的信息估计手机所在位置也属于此类技术。这类技术的稳定性和精度取决于所采用的信号载体对传播环境变化的敏感度和覆盖区域的范围：传播环境变化敏感度越低，稳定性越高；覆盖区域的范围越小，定位精度越高，覆盖相同面积的区域所需的设备数量越多，系统总体成本越高。

惯性导航自定位技术采用三轴磁力计、三轴加速度计和三轴陀螺仪组合而成的多轴运动传感器，实现被定位对象相对移动的方向、距离估算，从而实现位置信息的获取。由于低成本、低功耗、微型化的运动传感器的测量精度不高，直接采用积分的方式导致估计误差很大，难以实际应用，需要采用周期性校正算法降低积分误差。其优点是属于自定位技术，除三轴磁力计外其他传感器测量值受室内环境影响很小。

2. 室外定位技术

室外定位技术前期主要采用全球定位系统(GPS)与北斗等卫星导航技术，其基本原理是基于到达时延的距离测量，根据多个距离测量值以及三边/三角关系得到对应的三维位置。近年来，为了克服城市高层建筑、立交桥等产生的遮挡、信号衰减和多径效应，室外定位引入了基于加速度传感器、方位传感器和角速度传感器等运动传感器的惯性导航技术，惯性导航技术的缺点在于累计误差逐步加大，通过惯性导航和卫星导航信息的融合，利用GPS定位信息对惯性导航技术误差进行定期修正，实现了室外全区域覆盖，定位精度可以达到5米左右，基本满足室外定位的应用要求。

3. 室内定位技术

室内定位由于室内无线传播环境复杂，普遍存在多径及非视距传输情况，基于到达时延分析的卫星定位导航技术难以适用于室内定位。同时，室内信号衰减严重，导航卫星的信号难以穿透建筑物，到达信号的信噪比较低，已经无法满足定位的基本要求。为此，自20世纪90年代以来，先后出现了超声波、红外、地磁、电磁波等室内定位技术。

超声波定位技术利用超声波作为无线传播载体，基于时延测量距离后进行定位，由于超声波的空气传播速度低，距离测量准确度高,因此定位精度高,可达到2~10厘米,功耗较低,但传输距离有限,一般在5~10米之内,全区域覆盖布设成本高,在遇到物体和墙体遮挡时可能出现隔断或者非视距传输的情况,定位精度急剧下降。

红外定位技术是利用红外作为无线传播载体,基于距离测量的一种定位算法,具有成本低、功耗低的优点,但定位精度较差,平均定位误差在5米以上,传输距离有限,易受物体和墙体遮挡阻隔,导致无法定位。

地磁定位从原理上属于场景分析和信号强度分析类的定位技术,基于地球不同区域的各个位置上的地磁信号强度各不相同的客观事实,在记录定位区域内各个位置的地磁信号强度特征后,根据相似度拟合算法实现定位,定位精度可达1~2米,无须布设任何基础设施,缺点是与其他基于场景分析的定位技术一样,需要在使用前进行训练,记录各个位置的地磁场强,工作量大,同时在建筑物内金属物体的搬移等场景变化会导致定位精度的下降。

电磁波定位是利用在空气中无线传播的电磁波/电磁场进行定位,属于室内定位中技术种类最多、试用和应用最为广泛的一类定位技术。用于定位的电磁波/电磁场通常包括低频(LF)、1GHz以下的超高频(UHF)与微波(MW)等几个不同频段。

基于LF低频的电磁场定位技术由于LF低频信号覆盖范围受限(一般为2~5米),主要采用基于接近关系检测的定位技术,又称为信标定位技术,由于受人体移动等环境变化影响较小,同时作为近场传播方式,不存在多径传播效应,识别定位准确率高,但实现全区域覆盖的整体建设成本高。

基于1GHz以下UHF的电磁波定位技术可分为基于无源RFID和有源RFID这两种,无源RFID使用基于接近关系的定位技术,优点是无须供电,成本低,但由于受到人体对电磁波吸收和干扰的影响,成功读取率低,无法实际应用。

1GHz以下UHF有源RFID与微波频段有源RFID、Zigbee、WLAN、蓝牙的定位原理基本相同,主要差别在于通信机制、通信频段。这类定位技术可分为基于到达时延/到达时延差的距离测量

4.2 监狱罪犯全时空管控关键技术的发展情况

与三角/三边定位、基于电磁信号强度训练的相似度拟合定位、接近关系检测等三种不同的技术。

基于距离测量的定位技术根据定位信号带宽的不同可以分为宽带信号定位和超宽带定位,宽带信号定位的机理与 GPS 基本相同,通视环境下可达到 1~3 米。超宽带信号定位由于信号带宽大,时延分辨率高,定位精度高,可达 6~10 厘米,但价格很高,传输距离较短导致系统布设工作量较大。基于距离测量的定位技术由于室内多径和非视距传输现象较为严重,导致定位精度不稳定。

基于电磁信号强度训练的相似度拟合定位通过事先采集定位区域内 2m×2m 网格点处的多个定位基站发射信号的信号接收强度(RSSI),基于定位设备实时采集的多个基站信号接收强度,根据信号欧式距离或概率分布特征,实现相似度拟合和位置确定。这种定位技术的优点是不受多径和非视距传播环境影响,定位精度可达 2 米左右,缺点是在使用前要进行大量信号强度采集工作,同时定位区域内的人员移动以及对电磁波有影响的物体位置移动后,场景发生变化,定位精度严重恶化。

矿下人员定位前期主要采用接近关系检测技术,由于有源 RFID 传输距离较远,信号传输稳定性差,导致定位精度和系统可靠性较差。近年来,诺基亚公司启动了基于低功耗蓝牙信标的定位技术研发和应用推广工作,利用蓝牙传输距离较近(小于 10 米),固定式蓝牙参考设备采用电池供电,无须进行相应的布线,大大降低了整个系统的部署成本,但需要周期性更换电池,维护成本较高。

各种室内外定位技术的总结对比如表 4-1 所示。根据上面各类技术的分析,可以看出没有一类技术能够在部署成本、定位精度、覆盖范围等方面全面满足室内定位要求。从稳定性和定位精度,特别是稳定性而言,低频磁场是一类较为可行的技术方案,但基于低频磁场来实现全区域定位所需设备数量众多,布设复杂,导致成本高。因此不同定位技术的融合逐渐成为室内定位技术的发展方向。

表 4-1 室内外定位技术比较

名称	信号载体	基本原理	精度	缺陷	备注
卫星导航	C 波段电磁波	基于延时的距离测量与三边定位	5 米	无法覆盖室内与室外遮挡严重的区域,受非通视多径影响	室外定位
惯性导航	运动传感	运动传感器感知信息的积分	3 米	累积误差逐渐增加,需定期修正	室外室内定位
超声波定位	40KHz~100KHz 超声	基于延时的距离测量与三边定位	10 厘米	出现遮挡时定位精度恶化严重	室外室内定位
红外定位	红外光	基于距离测量与三边定位或接近关系	5 米	出现遮挡时无法定位,受环境光线影响	室内定位
无源 RFID、蓝牙	UHF 与 2.4G 电磁波	基于接近关系	2~4 米	覆盖范围小,受人体干扰影响较大,稳定性差	室内定位
低频定位	LF 电磁场	基于接近关系	1~2 米	覆盖范围小(2~5 米),布设复杂,成本较高	室内定位
有源 RFID Wi-Fi	UHF 与 2.4G 电磁波	基于延时的距离测量与三边定位	2~4 米	基于时延定位受非通视多径传输路径影响大,定位不稳定	室内/室外定位
有源 RFID Wi-Fip	UHF 与 2.4G 电磁波	基于场景无线信号强度分布的预训练	2~4 米	事先训练工作量大,场景由于人员移动等发生变化	室内定位
地磁	三轴地磁场传感	基于场景地磁强度分布的预训练	2 米	事先训练工作量大	室内定位
超宽带	2GHz~5GHz 电磁波	基于到达时延差的双曲定位	0.1~1 米	成本高,易受环境影响,部署工作量大	室内/室外定位

4.2 监狱罪犯全时空管控关键技术的发展情况

目前定位基站的 LF 低频磁场发射天线均采用低成本、小体积磁棒天线，根据前期室内部署和现场测试，由于其核心是铁氧磁晶体，低端磁棒天线的一致性和可靠性较差，容易损坏，且难以直观地进行质量评估，磁场分布不均匀，磁场发射功率和低频磁场覆盖范围主要采用现场手动方式进行调节和修正，定位基站缺少全面的状态检测功能，这些都给布设规划、现场调测和系统维护等工作带来极大不便，抬升了整个系统建设、部署和运维的综合成本。

受体积等因素限制，大部分厂家的定位标签没有采用三轴磁接收天线，使得定位磁场信号接收性能受定位标签的方向、方位等因素影响，从定位标签的角度来看，磁场的有效检测范围随定位标签相对定位基站方位、方向不同（被定位对象配套标签的位置、方式和移动的方向不同都会导致定位标签相对定位基站的方位方向发生变化）而动态变化，给定位系统的总体可靠性和稳定性带来不利影响。不同技术体制的定位产品比较见表 4-2。

表 4-2　　　　三类技术体制产品的对比分析

技术体制	单设备成本	系统成本	稳定性	布设便利性	定位性能	备注
125KHz 低频电磁场	低	中	高	较差	指定区域定位，无法覆盖全区域，平均误差 1~2 米	受人体影响小，有众多楼层、复杂环境如机房、厨房等环境的实际布设案例
宽带（80M）时延差 TDoA 或到达时延 ToA	中	高	中下	好	全区域覆盖，平均误差 1~3 米	受人体和环境噪声影响，对标签在人体佩戴的位置有一定要求，尚无多层楼布设案例，展会环境效果一般

续表

技术体制	单设备成本	系统成本	稳定性	布设便利性	定位性能	备注
超宽带（1.5G）时延差 UWB-TDoA	中高	高	中上	中偏差	全区域覆盖，平均误差 0.1～0.5 米	受环境和人体影响较宽带时延差小，但传输距离近（理论值 25 米，实际环境可能低至 5～10 米），定位设备种类和数量多

4.3 监狱罪犯全时空管控关键技术的监狱使用情况

1. 监狱物联网的实践探索与总结

近年来，监狱系统不断探索物联网在监狱工作中的建设应用，重点围绕罪犯无线定位和劳动工具现场管理等方面，开展了物联网技术应用探索。2008 年司法部监狱管理局制定的《监管安全科技发展规划（2010—2015 年）》中，首次提出要采用 RFID 技术实现对罪犯的全时空管控，指明了物联网在监狱的发展方向。2012 年 5 月，司法部发布 SF03007—2012（监狱信息化目标跟踪与地理信息管理业务规范），明确了物联网在监狱目标跟踪与地理信息管理业务的应用。2012 年 6 月初，全国监狱信息化建设应用工作座谈会在湖北召开，司法部副部长张苏军出席会议并讲话，提出推广物联网等新技术的应用，有力服务监狱工作。2012 年 6 月底，司法部在山东召开了全国监狱安全生产物联网应用示范现场会，与会代表现场观摩了两所监狱的物联网应用。全国部分省份的监狱也在不断探索物联网在监狱信息化的各种应用，浙江、安徽、山西、云南、山东等省份结合本省实际,各选择了1~2所监狱建设了物联网示范项目,但由于对物联网技术和物联网在监狱的应用的理解不同,在实际建设应用中出现了一些困难和问题,有必要对物联网这种新技术在监狱的应用进行研讨。据不完全统计,上海青浦监狱、江苏省无锡监狱、安徽省蜀山监狱、浙江省乔司监狱、山东省淄博监狱、山西省第二监狱、陕西省宝鸡监狱等单位,重点围绕罪犯无线定位和劳动工具现场管理等方面,开展了物联网技术应用探索,并积累了一些成功经验,比如江苏省无锡监狱基于无源电子标签的罪犯点名系统。但更多的是先进技术与监狱传统业务融合过程中的问题甚至是教训,据初步统计,超过70%的物联网项目在一年之内停止运行。此过程暴露出了几个突出问题。

①认识上的误区。一是没有从服务监狱中心工作的高度审视物联网的应用前景和特点,简单地把物联网应用归为罪犯定位跟踪等微观业务,没有把物联网与罪犯现场管理等实际实际工作结合起来,导致项目缺乏生命力。二是个别信息化基础薄弱单位的负责同志,没有清醒地认识到信息化工作的复杂性、艰巨性,寄希望于通过物联网"毕其功于一役"完成信息化建设,在项目决策上冲动、不清醒。

②建设上的盲目。一是盲目追求技术新奇,没有充分研究论证物联网技术的成熟性、稳定性、可靠性,在有源电子标签的精确定位中的信号衰减、冲突、漂移等技术问题上没有拿出切实可行的解决方案,变成了个别企业新技术、新产品的实验室、练兵场。二是没有从现代信息技术的全局高度审视物联网的技术路线和特点,简单地把物联网技术归为电子标签、无线定位等具体技术,没有把物联网与信息化建设结合起来,导致项目技术空洞化。

③管理上的不适应。新技术应用意味着新的管理手段,但这往往是一把"双刃剑"。新的管理手段如果使用得当,可以事半功倍;如果使用不当,则适得其反。尤其对于物联网这类超前技术的应用,往往忽略了新技术对传统监狱管理体系的冲击甚至是破坏,忽略了基层干警、罪犯对新技术、新手段的接受能力甚至是抵触情绪,新技术没有更好地解决老问题,却产生了更多的新问题,最终

导致新技术弃之不用、没有形成实际战斗力。

总结前一阶段监狱物联网建设应用的实际，我们认为，物联网作为新一代信息技术的集中体现，在监狱工作应用中，要注重把握好以下几个方面。一是要解决问题。这是技术的价值论，不能有效解决监狱工作突出问题的技术，就是没有价值的技术，再先进也不应引进。二是要稳定。这是技术的质量论，不稳定、不成熟的技术，就是没有质量的技术，再先进也引进。三是要低成本。这是技术的效益论，现阶段的监狱工作不需要奢侈品，价格昂贵的技术应被束之高阁。这三条经验既是对监狱物联网技术应用的总结，对今后各类新技术应用也有较好的参考价值。

物联网具有整合感知识别、传输互联和计算处理等功能，是对新一代信息技术的高度集成和综合运用。加快发展物联网，将为我国监狱信息化建设的可持续发展，提供强有力的支撑和保障。

2. 监狱物联网建设的意义

随着监狱工作的不断发展进步，监狱信息化的层层推进，通过物联网技术在监狱的应用有重大意义。

一是信息资源的深化整合。监狱信息化建设过程中的各个应用系统与数据资源库的建设相对分散，部分信息采用人工采集方法，缺乏高效、标准化的信息资源交换接口和语义一致性组织表示，给后台的信息模型组织与数据存储管理带来不便，缺乏信息自动整理、评价、分析环节，使得监狱信息综合集成度低。信息缺少提炼和分析而无法充分发挥作用，信息利用率偏低。

二是应急处置的智能提升。现有安全防范方式为被动的，被动监视方式本身的局限性致使无法对罪犯实施有效监视，所以靠人眼看和摄像头监视这两种方式是不能充分解决或不能全部解决罪犯脱管和罪犯状态监视问题的，难以实现对所有罪犯全过程、全方位、全覆盖的监视。

三是高新技术的实时感知。离监就医、调遣押解、解回再审、特许离监和离监探亲等监外执行情况，罪犯脱管、漏管、脱逃的安全风险和隐患较大，管理措施不完善、监管成本过高，对维护社会公共安全具有较大危害。

3. 物联网在监狱的应用发展遇到的问题

（1）建设问题。

①试点单位的选择。物联网技术是对新一代信息技术的高度集成和综合运用，是对当前监狱信息化的提升，物联网项目在建设过程中要与现有信息化系统进行数据交换，因此要选择信息化基础好的单位开展试点工作，物联网技术才能体现其优势和好处。而对于信息化建设尚未完成的单位，要将有限的资金先用于建设主干网络、通信设施、服务器存储等信息化基础设施，待设施完善、应用齐全后再根据实际需要进行物联网应用建设。对于试点单位应选择高度戒备监区或者罪犯日常活动相对封闭、生产生活等设施齐全自成一体的监区，这样才能充分显现物联网的人员管控效果。全国各省在选择试点监狱时要突出各自特点，建设内容不求全而要求精，在司法部监狱管理局的协调下，分别示范不同的建设内容，避免重复性示范建设。

②建设内容。物联网是可以实现物物相连，但是对于监狱信息化应用而言，没必要实现监狱内所有设备的互联。监狱有其特殊性，任何一种技术首先要符合监狱的实际需要，能够解决监狱的业务实际，才有使用价值。因此，对于物联网在监狱的建设内容，要紧扣罪犯防脱逃和循证矫正这两条主线，重点建设罪犯危险物品管控和教育改造循证矫正这两部分内容。a 监狱内。监狱内主要建设罪犯定位管理、罪犯一卡通管理、生产现场危重物品管理和外来人员车辆管理四部分。其中罪犯定位管理可实现罪犯实时定位管控，对进出大门罪犯进行自动点数和数据分析甄别，实现对生产现场罪犯的区域管控。罪犯一卡通管理可实现对罪犯在监狱内超市购物、医院就诊、被服发放、亲情电话等业务的一卡通集成。生产现场危重物品管理可实现对生产厂区内危险物品和重点物品的实时管控，严格限制使用人员和使用范围。外来人员和车辆管控可实现对外来人员和车辆的实时定位管控。b 监狱外。监狱外主要建设罪犯离监管控系统。此系统可实现对罪犯离监就医、调遣押解、解回再审、

特许离监和离监探亲等的实时管控。c 循证矫正。罪犯矫正教育系统包含网络化仿真教育和循证矫正两部分。网络化仿真教育系统是采用多融合视频分析、数据挖掘、3D 动画引擎等技术,基于对罪犯个体的监内表现、思想、行为的分析,通过业务数据模型评估罪犯的危险等级、社会适应程度和劳动技能情况,制定个性化的教育改造方案,强化矫治和训练,以提高罪犯回归社会的适应能力和谋生技能,降低重新犯罪率。研究探索罪犯循证矫正和个案化矫治的新型矫治模式。

(2)使用问题。

①观念的转变。物联网系统在监狱的建设应用,可以实现警察对罪犯的全时空管控和轨迹分析,这将对监狱的管理产生很大的变革,也是对狱政管理工作模式的转变。这种观念上的转变需要一定的接受时间,对罪犯的管理由原来的粗放式转变为精细化。要进一步提高监狱管理人员对物联网的应用认识,通过物联网技术的应用,实现监狱管理的"精细化"、"现代化"和"规范化"。

②设备的选择。物联网在监狱中的应用涉及对罪犯的精确定位,监狱管理罪犯的职能要求确保罪犯不脱逃。罪犯不同于普通人,他们对每天戴在身上的腕带等电子标签肯定会持排斥心理,有可能存在人为破坏等行为。监室楼内的天线等设备应提供 POE 供电,减少线缆。对于腕带因遭到破坏、电池没电或天线设备发生异常时应发出警报,并与就近监控摄像头实现联动,便于及时处理突发事件。

③使用范围。对于高度戒备监区或危险性程度较高,以及外出就医、调遣的罪犯应佩戴有源标签,实现全时空管控,确保不脱管。新收罪犯在集训队集训期间也要佩戴有源标签,便于对其精确定位,分析其行为轨迹,为日后有针对性的循证矫正提供数据参考,也有利于罪犯尽早接触电子腕带标签,在心理上容易接受。其余罪犯可佩带无源标签,实现部分区域的重点管控。生产车间的危重物品或外来车辆佩戴无源标签,实现规定区域的重点管控。

(3)维护问题。

监狱在物联网项目建设和使用中要加强管理,不仅要重视与现

4.3 监狱罪犯全时空管控关键技术的监狱使用情况

有系统的集成应用,而且在数据采集、传输和存储阶段要重视信息安全。物联网是一种新技术,在监狱的成功应用还不多,要在物联网项目示范应用等建设中,注意总结经验,为物联网在监狱的应用发展奠定基础。

4. 监狱物联网的总体架构

监狱物联网是运用现代信息、传感器、RFID、通信等技术,与监狱信息化应用深度融合,实现高效率、高质量、低成本的一种新型的信息系统。与传统的信息系统不同,新在以下几个方面,一是更加广泛的信息采集,二是更加多样的信息传输,三是更加智能的信息处理。据初步测算,仅物联网系统产生的信息存储、处理的需求,就比互联网增加了3倍。

按照ITU关于物联网的体系架构参考模型,监狱物联网应划分为设备、网络、支撑、应用等4个层次,如图4-2所示。

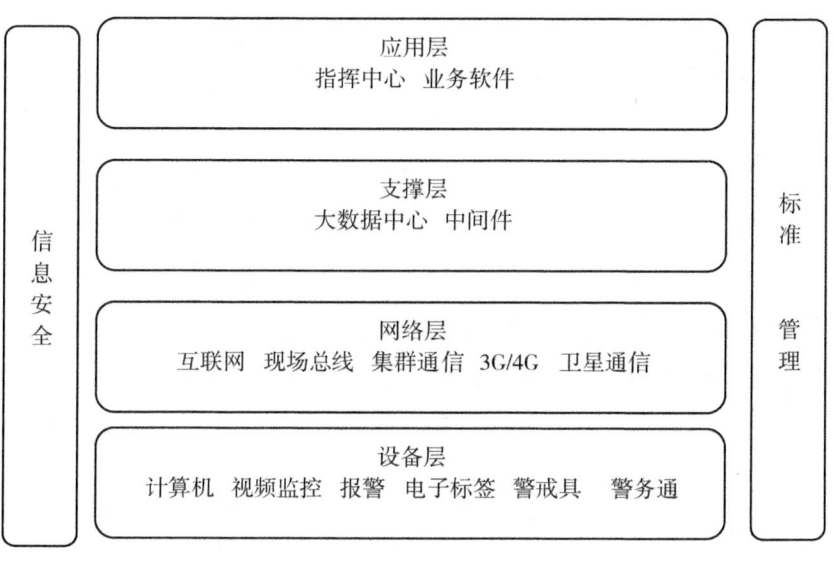

图4-2 监狱物联网总体技术架构

①设备层。设备层解决的是设备控制(包括信息采集、指令传

达)问题，主要依靠的是传感器、智能仪器仪表等物联网技术，主要功能包括采集设备信息、控制设备装备等两个方面。监狱物联网设备层主要有两个特点：一是范围更加广泛。对于设备信息的采集和控制范围，除传统的计算机网络外，还包括视频监控、报警、门禁、警用装备等安防系统。二是方式更加融合。对于多种设备信息的采集和控制，采取统一的数据接口模式，基本解决了监狱各类安防、信息化系统的"信息孤岛"问题。

②网络层。网络层解决的是设备层与支撑层之间的信息传输问题，主要依靠监狱系统内部专网、3G/4G 和卫星通信等技术，实现各层之间的信息传输。监狱物联网网络层的主要特点是组网方式复杂，基本覆盖了光纤、无线、电缆等现有的各种通信方式。在监管区域内，主要依靠监狱系统内部专网和无线通信等技术，构成分布式网络；在监管区域外，主要依靠 3G/4G、卫星通信等网络技术，实现跨区域的信息传输和控制。各独立网络之间既相对独立，又需要信息集成，对于网络层的可靠性、安全性、可管理性等技术指标都有较高要求。

③支撑层。支撑层解决的是异构数据、异构网络的标准化处理问题，主要依靠跨平台信息处理、感知数据和知识表达等技术。监狱物联网的支撑层主要体现在大数据中心、中间件两个方面。大数据中心用来存储、处理设备层产生的信息，中间件主要建设可扩展、可定制、可重复利用的软件平台，为软件开发提供基础、通用的软件服务；要使用支持网络服务的基础软件平台，选用兼容各类操作系统的基础软件产品，提供规范的软件应用接口协议，满足多样化的软件集成要求；要使用符合国家有关标准的管理服务、数据访问、流程控制等支撑服务平台，提供统一的、共性的软件基础功能，有效减少软件开发量，实现各软件之间的集成整合。

④应用层。应用层解决的是物联网中人机交互、协调控制的问题，主要依靠软件集成、智能控制等技术。监狱物联网应用层主要集中在指挥中心，主要包含两个方面：一是场所集中在指挥中心，即监狱物联网的主要控制设备、管理人员、指令发布等；二是功能集中在指挥中心，在指挥平台实现对监狱物联网各个系统、设备的

控制调度，并通过指挥平台支撑其他系统进行信息操作。

设备、网络、支撑、应用等四层体系架构是监狱物联网的核心架构，除此之外，监狱物联网技术架构还包括信息安全、标准、管理等方面内容，这些内容基本与其他行业物联网一致或近似，不再赘述。

5. 当前监狱物联网的应用功能要求

监狱物联网建设应用必须统筹考虑信息化基础与监狱工作实际要求。立足现有装备，针对突出问题，是监狱物联网取得实效的根本途径。我们认为，当前监狱物联网应当重点抓好以下几方面的应用。

（1）智能定位。Where、when，"在哪里"。根据罪犯危险性等级，采取区域定位与精确定位相结合的方式，有针对性地管控重点罪犯活动区域，防止重点罪犯脱管、漏管；监测使用危险物品的人员、环境等情况，加强危险物品的使用管理；实时跟踪管理外来车辆和人员活动情况，合理控制外来车辆和人员活动区域。

智能定位主要是对人、物品的定位，包括罪犯定位、干警定位、车辆定位。罪犯定位，智能点名，主要是防止重点罪犯脱管、漏管，在规定时间、规定地点核查重点罪犯位置信息，在狱内主要工间点名、监舍点名，在狱外的点名较为复杂，集中调犯点名。干警定位主要实现智能考勤和报警等功能。

当然，监狱工作中还会需要其他的定位需求，比如劳动工具和危险物品定位、车辆定位等，但是考虑到传统管理手段基本可以有效解决上述问题，本书不作深入讨论。

（2）智能监控。What，"干什么"。优化固定监控点布局，配备单警移动监控装备，重点解决视频监控盲区、死角等问题，真正做到视频监控全覆盖；加强监控图像智能分析，解决传统监控依靠人力盯看的弊端，实现对罪犯脱逃、自杀、斗殴等各类突发事件的智能报警，提高基层干警的警务效能。相比较传统的视频监控，智能监控对视频图像信息进行自动分析，对设定的情形进行自动跟踪、自动研判、自动报警。传统监控在使用中，主要依靠值班干警进行盯看、分析、报警，导致值班干警的任务量较大、不能较好地完成任务。智能监控主要是要解决传统监控存在的依靠人力盯看的弊端，依靠现代技术手段，真正实现向科技要警力。

(3) 智能指挥。How，"如何管理控制"。整合视频监控、报警联动、通信调度等各类安防系统，真正做到"可看、可控、可调度、可联动"，使指挥中心从孤立应用向综合集成转变；加强指挥中心对全狱犯情、狱情、警情的分析研判，使指挥中心从监控中心向情报中心、决策中心转变。

(4) 智能矫正。通过云计算、大数据等先进技术，在整合罪犯数据库、狱政管理软件等应用系统的基础上，设计开发适应罪犯矫治需要的矫正数据库和检索平台，综合分析罪犯成长背景、犯罪、服刑改造等情况，科学、准确地进行罪犯危险性评估，为开展循证矫正提供证据检索和查询服务。

4.4 监狱罪犯全时空管控关键技术研究

1. 定位标签(腕带)的低功耗技术

定位标签(腕带)由于佩戴在罪犯身上，只能采用电池供电。由于罪犯服刑周期较长，同时为了防止罪犯恶意破坏，通常定位标签(腕带)的装卸过程较为复杂，必须满足更换周期长、频率极低的应用要求。作为穿戴式设备，其体积、厚度以及重量都有较高要求和限制，因此定位标签(腕带)的低功耗设计是室内定位系统在监狱应用的主要要求之一，也是整个技术架构设计的主要技术难点。

在分析、评估、比较定位标签(腕带)各个器件的休眠、空闲、工作等多种状态下功耗指标的基础上，如何对定位标签(腕带)工作状态功耗较高的主控模块和UHF射频收发模块进行有效的动态休眠调度和快速唤醒是降低标签(腕带)的平均功耗、延长标签(腕带)工作时间的关键和难点所在。

主控模块、射频模块、内置运动传感器、低频磁模块之间的电路接口在不同程度上存在潜电流和漏电流,是导致定位标签(腕带)实际功耗大于估算功耗的主要原因,如何优化芯片或器件间的接口电气特性设计,也是定位标签(腕带)低功耗设计的核心难点之一。

针对多个标签(腕带)同时处于一个或多个定位基站的覆盖区域内时,如何在秒级时延限定条件下实现多个定位标签(腕带)的无冲突或者极低冲突概率的接入,同时通过采用极低占空比的协议降低标签(腕带)射频模块的工作时间,从而降低标签(腕带)整体功耗,是定位标签(腕带)低功耗设计的主要难点之一。

2. 定位基站的磁场发射天线(线圈)的优化设计

定位基站磁场发射天线(线圈)的体积、外观形状的选择与应用场景密切相关,目前国内相关产品全部采用磁棒天线,具有体积小、增益大、品质因数高等优点,但在实际部署中面临多个磁棒天线之间的一致性差,运输、搬运、安装等易造成磁棒天线损坏或磁场散射特征发生变化等问题,严重制约了定位系统现场调测的效率和工作进度,增加了人力投入成本,进而提高了整个系统的建设成本。

基于磁场分布基础理论和仿真分析,根据应用场景设计不同形态和体积的高一致性、高可靠性天线,是提高部署效率、降低系统调测人力成本、保证定位系统性能、降低器件损耗的关键。如何在体积和成本限制范围内设计高可靠性、高一致性的磁场发射天线(线圈)是项目难点之一。

3. 功耗严重受限条件下三轴加速度计与场强训练机制的融合算法

目前,室内全区域覆盖无线定位的技术体制包括基于距离测量(信号到达时延)的定位技术、基于信号强度和场景特征训练学习的定位技术,以及基于运动传感器的惯性导航自定位技术等。

从稳定性和抗外界环境干扰能力来看,惯性导航自定位技术最为稳定,除易受外界地磁场变化的影响外,基本不受外界环境变化影响，但惯性导航系统通常由三轴加速度传感器、三轴角速度传感器(陀螺仪)以及三轴地磁传感器组成，整体平均功耗在6mA以上，其中三轴加速度传感器的平均功耗为10uA以下，三轴陀螺仪功耗一般在5mA以上，三轴地磁传感器的功耗也在1mA以上，无法满足功耗严重受限的监狱定位要求。

基于距离测量(信号到达时延)的定位技术，一方面定位性能易受外界无线信号传播环境影响，稳定度较差；另一方面，这类技术由于带宽大，信号处理复杂，导致功耗较高。从目前国内外产品的技术指标看，一般超宽带(UWB)定位标签的工作时间不超过1个月，宽带时延差定位系统的标签工作时间一般不超过4周，也无法满足监狱定位的要求。

基于信号强度和场景特征训练学习的定位技术的定位性能稳定度与基于距离测量(信号到达时延)的定位技术相比更差，同时定位性能与信号发射、场强测量频率以及定位基站的密度息息相关。为了提高定位性能及其稳定性，必须增加定位基站的密度以及信号发射和测量频率，增加信号发射和测量频率，无疑提高了定位标签的平均功耗。

如何利用极低功耗的三轴加速度传感器，与低频次的信号强度测量有效融合，结合较高密度部署的定位基站及其关键区域精确定位信息，实现高稳定度、高可靠性的罪犯全时空精准定位识别是本研究面临的重要技术难点。

4.5 监狱罪犯全时空管控关键技术的实现

分析监狱监内典型应用环境下，密集人群分布和高密度人流对基于不同信号载体如有源RFID、蓝牙、低频磁场的接近关系检测定位技术进行信号覆盖范围稳定性、覆盖区域一致性的试验测试验证，选取覆盖范围稳定性、一致性最好的低频磁场作为关键区域定位的信号载体。

设计和实现满足定位标签(腕带)接入容量要求的极低占空比、低延时的多标签(腕带)接入协议，降低标签(腕带)的定位信息回传功耗，延长定位标签（腕带）工作时间。

分析监狱罪犯全时空管控的技术需求和布设环境特征，设计具有多种供电、通信一体化接口、多种形态磁场传播天线和支持多种天线接入方式的定位基站公共开发平台，针对各种应用场景进行快速定制开发。同时设计和搭建用于室内定位技术性能综合评测平台，对定位系统的综合性能指标以及定位基站的磁场分布进行量化测量评估。

建立低频磁场三维空间场强分布模型，利用低频磁场分布的时间、空间稳定性以及对环境变化的鲁棒特性，结合快速训练学习方式对低频磁场的三维空间分布参数进行快速标定，提高定位精度以及被定位对象的识别能力。同时根据定位区域的空间信息，优化定位基站的空间布局，在满足定位轨迹推演、全区域通信覆盖要求的基础上，最小化定位基站的布设数量，降低基础设施的设备数量和部署维护成本。

基于极低功耗三轴加速度计的自适应步态检测技术，通过行进步数估计被定位对象的移动距离。根据定位区域的空间基础信息和定位基站布局等约束条件，实现对被定位对象移动距离估计的准确校正。

利用极低占空比、低延时的多标签（腕带）接入协议内嵌的信息回传通道，通过对各点位 UHF 频段信号强度的事先训练学习，基于回传无线信号的接收强度分析，完成被定位对象位置信息的估计。在此基础上，以多个标签相邻时间段的移动距离估计值及空间基础信息作为约束条件，基于贝叶斯图推论获得更稳定和更准确的定位标签（腕带）位置信息。

定位中间件引擎接入分布在定位区域的各个定位基站，完成相关协议适配，并对定位基站发送过来的重复性定位数据、噪声数据基于时空约束规则进行流式处理，同时对定位基站进行设备状态监测和参数远程控制。

罪犯全时空管控关键技术实现路径如图 4-3 所示。在此基础上设计了罪犯监内全时空精准管控系统的总体方案，如图 4-4 所示。

定位标签（腕带）接收、解析定位基站发射的低频磁场信号，

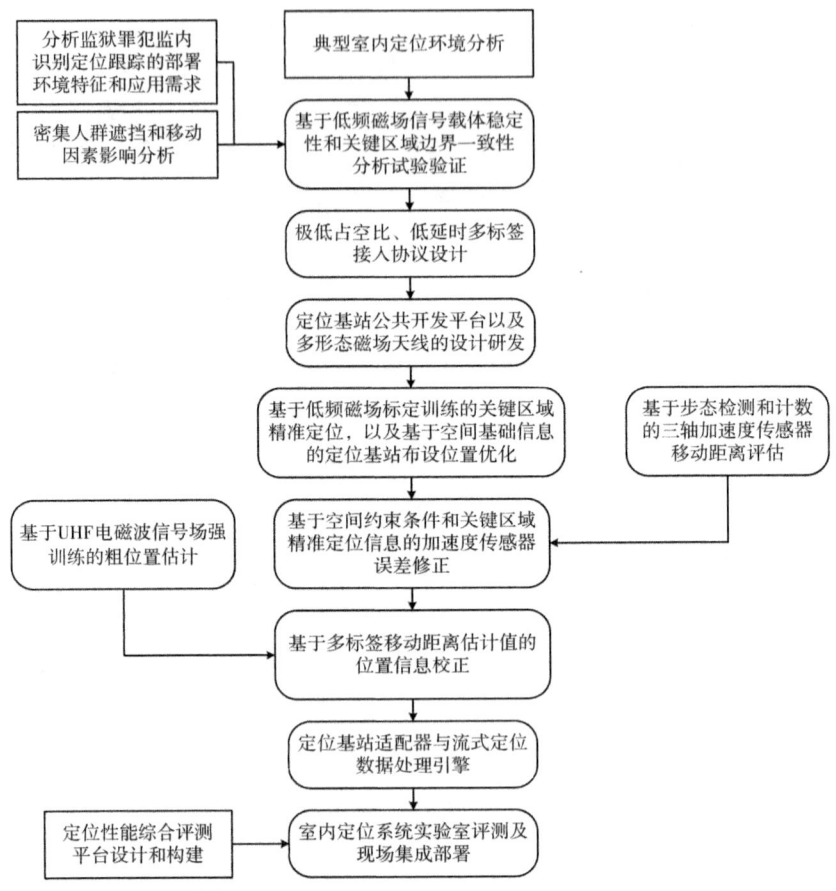

图 4-3 罪犯全时空管控关键技术实现路径

并进行三轴低频磁场接收信号强度的估计，集成了极低功耗三轴加速度传感器，完成基于步态检测和计数技术的相对移动距离初步估计，通过 UHF 频段的无线信号发射模块将低频磁场信号的相关信息和相对移动距离估计等内容发送给定位基站。

定位引擎服务器接收各个定位基站传回的定位标签（腕带）位置信息，并通过 socket 协议将其获得的实时位置信息（包括定位基站 ID、UHF 无线信号接收强度、定位标签 ID、低频磁场天线 ID、

4.5 监狱罪犯全时空管控关键技术的实现

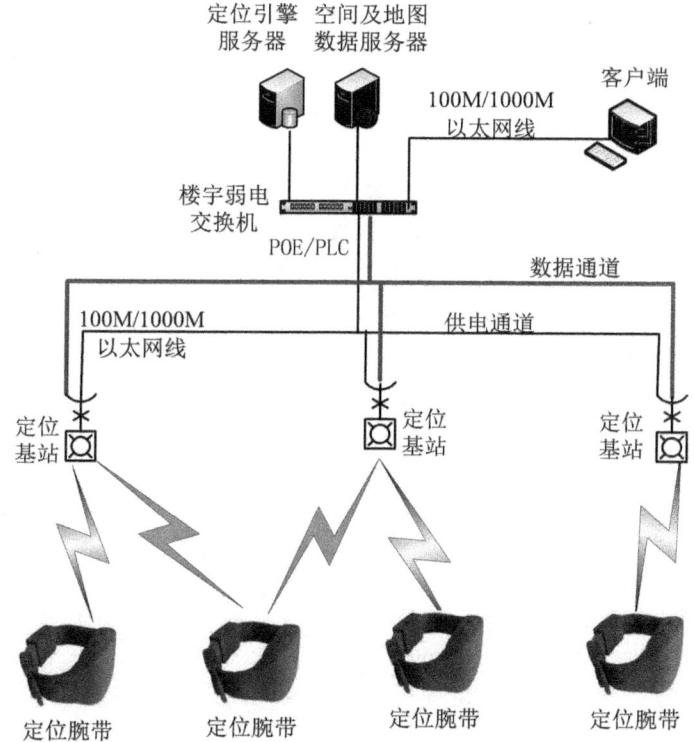

图 4-4 罪犯监内全时空精准管控系统

定位标签相对移动距离等基本信息)传输给空间信息及电子地图数据服务器,并对收到的实时位置信息进行流式降噪处理,提供第三方访问接口。根据接收到的定位标签(腕带)相对移动距离、信号强度等信息,进行定位标签位置信息的确定和估计。同时对定位基站的状态进行监测和远程参数设置,为各个定位基站提供微秒级时间同步。

空间信息及电子地图数据服务器负责存储、管理和维护更新电子地图、空间基础信息、定位基站天线布设位置、特定人员区域时空限定规则等系统基础数据,并支持空间坐标的按需实时转换,实现各个定位标签(腕带)实时/历史位置信息的数据存储与管理。

客户端是与值班干警直接交互的设备，实现罪犯位置在电子地图上的实时显示、罪犯访问区域的时空限定规则设置、罪犯越区自动报警、历史轨迹查看、位置/区域停留时间等时空信息统计和分析，实现标签(腕带)与罪犯关联信息的填充、发卡和卡回收归位等功能。

定位标签(腕带)通过无线通信模块将自身 ID、接收低频磁天线 ID、三维低频磁场接收强度以及自身相对移动信息发送给定位基站。由于多个标签(腕带)可能同时处于一个定位基站覆盖范围内，需要设计无冲突的多标签(腕带)接入协议，避免多个标签(腕带)发送的信息互相碰撞导致定位基站无法正常接收。同时定位标签(腕带)的极低功耗要求相对功耗较大的标签(腕带)无线通信模块必须在指定的延时范围内提供足够低的占空比。因此，结合罪犯监内全时空精准管控系统的总体方案，设计了极低占空比、低延时、低冲突概率的多定位标签(腕带)接入协议。

基于随机多址接入的极低占空比、低延时的多标签(腕带)接入协议流程图及对应的主要参数设置如图 4-5 所示。定位基站一直处于 UHF 频段的无线接收与低频磁场的周期性发射状态，协议状态机的维护十分简单，而周期性的低频磁场信号起到了多个定位标签(腕带)的粗粒度时钟同步作用。同时定位基站可以根据接收到的定位标签(腕带)UHF 无线信号强度，进行辅助全区域定位。

定位标签(腕带)处于低功耗低频磁场监听状态，UHF 无线模块处于休眠状态，当接收到定位基站低频磁场信号时，定位标签(腕带)立刻唤醒主控模块，在指定最大时延范围内选择一个随机时延，时延到达后启动 UHF 无线模块，启用内置的载波侦听机制避免多标签(腕带)接入时出现冲突，当信道出现空闲时立即发送对应的信息包。

定位基站主要针对室内定位系统的用户需求和部署场景多种多样的特征，集成了 POE、PLC 等多种供电、通信一体化接口，UHF(工作频率为 433MHz)或 2.4GHz 等不同频段、不同制式的无线通信模块，PCB 板级天线、外接全向天线等多种类型 UHF 射频天线，磁棒天线、环形线圈、指定形状和体积的绕线线圈等多种形态的磁

4.5 监狱罪犯全时空管控关键技术的实现

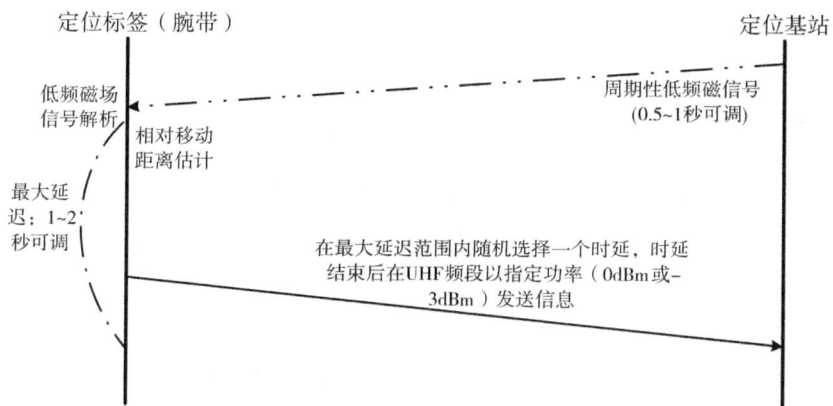

图 4-5 标签协议接入流程图

场发射天线。在研究多类型高稳定性定位基站线圈天线的优化设计和分布训练标定算法设计的基础上,设计了多接口、多磁场的定位基站公共开发平台,研制出定位基站。定位基站的技术架构如图 4-6 所示,该设备是室内定位系统的核心组成部分,主要完成发送定位 ID 给定位标签卡,采集定位标签卡的信息并将所有的信息传送至定位服务器。

设计定位基站主要由主控 MCU 单元、125KHz 低频磁信号发送单元、无线射频模块单元、接口模块、时钟模块和 POE 供电电源模块等组成。

(1)主控 MCU 单元设计。

主控模块是定位基站公共开发平台的核心功能模块,由于定位基站任务处理的复杂度较高,选用具有高处理能力 32 位 ARM Cortex™-M3 CPU,以 120MHz 高速运行时可达 150DMIPS 的处理能力,高达 1M Byte 的片上闪存和 128K Byte 的内嵌 SRAM,极低的动态功耗 188uA/MHz,从片上闪存以 120MHz 全速运行,功耗仅为 22.5mA(使能 ART 并关闭所有外设条件)。支持高低级功耗模式,并有多种通信外设,该 MCU 提供了丰富的外部接口如以太网、USB、CAN、UART、SPI、I2C 等,内置了 4 路以上的脉冲宽度调

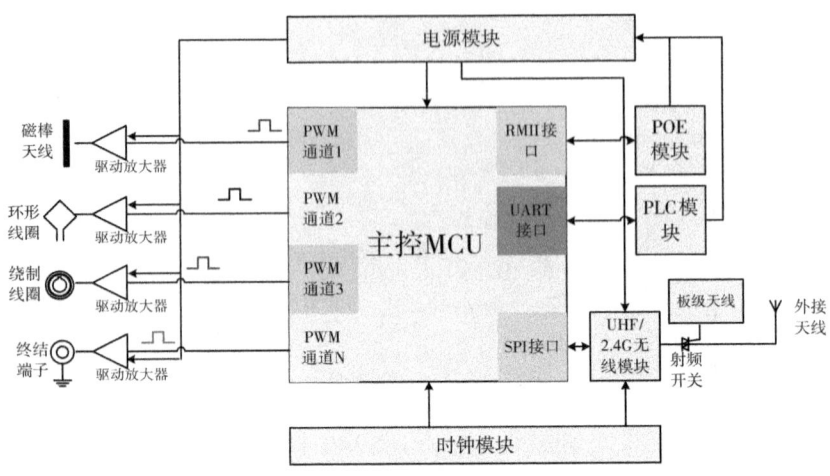

图 4-6 定位基站技术架构图

制（PWM）单元。主控模块的主要功能包括以下几点。

①生成包含每路天线自身 ID 及校验和的曼彻斯特编码，并调制到中心频率为 130KHz 的载波信号上，通过内置的 PWM 单元连接每路磁场发射天线的驱动放大电路。主控模块可以通过改变 PWM 的脉冲宽度动态控制每路天线的输出功率，进而实现每路天线覆盖区域大小的在线远程动态调整，显著提升了现场系统部署调测的工作效率。

②通过 UHF 或 2.4G 无线通信模块接收各个定位标签（腕带）发送的信息，包括标签（腕带）自身 ID、所在低频磁天线 ID、低频磁场接收强度以及自身相对移动的距离、校验和等信息；

③将所有采集到的定位标签（腕带）发送信息通过 10/100M 以太网经 POE 接口发送至定位引擎服务器。

（2）125KHz 低频磁信号发送单元设计。

基于低频磁通信技术（LFMC），设计了多类型高稳定性定位基站天线，实现 125KHz 低频磁信号发送。在设计中，使用 LC 串联谐振回路作为传输源，RLC 谐振频率设在 125KHz，电流通过线圈产生磁场,对如图 4-7 所示的单个线圈可以利用式(1)来计算距离辐射线圈 P 点的绝对磁场强度 Bp。

$$|Bp| = \omega_0 INa^2/2(a^2+r^2)^{3/2} \approx \omega_0 INa^2/2r^3 (Weber/m) \quad (1)$$

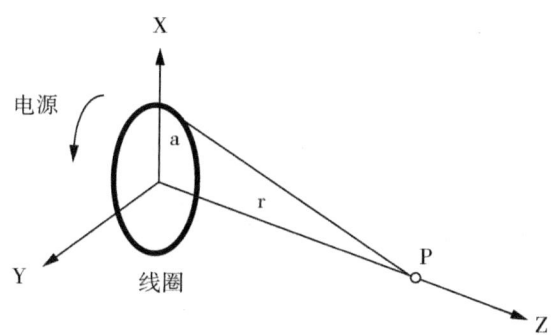

注:若 r>>a,磁场强度按 $1/r^3$ 衰减
图 4-7 单线圈磁场强度计算

在式(1)中,ω_0 是谐振频率(Rad/s),I 为电流(A),N 为线圈圈数,a 为线圈的直径(m),r 为自线圈的距离(m)。当距离 r>>a 时,磁场随 r^3 而衰减。

低频磁信号发送单元的谐振电路通过两个 180 相位差的半桥电路驱动,谐振频率为 125KHz,其驱动电路如图 4-8 所示。驱动信号直接用主控 CPU 芯片的 PWM 单元产生,其 125KHz 频率通过配置 PWM 相应的寄存器得到,通过远程调节与 LC 串联的电阻的阻值可以调节低频磁场的发射功率。

(3)无线射频模块单元设计。

集成不同频段、不同制式的无线通信模块是针对不同应用环境中无线通信基础设施的工作频率、通信制式各不相同这一实际情况,在系统部署前进行频谱扫描,确认已建无线通信系统的工作频段和信号强度,选择对已建无线通信设施干扰最小的无线通信模块作为定制定位基站的无线通信模块。由于目前 2.4GHz 的 ISM 频段较为拥挤,而 433M 频段相对干净,且信号绕射能力较强,传播距

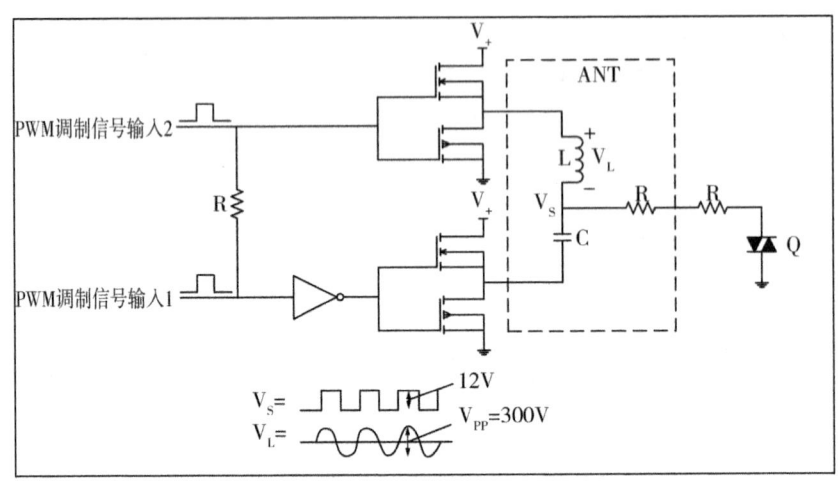

图 4-8 低频信号驱动电路示意图

离更远,因此定位基站缺省采用 433M 频段。

433MHz 射频模块是基于 CC1101 高性能低功耗射频收发芯片,该芯片可提供对数据包处理、数据缓冲、突发传输、接收信号强度指示(RSSI)、空闲信道评估(CCA)、链路质量指示以及无线唤醒(WOR)的广泛硬件支持。射频接收模块单元与 CPU 通过 SPI 接口进行通信,主要建立与定位标签卡的无线通信链路,其应用图如图 4-9 所示。

(4)多接口通信接口单元设计。

为了满足不同种类的用户接入和各基站网络互联互通的需要,设计了多接口、多磁场天线形态的定位基站公共开发平台。在该平台中,主要采用的接口有通信接口和 RS232 接口。单板采用 MICREL 的 RMII 接口的百兆以太网 PHY 芯片与主控 CPU 单元的 RMII 接口相连接扩展出一个百兆网口,该芯片只需要使用 25MHz 的晶体来作为其输入基准时钟,并向 MAC 输出 50MHz 的 RMII 基准时钟。网络模块接口如图 4-10 所示。

定位基站公共开发平台通过 RS232 转换芯片 SP3232 进行

4.5 监狱罪犯全时空管控关键技术的实现

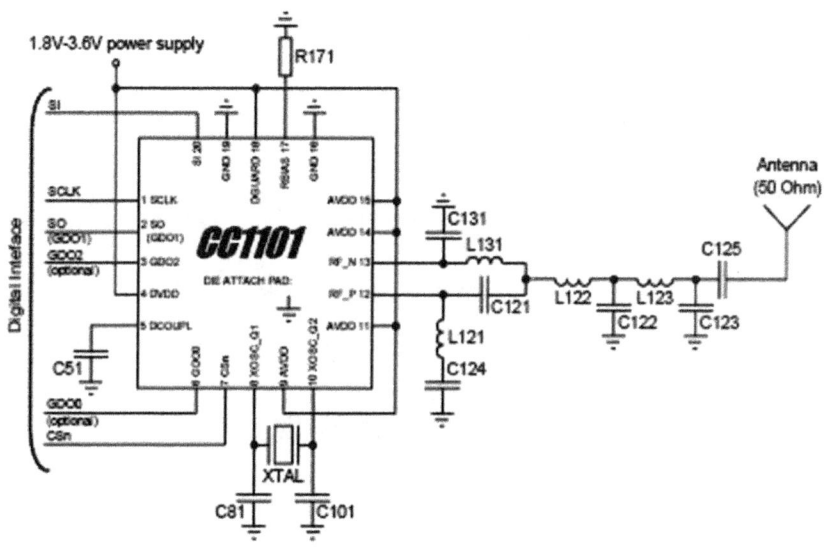

图 4-9 射频模块应用图

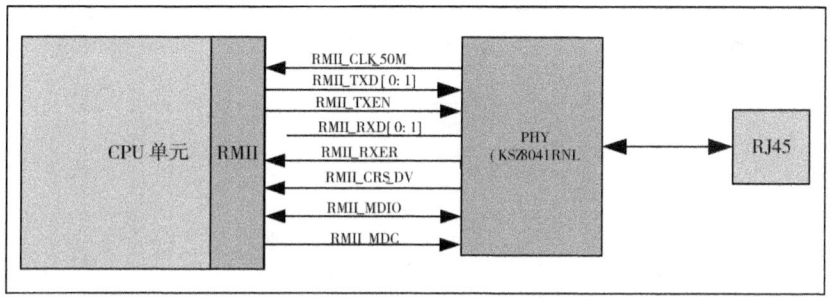

图 4-10 网络模块接口示意图

RS232 串口的扩展，SP3232E 有一个高效的电荷泵，电荷泵允许 SP3232E 在+3.3V 到+5.0V 内的某个电压下发送符合 RS-232C 的信号。SP3232E 器件内部的 ESD 保护使得驱动器和接收器的管脚可承受±15kV 人体放电和 IEC1000-4-2 气隙放电。SP3222E 器件包含一种低功耗关断模式，该模式下器件的驱动器输出和电荷泵被禁止。基于 RS232 接口的电路图如图 4-11 所示。

第4章 监狱罪犯全时空管控关键技术

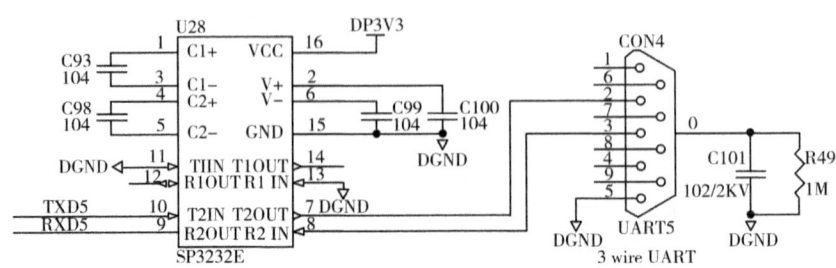

图 4-11 RS232 接口的电路图

4.6 定位标签(腕带)技术的实现

1. 研究方案

在研究定位标签(腕带)主要休眠调度策略、加速度传感器移动距离估计等技术的基础上，研制出的定位标签(腕带)的技术架构图如图 4-12 所示，其主要功能是：当定位基站(base station)发

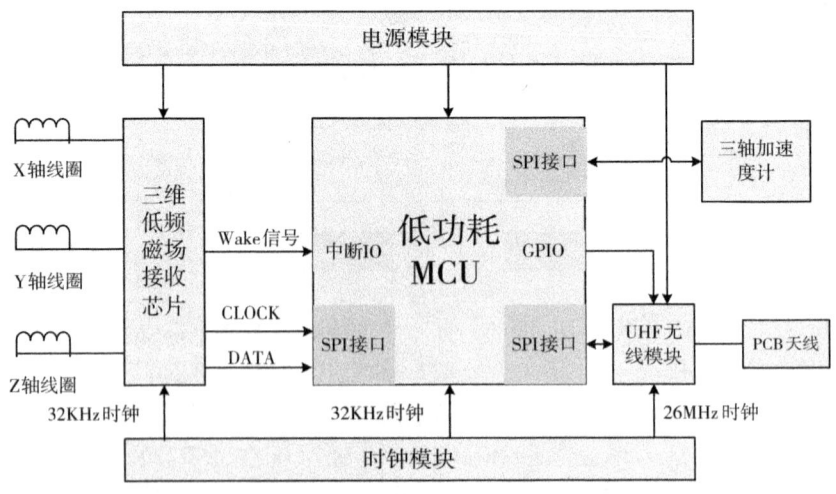

图 4-12 定位标签技术架构图

4.6 定位标签(腕带)技术的实现

送唤醒信号(125KHz)给 TAG 时，低频唤醒芯片唤醒 MCU 并启动 UHF 模块，同时将 TAG 的 ID、定位基站的 ID、当前加速度值以及 TAG 的电量等信息通过 433MHz 或者 2.4G 的无线链路发回定位基站。

2. 研究方法和过程

定位标签(腕带)主要包括超低功耗三维低频磁场接收模块、三轴磁场接收线圈、超低功耗三轴加速度传感器、超低功耗微控制器 TI CC430 系列芯片、具有休眠模式的 UHF 无线通信模块、板级印刷(PCB)天线、电源模块和时钟模块等组成。

(1) 低功耗 MCU 单元设计。

低功耗 MCU 单元内部逻辑图如图 4-13 所示，其主控芯片采用 TI 的超低功射频 SOC 系列 16 位微控制器 CC430 系列，采用 32KHz 外部时钟，休眠状态下实时时钟模式的电流 1μA 左右，工作状态下芯片内部时钟模块提供 1MHz 工作时钟，工作电流为 200μA/

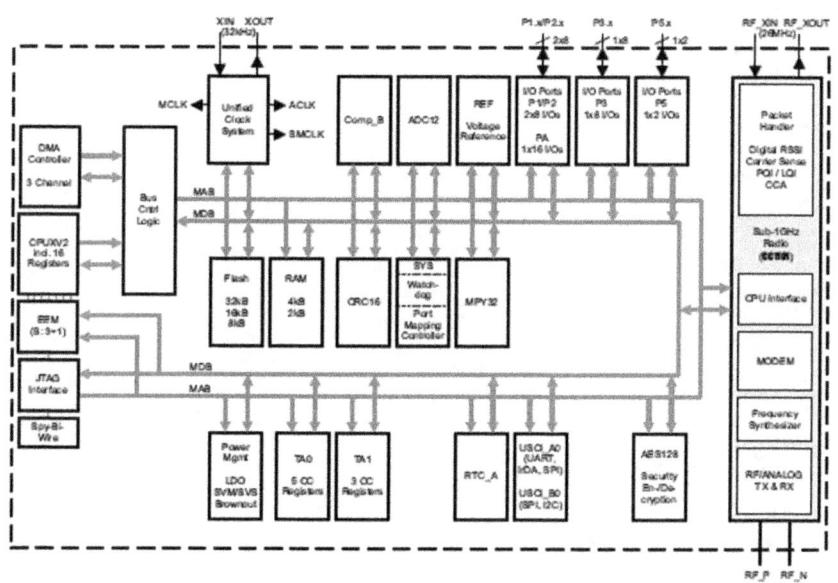

图 4-13 定位标签主控 MCU 内部逻辑图

MIPS。

（2）三维低频磁场接收模块设计。

三维低频磁场接收模块采用3通道低频唤醒接收器。该芯片为每个通道提供一个数字RSSI（接收信号强度指示）值，并可支持可编程数据速率和带时钟恢复的曼彻斯特解码，而且包括一个由晶体振荡器或内部RC振荡器产生的内部时钟发生器，并提供了内置自动天线调谐器。三维低频磁场接收模块采用32KHz的外部时钟，功耗极低，3通道监听值守电流2.7μA，3通道接收电流8.3μA。其内部逻辑图如图4-14所示，该芯片的工作流程如图4-15所示。

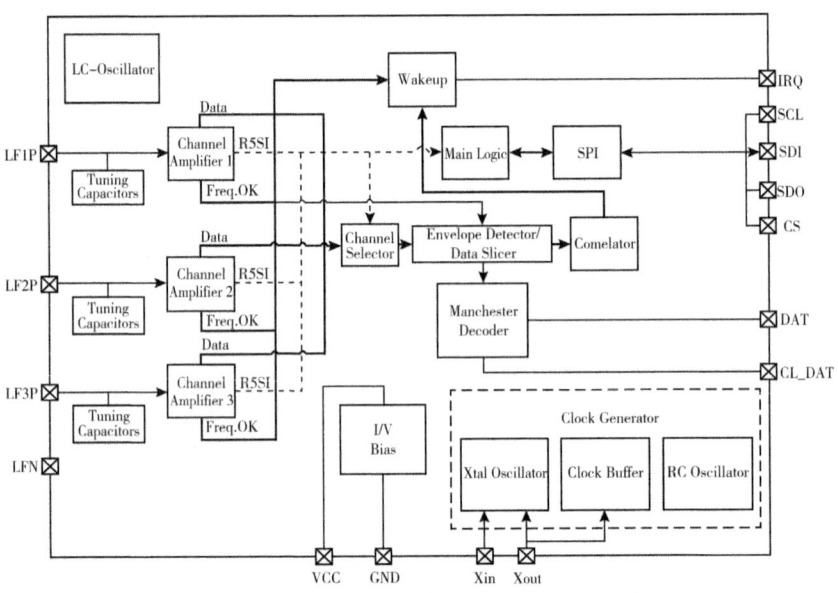

图4-14 低频唤醒模块芯片内部逻辑图

（3）UHF无线通信模块设计。

设计的UHF无线通信模块的工作时钟26MHz，待机模式下电流仅为0.2μA，接收状态工作电流为15mA～18mA，发射状态下工作电流为13mA～16mA，发射功率默认设置为0dBm，数据速率默认设置为250Kbps。为了便于标签小型化的设计，该通信模块采用

4.6 定位标签(腕带)技术的实现

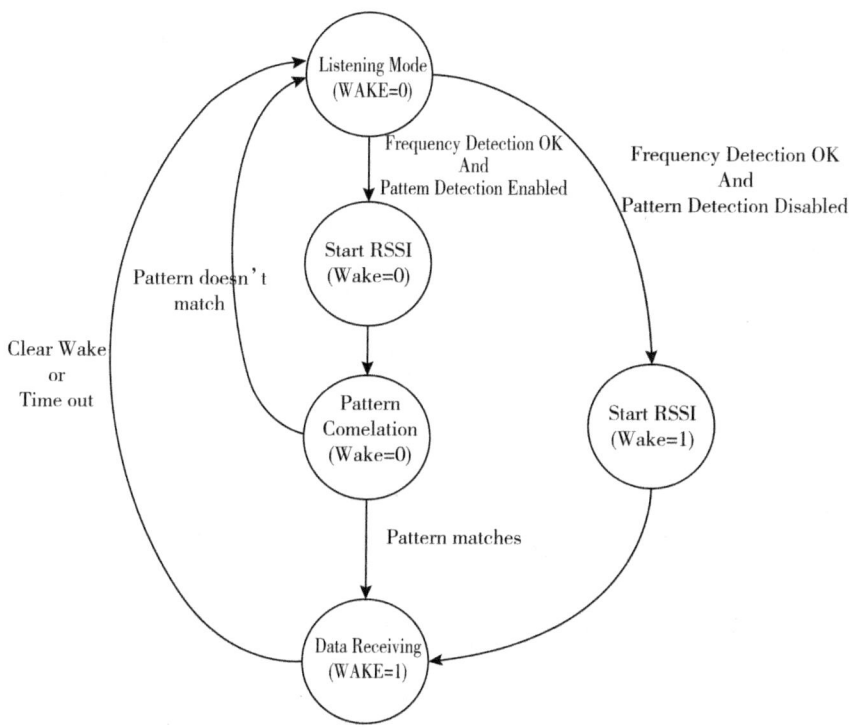

图 4-15 低频唤醒模块芯片工作流程图

TI 超低功射频 SOC 系列 16 位微控制器 CC430 系列内置的 UHF 无线通信模块。其主要性能指标与低功耗 MCU 单元的性能指标相匹配。

(4)超低功耗三轴加速度传感器设计。

超低功耗三轴加速度传感器采用超低功耗三轴数字加速度计，其工作电流仅有 1.8μA(典型采样频率 100Hz 时)，在运动触发唤醒模式下功耗为 270nA。与使用周期采样来实现低功耗的加速度计不同，ADXL362 没有通过欠采样混叠输入信号，采用全数据速率对传感器的整个带宽进行采样，封装体积为 3mm × 3.25mm × 1.06mm，通过 SPI 接口与主控芯片连接，其内部逻辑图如图 4-16 所示。

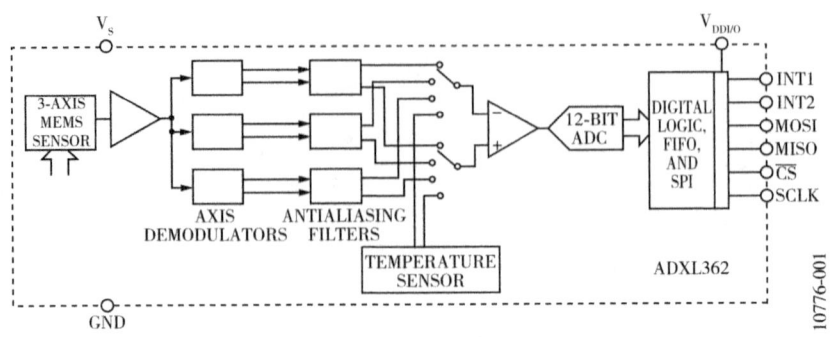

图 4-16　三轴加速度芯片内部逻辑图

(5) 低功耗定位标签 (腕带) 状态机设计。

定位标签 (腕带) 中各个期间的工作状态包括缺省状态、休眠状态和工作状态，设计的低功耗定位标签 (腕带) 中各个器件工作状态的转换方法如下。

① 在缺省状态时，三维低频磁场接收模块处于监听值守状态，三轴加速度计处于典型采样频率工作模式，主控芯片处于实时时钟模式，UHF 频段无线通信模块处于休眠模式。

② 当三维低频磁场接收模块收到定位基站发出的低频磁场信号并完成信号解析后，唤醒主控芯片转换为 1MHz 的工作模式，中断唤醒时间 5μs，基于三轴加速度计的测量采样值估算定位标签 (腕带) 自身的相对移动距离，在计算完成随机延迟后，转换为实时时钟模式。

③ 延迟结束后，主控芯片转换为 1MHz 的工作模式，并将 UHF 频段无线通信模块由休眠模式转换至发送模式，模式切换时延 200μs。

④ 发送过程结束后，返回缺省状态。

3. 基于三轴加速度计的移动距离评估算法设计与实现

定位标签 (腕带) 主要解决的是根据三轴加速度计的测量结果通过二次积分获得的相对移动距离随时间累计误差急剧增加的问

题。低成本的消费级三轴加速度计通过积分后得到的移动距离与真实移动距离误差很大，且误差随时间的增加而急剧上升，前期试验结果表明在真实移动 30 米的情况下，通过三轴加速度计二次积分产生的误差可能超过 100 米。

为了解决这个问题，引入人体步态检测机制，设计了基于步伐计数的三轴加速度计的移动距离评估算法，通过加速度计测量值来估计人体走动的步数。人体步态检测的原理如图 4-17 所示。在该算法中，首先对三轴加速度计的测量值进行低通平滑滤波，然后识别低通滤波结果的两个连续局部最小值，如果位于 2 个最小值时间区间内的局部最大值与 2 个最小值之间差别大于一个门限值，则为新的一步。通过步态检测机制，可将移动距离的估计误差降低至米级。

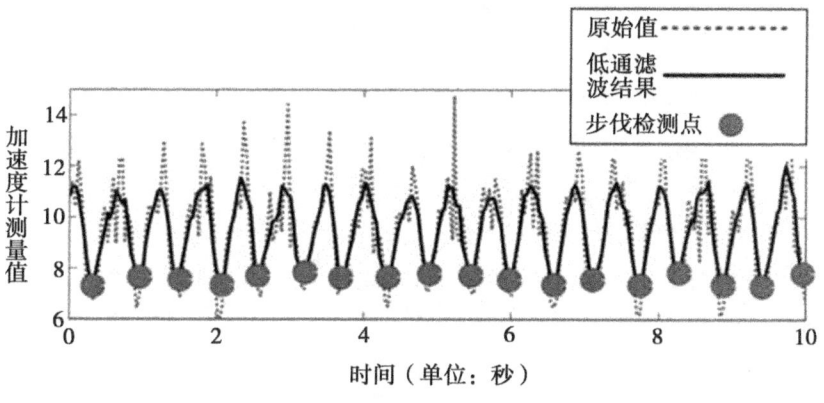

图 4-17 人体步态检测原理图

4.7 监狱物联网发展的展望

监狱物联网是监狱信息技术的高度集成和综合应用，它的发展方向应当是"智慧监狱"。"智慧监狱"是监狱信息化发展到一定阶段的产物，是以监狱信息化的需求本质为基础，以构建"物联感知"监狱管控系统为基本目标，充分应用信息化服务"更好地促进监狱工作"为理念，彰显"依法管理、科学管理、和谐管理"的现代化监狱文明基本理念。

在基于研究监内罪犯管控的基础上，考虑到罪犯还有离监就医等离开监狱的管控，监外罪犯基于人、车、物的移动式管理需求。监狱迫切需要一种全新的技术体系作为安全防范系统建设的依据，以解决监狱信息化建设面临的技术难题。

目前，在全国监狱系统罪犯脱逃案件中，发生在离监就医、跨省集中调犯以及其他形式调犯情况下的脱逃案件逐年增高，监外罪犯安全管控工作仍然存在较大隐患。同时，监狱干警人力不足、管理手段滞后等突出问题仍然无法有效解决，传统的技术防范手段在罪犯监外执行应用中存在很多不足。因此，深入研究引发罪犯监外脱逃的客观因素，通过对基于物联网技术的 RFID、GPS、北斗、3G/4G、GIS、WIFI、卫星通信、视频监控、语音对讲、人员定位的技术防范手段进行分析和创造性研究，对于有效杜绝罪犯在监外执行中脱逃案件的发生，具有重大意义。

目前罪犯外出就医、调动等监外执法过程的安全非常重要，尤其是加强押解车辆配置以及对押解途中的安全管控是当前的工作重点。罪犯外出押解对车辆要求较高，普通的警用车辆达不到防爆、防破坏等要求，不符合 GA668—2006《警用防爆车通用技术条件》。因此，需要在符合业务需要的基础上按照 GA668—2006《警用防爆车通用技术条件》的要求进行定制改装。

当前物联网罪犯押解车辆管控系统利用卫星导航定位、拾音监听、视频监控、高精度人员定位、罪罚防逃脱技术，3G/4G 无线通信和 GIS 地理信息系统等新一代信息技术，提升指挥调度、交通管制和信息服务能力，从而实现监外罪犯押解调遣全过程的智能化指挥调度管理，确保押解调遣过程的"零事故"。系统主要是在押解车上安装车载视频监控设备、人员定位及数字点名设备、罪犯防逃脱设备、通信设备、供电设备等以提高防护等级和押解安全系数。

4.7 监狱物联网发展的展望

1. 车载视频监控模块

通过在押解车辆上加装车视频监控设备,可对押解车辆内部及周边情况进行全程录像和远程视频监控,一旦发生脱逃、劫持等异常情况,利用无线传输技术(3G/4G)实时把监控录像传回监狱物联网公共服务平台,通过平台与地方公安联动控制。存储在硬盘录像机上的录像数据进行案情分析,还便于后期取证、案件侦破。同时车载硬盘录像机具备语音对讲接入功能,可通过内部算法实现语音数据与视频图像的同步叠加,大大方便应急突发状态下的实时语音画面调度指挥。

2. 人员定位及数字点名模块

在押解过程中通过给罪犯配置 RFID 电子腕带、干警配置 RFID 标签卡,实现罪犯、干警的位置信息的实时绑定,并通过 RFID 标签号与罪犯、干警编号、姓名、责任范畴等关联数据绑定实现数字点名。点名信息和位置数据信息通过车载定位基站 3G/4G 网络模块实现与监控中心的网络连接,并通过给干警配置的电子腕带手持终端、车载电脑终端、指挥中心大屏等对罪犯当前状态信息(位置、姓名、编号)进行实时监控。当罪犯离开干警一定范围时,手持终端、车载电脑自动发出告警,并把报警信息通过 3G/4G 网络模块实时回传至中心平台。同时通过给押解车辆本身配置 GPS 或北斗模块实现车辆轨迹跟踪定位,避免押解车辆脱离押解任务总体规划管控。

3. 罪犯本地防逃脱模块

罪犯本地防逃脱主要是通过新智能遥控罪犯腕带标签技术,实现罪犯在长途押运过程中(如转监、就医、放风等情况下),防止罪犯非法逃脱的一种新型技术手段。通过这种技术手段可以有效控制罪犯,保护干警安全,防止罪犯逃跑。

罪犯防逃脱系统主要是通过在罪犯脚上加装新型智能遥控罪犯腕带标签,实现干警手中的罪犯腕带标签遥控器实时数据对接,在指定范围内通过信号反馈,实现罪犯与干警的对接监管。智能遥控罪犯腕带标签采用脉冲信号作为信息交互载体,通过脉冲信号调节不受常规无线发射频率干扰。通过这种新型罪犯腕带标签,干警能随时掌控罪犯动向,有效防止罪犯逃脱行为发生,并具备手动电击、报警、取消功能。

物联网是新一代信息技术孕育突破的重要方向,物联网技术的应用将推动监狱信息化的发展,弥补传统信息技术在监外罪犯管控应用方面的不足,为监狱"技防"手段升级提供了更好的选择,为实现监狱长治久安创造了良好的技术环境、条件。

物联网技术在罪犯监外管控系统中的应用是推动监狱安全防范系统全面整合、优化升级的整体解决方案,能够为监狱各子业务系统提供资源共享和信息互通的应用平台,弥补传统信息技术在监外罪犯管控应用方面的不足,为监狱"技防"手段升级提供更好的选择,具有重要广泛的应用价值。

(1)有利于加快信息资源的深化整合。目前监狱信息化建设过程中的各个应用系统与数据资源库的建设相对分散,部分信息采用人工采集方法,缺乏高效、标准化的信息资源交换接口和语义一致性组织表示,给后台的信息模型组织与数据存储管理带来不便,缺乏信息自动整理、评价、分析环节,使得监狱信息综合集成度低。信息缺少提炼和分析而无法充分发挥作用,信息利用率偏低。

(2)有利于提升监狱整体安全防范水平。监狱安全防范工作是一项系统工程,监狱围墙内外的安全防范工作是一个有机整体。物联网技术的有效实施可全面加强对监外罪犯的有效管控,强化和凸显管理的时效性和安全的可控性,提升对监外罪犯安全管理和防范的直观性和可靠性,全面提升监狱整体安防水平。

(3)有利于促进监狱应急处置的智能提升。现有一些安全防范方式是被动的,被动监视方式本身的局限性致使无法对罪犯实施有效监视,所以靠人眼看和摄像头监视这两种方式无法充分解决或不能全部解决罪犯脱管和罪犯状态监视问题,难以实现对所有罪犯全过程、全方位、全覆盖的监视。

(4)有利于提高监外罪犯管理智能化水平。运用传统的管理方

4.7 监狱物联网发展的展望

法对监外罪犯实施管控，其管理难度较大、占用警力多，监狱对管理制度落实情况无法及时掌握，发生脱逃、重大案件事故风险概率高。物联网技术通过对监外罪犯实现全程跟踪、实时定位、智能报警，探索监外突发事件处置的事后取证向事前防范、传统指挥向智能调度的根本转变，提高对监外罪犯管理的精细化水平，有效释放警力资源。

第 5 章　监狱罪犯行为智能分析与识别系统关键技术

5.1　监狱罪犯行为智能分析与识别系统关键技术研究的背景

　　视频监控系统是整个监狱安全技术防范系统的核心组成部分，建立完备的监管安全防范体系，搭建和完善覆盖面广、资源共享、综合应用的监控系统，为监狱安全防范设置了一道无形屏障，是我们监狱监控系统建设的首要目标。监狱的安全防范，即是否发生罪犯脱逃、凶杀、非正常死亡等各类影响监狱安全稳定的事故，给社会的稳定、国家的安宁带来了极其重要的影响。特别是在构建和谐社会的大环境下，构建好监狱的安全防范体系就显得格外重要。因此，在公安、司法部门，针对监所管理工作，"向科技要警力"已经成为一种趋势。

　　视频监控的优点是场景直观，信息丰富全面，可视化程度高，但存在脱管时间无法设置和快速自动预警，视频监控值班干警工作强度大、容易疲劳，致使无法对罪犯实施有效监视，不能充分解决罪犯脱管问题。采用智能视频分析技术可以显著降低值班干警的工作强度，提高值班干警自动预警和事件处置的能力。

　　智能视频分析需要自动识别监控对象，及时感知目标对象所发生的变化，而当异常情况出现时能够实现自动报警等。我们知道，"监"和"控"是相辅相成的，做到前一部分的"监"并不太难，而要真正做到后一部分的"控"才是至关重要的。能够更好更快地实现"控"的要求，就必须通过智能视频分析技术，来提升"监"的有

5.1 监狱罪犯行为智能分析与识别系统关键技术研究的背景

效性。

继模拟、数字和 IP 监控之后，下一波兴起的将是包含智能监视和智能分析的智能监控技术。智能视频监控是一种执行智能视频分析和全自动视频监控的高级解决方案。它能从模拟或数字视频流中自动跟踪并识别对象，分析运动并提取视频信息。智能视频监控允许用户利用安全摄像机轻松监测并保证各区域的安全，同时还降低了人工成本，并提高了生产效率。

1. 开展视频图像智能分析技术的研究很有必要

在视频监控系统的建设与应用中，目前普遍存在着"看不清、调不出、提取难、检索慢"的问题，主要表现为视频图像不清晰、海量信息存储难、图像下载速度慢、不同格式的视频无法播放、特征目标检索难、历史图像查找比对误差大、缺少视频图像信息深度挖掘有效工具等技术难题。这些问题的解决，都需要大力开展视频图像智能分析技术的研究。海康威视在安防行业"数字化、高清化、智能化、网络化"的发展过程中，对于视频图像智能分析技术的发展起着重要的作用。尤其是在当前模拟监控系统淡出，IP 大时代来临的背景下，研究视频图像智能分析技术的价值更加凸显。

2. 检索与摘要技术是视频图像智能分析的重要部分

视频检索是根据目标特征检索出包含某个目标的视频，或者从视频结构中找出包含目标的片段，从而大大提高视频资源查找和利用的效率。视频检索的基础是视频解析和特征提取后获取的目标索引和内容描述库。通过建立高效的特征描述和目标、内容索引库，并研发快速准确的检索算法，实现有效的视频检索功能。视频摘要主要是利用视频分析模块、视频图像特征提取、视频帧元素的特征标记与提取、重建处理等技术，对海量视频进行摘要处理，生成简短摘要文件，融合多个目标元素，具有部分明显特征的元素可以快速检索，对目标元素的原始录像进行精确定位，查找相关联线索视频。检索与摘要技术适用于多种条件的监控图像,高清卡口图像的检索准确率可达到95%以上,也适用于普通标清视频的检索。摘要技术适用于标清、高清视频的分析和融合处理。目前,检索与摘要技术已基本成熟并获得应用。目前,对高清卡口图像的车辆特征检索技术也基本成熟,包括对车辆轮廓、车牌、车辆其他部分特征的检索和比对,相对于标清图像,高清图像的检索准确率会更高。

3. 视频图像智能分析在车辆监控方面有极大的应用前景

具体来说,在车辆信息提取与检测领域,虽然相关的检测、跟踪算法的研究已经经历了较长时间,应用却主要局限在交通参数的获取方面,而且也需配置专用的检测摄像机,对车辆的识别主要是对车牌的检测和识别。近几年,国际上开始了更多的对车辆特征进行检测、提取和识别的技术研究,并研究直接对车流整体信息(如交通状态)进行准实时检测的技术。从视频中获取所需要的人与车的信息,提高视频资源利用效率,以及将视频信息与其他公共安全要素关联起来,一直是视频图像处理和应用领域关注的热点问题,特别是在基于监控视频的公共安全管理领域。虽然目前国内外研究机构在一些单项技术上已有成果,并有部分产品投入应用,但是对监控视频的利用还基本处于人工主导的层面。视频图像的综合利用技术还有待进一步发展,例如对卡口等监控系统的视频和图像资源利用率有限,户政证照图像资源与其他应用系统未实现共享,越来越多的视频资源带来了日益突出的视频传输、存储问题等。

4. 行人检测与行为分析是当前计算机视觉等多个学科重点研究的热点问题

近年来面市的视频智能分析产品基本只能对越界等常见的、简单的异常行为进行检测分析,无法检测更加复杂的动作,即对复杂场景的适用性较弱。从视频中截取行人面部以进行人像识别的技术是研究的发展方向,但实现难度较高,对硬件和应用环境要求也十分苛刻。因此,在普通视频监控条件下的应用是新的技术挑战。

5. 受分辨率和遮挡等限制，对大规模人群的行为检测一直都是难点

在提高视频利用效率方面，视频解析、检索技术近年来发展很快，但应用系统主要是面向大众的搜索引擎，并非针对公共安全需求和应用业务。因此，在当前的研究基础上，结合公共安全需求，进一步研究和开发满足应用业务需求的视频应用技术，尤其是综合性的视频应用系统是亟待解决的问题。由于监控视频量的急剧增长，有必要研究基于云计算的检索技术，采用分布式云检索数据存储方案，提高检索的效率，并可以实时检索出符合条件的结果，以供调阅和查询。

实际环境中光照变化、目标运动复杂性、遮挡、目标与背景颜色相似、杂乱背景等都会增加目标检测与跟踪算法设计的难度，其难点问题主要体现在以下几个方面。

(1) 背景的复杂性。

光照变化引起目标颜色与背景颜色的变化，可能造成虚假检测与错误跟踪。采用不同的色彩空间可以减轻光照变化对算法的影响，但无法完全消除其影响；场景中前景目标与背景的相互转换，与行李的放下、拿起，车辆的启动与停止；目标与背景颜色相似时会影响目标检测与跟踪的效果；目标阴影与背景颜色存在差别通常被检测为前景，这给运动目标的分割与特征提取带来困难。

(2) 目标特征的取舍。

序列图像中包含大量可用于目标跟踪的特征信息，如目标的运动、颜色、边缘以及纹理等。但目标的特征信息一般是变化的，选取合适的特征信息保证跟踪的有效性比较困难。

(3) 遮挡问题。

遮挡是目标跟踪中必须解决的难点问题。运动目标被部分或完全遮挡，又或是多个目标相互遮挡时，目标部分不可见会造成目标信息缺失，影响跟踪的稳定性。为了减少遮挡带来的歧义性问题，必须正确处理遮挡时特征与目标间的对应关系。大多数系统一般是通过统计方法预测目标的位置、尺度等，都不能很好地处理较严重

的遮挡问题。

(4) 兼顾实时性与鲁棒性。

序列图像包含大量信息,要保证目标跟踪的实时性要求,必须选择计算量小的算法。鲁棒性是目标跟踪的另一个重要性能,提高算法的鲁棒性就是要使算法对复杂背景、光照变化和遮挡等情况有较强的适应性,而这又要以复杂的运算为代价。

5.2 监狱罪犯行为智能分析与识别系统关键技术的发展情况

智能视频分析技术的需求发展历程,离不开安防视频监控的快速发展。安防视频监控是整个监狱安防系统的基础,它既保证了在押人员的所有活动都在监所值班干警的视线范围之内,同时又保证了出现事故后有视频录像文件可供事后查证。因此,监狱视频监控系统是提高监狱安防、技防水平的重要工具,它对监督犯人的改造、防范监狱内出现突发事件都起到了不可替代的作用。

从视频监控系统的发展经历来看,可分为三个阶段:模拟视频监控、基于微机平台的多媒体监控、基于嵌入式网络视频服务器/编解码器的网络化数字视频监控。模拟视频监控无法进行远程访问,也无法与其他安防系统(如门禁、周界防护等)有效集成,完全由监控人员通过对视频画面的观察,根据关注事件的特征对视频内容进行分类,找出与目标事件相关的镜头,提取信息并给出事件分析报告。基于微机平台的多媒体监控具有友好的人机交互界面和基于网络的多级分控能力,每一级都有自我管理和控制的功能,并可以受上一级的控制,随着信息处理技术的不断向前发展,嵌入式DVR系统也得到较大进步,由于它具有使用安装方便和高可靠性等特点,所以它在监狱系统应用特别广泛。而网络化数字视频监控就是将传统的模拟视频信号转化为数字信号,通过计算机网络传输和智能化的计算机软件来处理。视频、音频及控制信号被系统数字化后,以数据包的形式在计算机网络上传输,实现了视频/音频的数字化、系统的网络化、应用的多媒体化以及管理的智能化。

5.2 监狱罪犯行为智能分析与识别系统关键技术的发展情况

视频分析，英文是 IVS（Intelligent Video System），也称作 CA（Content Analyse），视频分析技术就是使用计算机图像视觉分析技术，通过将场景中背景和目标分离进而分析并追踪在摄像机场景内出现的目标。

用户可以根据视频内容分析功能，通过在不同摄像机的场景中预设不同的报警规则，一旦目标在场景中出现了违反预定义规则的行为，系统会自动发出报警，监控工作站自动弹出报警信息并发出警示音，用户可以通过点击报警信息，实现报警的场景重组并采取相关措施。

视频内容分析技术通过对可视的监视摄像机视频图像进行分析，并具备对风、雨、雪、落叶、飞鸟、飘动的旗帜等多种背景的过滤能力，通过建立人类活动的模型，借助计算机的高速计算能力并使用各种过滤器，排除监视场景中非人类的干扰因素，准确判断人类在视频监视图像中的各种活动。

视频分析实质是一种算法，甚至可以说与硬件、系统架构没什么关系，视频分析技术基于数字化图像，基于图像分析和计算机视觉。一方面，智能视频将继续数字化、网络化、智能化的进程。另一方面，智能视频监控将向着适应更为复杂和多变的场景发展；向着识别和分析更多的行为和异常事件的方向发展；向着更低的成本方向发展；向着真正"基于场景内容分析"的方向发展；向着提前预警和预防的方向发展。监控系统的数字化、网络化及芯片、算法的发展都与视频分析密切相关。

智能视频分析在国际上有多种叫法，比如 VCA（Video Content Analysis）、VA（Video Analysis）、IVA（Intelligent Video Analytics）、IV（Intelligent Video）、IVS（Intelligent Video System）。

智能视频分析是计算机图像视觉技术在安防领域应用的一个分支，是一种基于目标行为的智能监控技术。区别于传统的移动侦测（Video Motion Detection，VMD）技术，智能视频分析首先将场景中的背景和目标分离，识别出真正的目标，去除背景干扰（如树叶抖动、水面波浪、灯光变化），进而分析并追踪在摄像机场景内出现的目标行为。

第 5 章　监狱罪犯行为智能分析与识别系统关键技术

智能视频分析与移动侦测的本质区别是前者可以准确识别出视频中真正活动的目标，而后者只能判断出画面变化的内容，无法区分目标和背景干扰。所以智能视频分析相对于移动侦测，抗干扰能力有质的提高。使用智能分析技术，用户可以根据实际应用，在不同摄像机的场景中预设不同的报警规则，一旦目标在场景中出现了违反预定义规则的行为，系统会自动发出报警。报警信息有多种形式，包括本地驱动报警设备和向后端监控中心发送报警数据，由监控工作站控制以弹出视频、自动弹出报警信息、驱动报警设备等形式报警。

智能视频分析的技术原理是接入各种摄像机以及 DVR、DVS 及流媒体服务器等各种视频设备，并且通过智能化图像识别处理技术，对各种安全事件主动预警，通过实时分析，将报警信息传导综合监控平台及客户端。具体来讲，智能视频分析系统通过摄像机实时"发现敌情"并"看到"视野中的监视目标，同时通过自身的智能化识别算法判断出这些被监视目标的行为是否存在安全威胁，对已经出现或将要出现的威胁，及时向综合监控平台或后台管理人员通过声音、视频等类型发出报警。

智能视频分析技术，在国外已经有近 10 年的发展与应用，国际上比较著名的专业智能视频分析厂商有 VCA Technology、ioimage、Object Video、Bosch、Axis，另外 IBM、Sony、松下、PELCO、霍尼韦尔、西门子等公司在该领域也有相当有影响力的整体解决方案产品。国内的智能视频分析解决方案厂商主要有海康、大华、宇视、泓申等。智能视频分析技术广泛应用于公共安全相关系统、建筑智能化、智能交通等相关领域。

智能视频分析技术用于视频监控通常有两种方案，第一种是基于智能视频处理器的前端解决方案。在这种模式下，所有的目标跟踪、行为判断、报警触发都是由前端智能分析设备完成，只将报警信息通过网络传输至监控中心。第二种是基于工业计算机的后端智能视频分析解决方案。这种模式下，所有的前端摄像机仅仅具备基本的视频采集功能，而所有的视频分析都必须汇集到后端或者关键节点处由计算机统一处理。市场中，第一种方式应用居多，视频分

5.2 监狱罪犯行为智能分析与识别系统关键技术的发展情况

析设备被放置在 IP 摄像机之后，这样可以有效的节约视频流占用的带宽。而基于工业计算机的解决方案只能控制若干关键的监控点，并且对计算机性能和网络带宽要求比较高。

目前，国内监狱广泛使用的闭路监控系统采用矩阵主机控制，通过电视墙监视前端监控画面，采用长延时模拟录像机进行录像和回放。此类传统的视频监控模式，在大多时候只能用于事后取证，无法起到预防、预警的作用。由于监控系统本身属人为操控，从而在监控能力上存在一定的局限性，这些限制因素使视频监控系统或多或少的存在报警精确度差、误报和漏报现象多、报警响应时间长、录像数据分析困难等缺陷，进而导致整个系统安全性和实用性的降低，严格来说，这些都是不足以满足监狱系统这类安全级别要求非常高的场所。

随着计算机技术和网络技术的不断发展进步，高科技手段已经深入各个领域，在推动监狱智能化的建设过程中，监狱也应用较先进的科学技术和先进设备来提高值班人员的工作效率，加强对在押犯罪人员的管理和强化系统内部的管理。目前，包括智能视频分析技术、RFID 射频识别技术、三维电子地图、生物门禁等这些热门技术，可以及时检测出犯人的异常行为，直观了解设备的部署情况，有效弥补因警力不足而造成的空间和时间上的脱管，提前杜绝各类安全隐患。其中智能视频分析是发展较快，并且有广泛需求及应用的技术之一。

目前监狱已经具备基本的电视监控系统。入侵报警系统的设计应根据建筑物的使用功能、建设标准及业主的要求，并贯彻国家已颁布实施的有关"规范"和"标准"，考虑到避免重复建设，可充分利用监狱已有的设备，并综合运用电子信息技术、计算机网络技术、安全防范技术等，构成先进、可靠、经济适用的安全防范体系。

在传统的闭路电视监控模式下，保安人员需要监视的视频画面数量，已经远远超出人的接受能力，导致实际监控效果低下。实验结果表明，在盯着视频画面仅仅 20 分钟之后，人眼将对视频画面里 95%以上的活动信息视而不见。因此我们需要智能视觉监控来改善监控效果，同时减轻保安人员的负担。这样才能真正将控制中心人员从繁杂的电视监控工作中解脱出来，以便有更多的资源应对可疑现场。所以选择一套成熟可靠的探测产品，对于监狱安防项目的成功有着深刻的意义。

根据监狱安防需求，严密监控区域前端系统的核心是"发现可疑行为"和"摄像"。只有将防患于未然作为设计基础，摄像监控才有更加实际的意义。

智能视频分析系统，改变了以往视频"被动"监控的状态，不仅仅局限于提供视频画面，而且能主动对视频信息进行智能分析、识别和区分物体，可自定义事件类型，一旦发现异常行为或者突发事件能及时地发出警报。其功能应用结合监控实际应用场景的需求，系统采取灵活的对接方式，能较好地达到模拟监控系统与数字监控系统的有效结合。从安全防范角度来说，监区自身具有武警战士等"人防"体系，加上智能视觉监控系统的"技防"体系，"人防"与"技防"密切结合，发挥各自优点，让保安监控体系更加完善。

智能视频分析技术的产业化发展为视频监控智能化提供了绝好的机遇。智能视频分析系统对视频中的异常行为事件进行实时提取和筛选，并及时发出预警，改变了传统视频监控系统只能"监"不能"控"的被动状态，解决了事后取证难的问题，让监控变得更加主动。其相比于传统视频监控系统，智能视频分析系统有更短的反应时间以及更加强大的数据检索和分析功能，使监控能力得到极大的改善。

5.3 监狱罪犯行为智能分析与识别系统关键技术的国内外发展情况

智能视频技术来源于计算机视觉与人工智能的研究，它一直以来的发展目标主要是在视频图像与事件描述之间建立一种对应关系，借助计算机强大的数据处理能力过滤掉视频图像中的无用信息或干扰信息，抽取视频源中有价值的信息，从而让计算机从复杂的视频图像中分辨、识别并跟踪有价值的目标物体。这一研究方法主

5.3 监狱罪犯行为智能分析与识别系统关键技术的国内外发展情况

要应用于视频监控系统等安防领域,从而让传统的视频监控系统中的摄像机成为人的眼睛,使具有智能视频分析功能的计算机成为人们的大脑,并具有更为"聪明"的学习思考方式。这一颠覆性的改变,可以最大限度地发挥与拓展视频监控系统的监控作用与能力,使视频监控系统高度数字化和智能化,大大降低了硬件资源与人员配置,从而全面提高监控系统的工作效率。

智能视频监控技术有着广泛的应用前景以及潜在的经济利用价值,所以国内外众多学者对智能视频监控技术关注比较广泛。在美国、英国等国家,一些研究者已经开展了大量的项目研究工作。1997年,美国国防高级研究项目署设立了以卡内基梅隆大学(CMU)为首、麻省理工学院(MIT)等众多高校参与的计算机视觉监控重大项目 VSAM;实时视觉监控系统 W4 不仅能够定位人并且分割出人的身体部分,而且可以通过建立外观模型来实现对多人目标的跟踪,同时可以检测人是否有附带物等简单行为;麻省理工学院开发的 Pfinder 系统可以对单个人进行较为准确的识别和跟踪;英国的雷丁大学已经开展了对车辆和行人的跟踪,以及他们相互作用识别的相关研究。美国在 9·11 恐怖事件以后,加强了对视频智能监控领域的相关技术研究,部分企业也开展了智能监控等相关研究。在以色列,最具有代表性的公司有 Mate、Nicevision、Ioimage。Mate 公司的主要产品 Behave Watch 可以检测包括路径检测、突然出现的报警、定向运动检测等异常行为,并且提出三层防护概念。Nice Vision 公司研发的视频分析仪能够对不同的威胁提供实时侦测功能,包括闯入者、车辆、盗窃侦测/安全设备被移动、滞留物、周边设施、阻塞安全出入口及消防路线、人数统计、人群聚集显示、量度人流、监控安全率水平、显示企图尾随进入入口处控制点灯。ioimage 公司的产品能实现五种行为的检测,包括入侵探测、PTZ 自动跟踪、遗留物体探测、非法滞留探测、移动物体探测等。

法国 CitiLog 公司的产品为视频事件自动检测系统,它主要应用于智能交通领域,Citilog 的核心技术是动态图像背景自适应技术和车辆图像跟踪技术,以及检测监控区域内发生的交通事件,采集交通数据,辅助进行交通控制等。目前市场上做智能视频监控的厂家很多,这些厂家大致可以分为两类:一类是专业做智能视频监控的厂家,这些厂家以国外厂家为主,如 OV、Object Video、ioimage 等;第二类是与第一类厂家合作,技术源于第一类厂家,自己做了改进的一些厂家,如卓扬、贝尔信等。

随着技术的不断成熟,世界上逐渐出现了一些专业的 IVS 研究厂家,像美国的 Object Video、Vidient,以色列的 NICE、Mate、ioimage,澳大利亚的 iOmniscient 等。这些厂家都相继进入中国市场,一度造成外国厂商独占国内智能视频分析市场的局面。而终究因其技术与中国国情的差异性,无法真正渗透中国市场。这一现状给国内的智能视频技术研究厂家带来挑战的同时,也提供了一个非常好的发展机遇。国内逐渐出现了像智安邦、飞瑞斯、贝尔信等专业的智能视频分析研究厂家,相关产品也先后在一些城市以及各重点行业取得突破性应用。

公安部在"十一五"规划中明确提出:将人脸识别、智能的目标识别与分析作为七个重点发展方向当中的两个,由此可见其重要性。如今,智能视频监控在国内已经有了一定规模的应用:青藏铁路 2007 年 10 月竣工验收,全线 1300 路通道采用智能视频分析,对全线铁路进行入侵保护;北京地铁 5 号线,全线 23 个车站,重点区域均采用了丢炸弹探测及入侵探测;北京航空信息中心机房,采用了入侵探测及防尾随探测;北京奥运会、上海世博会、广州亚运会场馆建设项目,均已建和预算使用智能视频分析技术等。

在国内智能视频的研究中,中国科学研究院自动化所起步比较早,也取得了一定的成绩,他们主要对动态场景下的视觉监控进行研究,工作主要集中在运动目标检测和跟踪、手势识别、步态识别和生物特征识别等这些方面。上海交通大学、清华大学等不少大学单位及研究所、公司企业也投入到该领域中。

智能视频监控技术的产生正是为了解决传统视频监控系统所固有的一些缺陷。智能视频监控技术的出现,实现了监控方式由被动到主动的转变,能够实现全天候不间断地对视频进行检测,自动发现监控画面中的异常情况,从而能够更加有效的协助工作人员处理危机,并最大限度地降低误报和漏报现象,能够满足监狱安防系统

5.3 监狱罪犯行为智能分析与识别系统关键技术的国内外发展情况

对于安全的要求。智能视频监控技术包括警戒区闯入检测报警、逃离监控区检测报警、围墙翻越智能报警、物品偷窃滞留报警、人脸识别应用、车辆检测应用、徘徊检测应用、限高检测应用、厕所检测应用、人员聚集检测应用等。

监狱监控系统覆盖范围主要包括监仓、监狱周边以及公共区域。在监仓内可以实现楼道出入口进出人数统计功能,从而保证进出人数统一;在监狱周边围墙处实现跨线检测,防止犯人逃狱;在监狱围墙外实现徘徊检测,对可疑人员进行关注;在公共区域,如劳改区、操场进行人员聚集检测,实时关注犯人聚众行为。当发生异常行为报警,如有人翻越围墙或者在监狱周边滞留时间过长时,可以通过跟踪系统,让球机自动追踪目标,使目标持续放大并显示在画面中央,这样监控人员可以看到清晰的目标特征,以利于确认犯人或者可疑人员的身份和事后对照取证。

智能分析与识别系统关键技术在监狱监控系统中的应用方案具体如下。

(1) 自动目标分类。

智能分析系统采用最新视频图像分析识别技术,对画面中的人和各种物体,包括人、车辆以及箱、包等各种物体进行识别。智能化分析的前提在于,必须准确无误地识别画面中的各个目标,才能进行高准确度的智能化分析。

例如,在周界中布防此规则,可以判定是人还是车辆,或者动物违法接近监墙。展示的效果如图 5-1 所示。

(2) 警戒线识别。

监控的周边是监狱重点区域,也是犯人越狱逃跑的地方,甚至是外界劫狱进入监区的地方,监控要预估所有不安定因素。利用警戒线检测功能,在围墙四周设置警戒线,有人翻越围墙,马上就能报警,以便及时阻止在押人员逃脱或者外部侵入,展示的效果如图 5-2 所示。

在视频画面中画一条虚拟警戒线,一旦监控视频画面中有人、车辆或者其他物体穿越这条警戒线,周界报警视频智能处理器可以自动发现并产生报警。跨越警戒线又分为单向跨越和双向跨越,单

图 5-1 人员与车辆区分检测

图 5-2 人员违法翻墙

向跨越规定从某一个方向跨越警戒线才产生报警,而从另外一个方向出现跨越行为时不产生报警。当有犯人出现异常行为,穿越警戒线比如围墙、进入禁区等,智能视频分析系统就发出报警,通知值班狱警。

(3) 双警戒识别。

穿越双警戒线比穿越单一警戒线有更多应用价值。当人、车辆

5.3 监狱罪犯行为智能分析与识别系统关键技术的国内外发展情况

或者其他物体穿越第一条警戒线时,并不产生报警;在规定时间内,再次穿越第二条警戒线时,立刻产生穿越双警戒线报警。双警戒线可以用来判断车辆的非法转弯,也可以通过报警来检测翻越围墙的情况。在监狱围墙上也可以单警戒线来触发翻越围墙报警,但是当产生翻越围墙报警后,人可能已经翻过去了,并不能有效阻止犯罪的发生。利用双警戒线报警功能,在人靠近监狱围墙的地方画两条警戒线,当有人接连穿越这两条警戒线,即刻产生报警。在人翻越围墙前提前报警,可以及时阻止犯罪行为的发生。双直线布防和双折线布防的效果展示如图 5-3、图 5-4 所示。

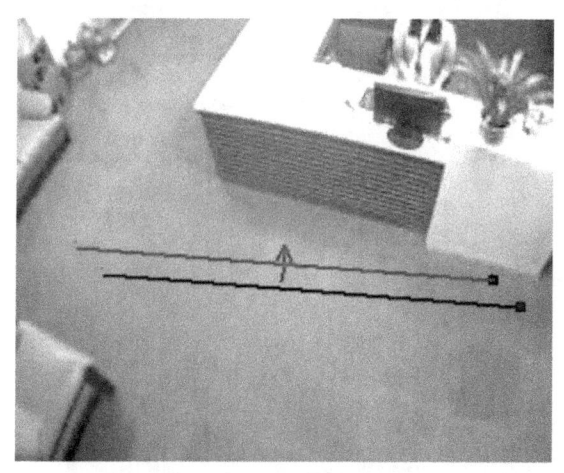

图 5-3 双直线布防视频

(4) 安全区域识别。

在监狱中的一些区域比如操场、劳动场所等,为防止服刑犯人进入或者其他外来人员进入,可以设置安全区域设别来检测是否有人、物体或车辆进入预定区域;支持区域范围的自定义设置,可以是任意形状、大小或者不规则多边形;以设置虚拟区域范围方式进行监测,保护某些不允许服刑犯人进入的禁区;在一定时间内不允许他人进入或者离开;有人、车辆或者物体进入或者离开某一个特定区域时,周界报警视频智能处理器会产生报警并通知值班狱警。

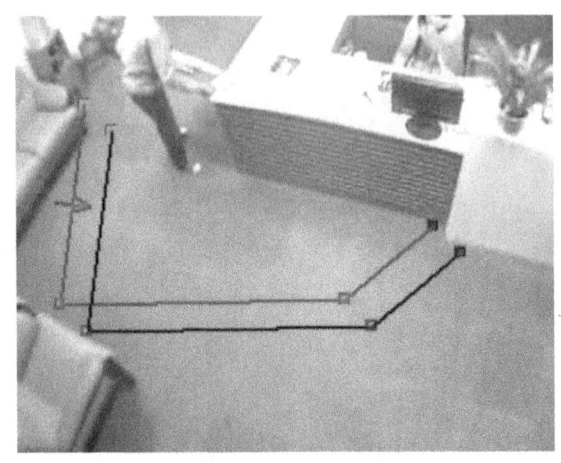

图 5-4 双折线布防视频

设置安全区域效果如图 5-5、图 5-6 所示。

图 5-5 设置规则区域视频

(5) 消失出现识别。

在监狱中的一些区域比如操场,指监控画面中当有人、车辆或者物体出现在监狱设定的某个区域中,被认定为出现行为发生。出

5.3 监狱罪犯行为智能分析与识别系统关键技术的国内外发展情况

图 5-6 设置不规则区域视频

现识别与进入识别都是针对画面中的虚拟区域产生的分析识别,两者的区别在于进入识别强调的是物体从外部进入区域;而出现识别强调物体突然出现在特定区域。

消失识别是针对出现识别而言的,当人、车辆或者物体突然从某个特定区域消失,即可产生消失识别。消失识别强调的是物体从特定区域中突然消失了,而离开识别强调的是物体从区域中离开的动作。当出现异常行为,智能视频分析系统就发出报警并通知值班狱警。

(6)异常奔跑功识别。

在监狱的通道或者其他关键场所检测是否有人员快速运动,设定一个异常奔跑识别,当出现异常行为,智能视频分析系统就发出报警并通知值班狱警防止犯人逃离,有效防止突然逃跑,追逐打架等突发事件,充分体现了视频智能分析系统"事前预警"功能的价值。

(7)遗弃物品识别。

在监狱一些重要的生产生活场所,当画面中某人遗弃某物体或者从某车上丢下某物体,都会产生弃置识别事件。监控人员可在第一时间发现不明包裹，防止犯人通过一些不正当的手段传递违禁物品。

(8) 物品丢失识别。

在监狱一些重要的生产生活场所，当视频画面中的某个物体被取走，即可产生取走识别事件。该物体应该存在，但是却被人取走，智能视频分析系统能够及时捕获这样的异常行为，智能视频分析系统就发出报警并通知值班狱警。有利于防止监狱服刑犯人私藏、偷盗一些工具进行危害活动。

(9) 滞留徘徊识别。

对于监狱内部一些指定区域或者监狱外围等其他地方，检测是否有可疑人员、物体或车辆在指定的区域内长时间停留，当滞留或者徘徊时间超过预设值，系统将发出报警。智能分析系统则会对该类行为进行分析并产生报警，监狱监控中心当即可以联系现场人员进行甄别处置，防止有人勘察监狱的建筑结构等信息。

(10) 打架识别。

在监狱生产生活场所出现打架情况，将产生一个打架识别事件，智能分析系统则会对该类行为进行分析并产生报警。当出现异常行为时，智能视频分析系统就发出报警并通知值班狱警及时处理问题，防止事态进一步扩大，可有效加强管理。

(11) 人员聚集识别。

在监狱生产生活场所出现一定数量的人员聚集的时候，智能分析系统产生一个人员聚集的警报并通知值班狱警，监控中心当即可以联系现场人员进行甄别处置，将可能出现的异常情况消灭在萌芽状态，确保监狱安全、犯人安全。

(12) 人员倒地识别。

在监狱生产生活场所出现人员突然发生摔倒现象时，智能分析系统产生一个人员摔倒的报警信息并通知值班狱警，监控中心当即通过现场视频判断发生的事件，可以联系现场人员进行甄别处置。

(13) 智能跟踪。

在监狱生产生活场所，当主摄像机检测到有可疑情况发生的时候，如监狱服刑犯人跨越警戒线，进入或离开警戒区域等，主摄像

5.3 监狱罪犯行为智能分析与识别系统关键技术的国内外发展情况

机发送指令控制从摄像机进行云台旋转和镜头缩放,锁定触发报警的目标并对其进行自动跟踪,使目标持续放大以显示在画面中央,这样监狱监控中心可以看到更清晰的目标特征,以利于实时的判断和事后对照取证。

(14)人数统计。

监狱宿舍楼出入口是犯人进出的必经通道。在重要通道门口统计进出人数,比对进入及离开出入通道的具体人数进行统计,可以有效辅助狱警的日常管理工作。

(15)图像骤变识别。

监狱安装了大量的摄像机,如果有人出于某种目的移动摄像机或者其他情况,智能视频分析系统可检测视频图像是否有巨大变化,如摄像头被遮挡或大幅度移动使场景发生变化;当产生爆炸等情况时,视频的光亮度会异常强烈等。智能化分析设备能够自动捕获这类行为,通知监狱监控中心值班狱警及时纠正问题,预防和杜绝恶意破坏等违法行为,并根据现场录像查找原因。

(16)视频质量诊断识别。

针对监狱安装了大量的摄像机,可利用视频质量诊断技术来检测监控系统中存在的各种视频常见故障,对于因使用过程中出现的故障(如雪花、滚屏、模糊、偏色、画面冻结、增益失衡和云台失控等)进行视频质量诊断,可有效预防因硬件导致的图像质量问题及其所带来的不必要的损失,为视频监控的持续和有效提供坚实的基础。分出视频质量报警,监狱监控中心的值班狱警可及时处理问题,查补漏洞,打造一个万无一失的监狱视频监控体系。

视频质量诊断的功能主要体现在以下几点。

①视频亮度异常检测。自动检测由摄像头故障、增益控制紊乱、照明条件异常或人为恶意遮挡等原因引起的画面过暗、过亮超过检测阈值的情况并进行告警,对视频画面亮度变化情况不产生报警(例如房间开关灯情况)。

亮度估计会受到天气、开关灯、黑白天切换的影响,所以需要根据不同的环境调节灵敏度,一般情况下,不能将灵敏度设置太高。视频亮度异常情况如图5-7、图5-8所示。

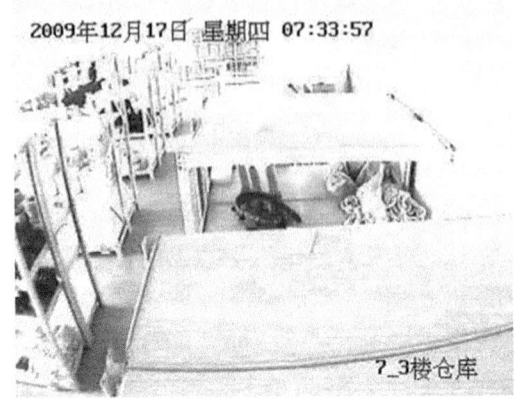

图 5-7　过亮异常视频

图 5-8　过暗异常视频

②视频清晰度异常检测。自动检测由于聚焦不当、镜头损坏、异物遮挡或被人为遮挡引起的视频图像出现模糊的情况。

清晰度检测算法根据图像分析出图像本身的清晰度，不能分辨不同摄像机本身的清晰度差异，系统可以通过合理的默认阈值适应大部分情况，但如果摄像机本身清晰度较差，用户也接受该摄像机的清晰程度，则需要调整检测阈值以适应特殊的情况。模糊视频的情况如图 5-9 所示。

5.3 监狱罪犯行为智能分析与识别系统关键技术的国内外发展情况

图 5-9 模糊视频

③视频雪花干扰检测。自动检测由于线路老化、传输故障、接触不良,或受到电磁干扰等原因导致视频画面出现小颗粒雪花噪声现象的情况。诊断算法只通过图像本身诊断图像的雪花干扰程度,不能分辨其产生的原因。雪花噪声干扰视频如图 5-10 所示。

图 5-10 雪花噪声干扰视频

④条纹干扰检测。自动检测由于线路老化、传输故障、接触不良,或受到电磁干扰,视频图像中混有呈带状条纹噪声的情况(目前条纹检测只支持线性且全屏布满条纹的情况,对于波浪条纹、滚

动条纹暂不实现)。诊断算法只通过图像本身诊断图像的条纹干扰程度，不能分辨其产生的原因。条纹干扰视频如图 5-11 所示。

图 5-11　条纹干扰视频

⑤视频色偏检测。算法根据图像数据衡量图像色偏程度。诊断算法只通过图像本身诊断图像的色偏程度，不能分辨其产生的原因。色偏视频如图 5-12 所示。

图 5-12　色偏视频

5.3 监狱罪犯行为智能分析与识别系统关键技术的国内外发展情况

⑥视频画面冻结检测。自动检测由于视频传输调度系统故障或摄像机故障引起的视频画面冻结的情况。画面冻结视频如图 5-13 所示。

图 5-13　画面冻结视频

⑦视频信号丢失检测。无视频输出时能及时检测并且可以告警。

⑧视频画面抖动检测。自动检测摄像机机架松动或者人为移动摄像机出现视频抖动的情况。画面抖动视频如图 5-14 所示。

⑨摄像机遮挡检测。摄像机实时检测是否存在恶意破坏或被遮挡，例如用手或者其他物体对摄像机镜头进行遮挡。被遮挡视频情况如图 5-15 所示。

大量应用智能视频分析技术，针对监狱的安全防范、发生罪犯脱逃、凶杀、非正常死亡等各类影响监狱安全稳定的事故，可有效发现异常情况，将可能发生的各种事情消灭在萌芽状态，维护社会的稳定、国家的安宁。

在大多数时候，传统监控系统只能用于事后取证，无法起到预防、预警的作用。使用智能分析技术以后可以让我们的安保系统提前预警，各个系统联合作业确保监狱的安全，并在事发之前进行预防和控制，把损失降到最低。

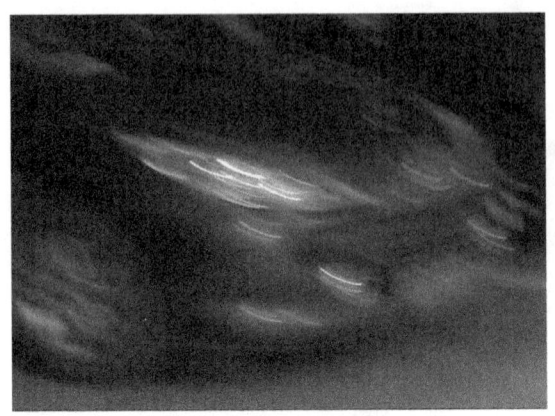

图 5-14　画面抖动视频

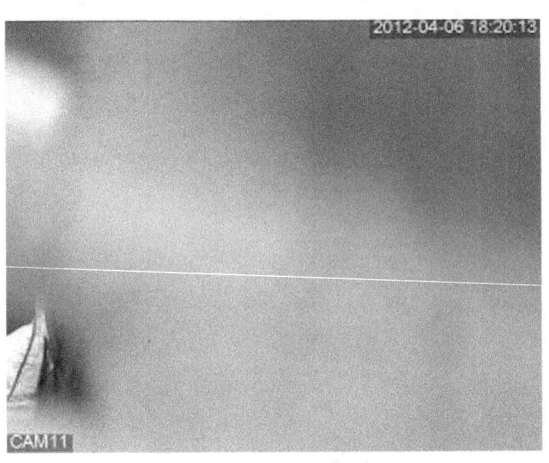

图 5-15　被遮挡视频

智能视觉摄像机可以识别出人眼无法分辨的细微变化,例如在遥远距离、光线不足、低对比度、环境伪装等情况下的入侵行为和威胁;可以侦测并记录出现在监控屏幕内的徘徊行为;可以在发现入侵者之后自动预警,并通知带 PTZ 的摄像机自动锁定目标进行跟踪监控,形成视频跟踪接力和摄像机区域联防;可以设置"告警触发式"传输模式并借助计算机或嵌入式设备的强大数据处理功能,对视频图像中海量的数据进行高速分析,过滤掉用户不关心的信息,为监控者提供有用的关键信息。

智能视频分析技术将我们的干警从繁重的连续不断的监看监视画面的工作解脱出来,不需要专人盯守,保安人员只需要对产生告警的摄像机进行确认和处理即可。这样,保安人员的实际有效监控范围可以提高数十倍,大大提高了监控效率。避免了保安人员因长时间观看屏幕造成疲劳而分散注意力,提高了保安人员实际监控的效果,达到真正意义上的7×24监控效果。

监狱发生的任何意外,都会给社会治安带来巨大的压力,甚至严重的后果。近些年来,犯罪人员的素质和技术水平越来越高,采用高科技手段加强防范是当务之急。监狱是强制管理违法犯罪人员的场所,在保障社会安全的同时,也要保障狱警人员的安全和在押人员的安全。对犯罪者日常行为及特殊情况下的监控,是监狱不可缺少的职责。智能视频分析技术在监狱领域的应用,将真正起到保障监狱安全的作用,防止出现各种事件。

5.4 监狱罪犯行为智能分析与识别系统关键技术研究

1. 异常轨迹、爬高、越界、藏匿等异常行为算法

(1)研究方案。

对于异常轨迹、爬高、越界、藏匿、徘徊等异常行为,可采用基于运动空间的行为轨迹分析方法,直接对连续的视频图像序列中的运动目标跟踪其运动轨迹,继而通过获取的运动轨迹特征信息来完成对异常行为的分析检测,算法流程如图5-16所示。

根据监控环境的实际情况,采取两点画线的方式设置警戒边界线,将监控区域一分为二,即正常区域和警戒区域。运动目标出现在正常区域是正常的,一旦有目标从正常区域穿越警戒线,可能有边界越线的异常行为发生。若运动目标的运动轨迹在警戒区域或正常区域,出现非正常的向上攀升趋势,可能发生爬高的异常行为;

图 5-16 异常行为的分析检测流程

若运动目标的运动轨迹在画面中非正常消失或中断,可能发生藏匿的异常行为;若运动目标的运动轨迹在画面中出现往复振荡,说明运动目标在一定区域内来回反复运动,可能发生滞留徘徊的异常行为。根据爬高、越界、藏匿、徘徊等异常行为的轨迹特点,设计合理的判断规则,可实现此类异常行为的检测。

(2) 研究方法与研究过程。

按照研究方案,异常轨迹分析算法的具体研究过程如下。

①运动目标检测。实现并比较了单高斯背景建模、混合高斯背景建模和均值模型建模的建模效果,比较优缺点后,采用混合高斯背景建模。在运动目标提取中,运用多种滤波操作和二值形态学处理对图像进行去噪,提高目标检测准确性。

②运动目标跟踪。分析并实现了 Mean Shift 跟踪算法和 CamShift 算法,比较二者优缺点,根据单个固定摄像头的图像特点,采用计算量小、效果较稳定的 CamShift 算法。

③判定目标发生边界越线行为。采用的算法是判断运动目标中心像素点与边界线直线方程的位置关系,若目标轨迹与边界线有交叉,则判定为边界越线异常行为。

④判定目标是否发生滞留徘徊行为。采用的算法是计算运动目标轨迹的主方向角及运动距离,若出现 2 段以上曲线的主方向角差大于 120°,且 2 次以上当前帧目标运动距离小于上一帧目标运动距离的情况,则判定为滞留徘徊。

(3) 研究结果。

采用 OpenCV 和 Python 语言编程实现了异常轨迹分析算法,并与实时监控摄像头相连,对监控视频进行实时分析处理。对办公室走道场景进行实景测试,测试界面如图 5-17 所示。测试结果展示

5.4 监狱罪犯行为智能分析与识别系统关键技术研究

对异常轨迹、爬高、越界智能分析的误报率和漏报率为 3%~5%，达到实用性要求，具有推广应用价值。

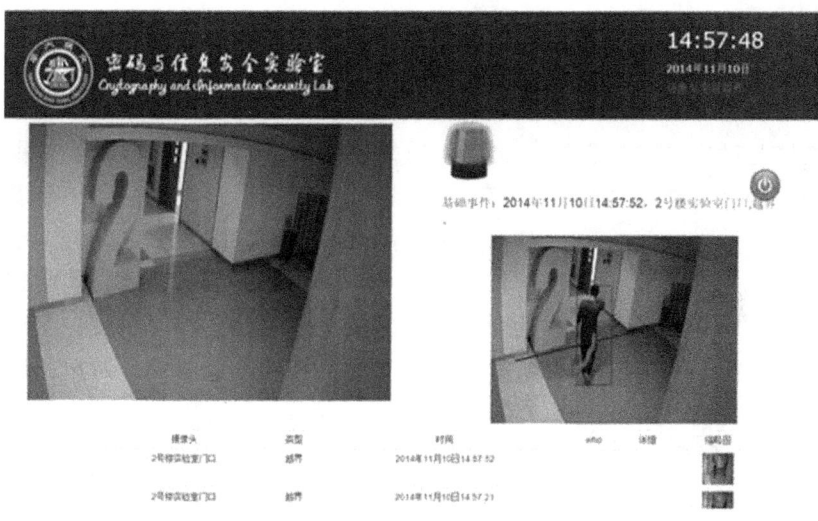

图 5-17 异常轨迹分析实验仿真界面

经试验验证，该算法可分析处理的场景和性能如下。

①运动目标检测：支持对高清分辨率的监控视频进行处理，实时检测是从运动目标出现到系统自动检测并进行标注，检测时延不超过 5 秒，检测准确率不低于 85%。

②轨迹跟踪分析：可对监控摄像中的人、物目标进行自动检测和跟踪，生成其行径路线和运动轨迹，进行实时监控及追溯该运动目标的行踪。

③越界/入侵检测判断：在摄像机监视的场景范围内，可根据实际需要设置一个或多个警戒线/警戒区域，当有人、物目标越过警戒线或进入警戒区域时，自动触发报警，同时标识出其运动轨迹，便于安保人员实时监控及追溯该运动目标的行为。

④异常轨迹判断：基于运动空间的行为轨迹分析方法，实现对爬高(翻墙)、藏匿、徘徊滞留等异常行为的检测和报警。

2. 抛物、遗留物检测算法

(1)研究方案。

抛出的物体、遗留的物体一般是运动主体携带，从运动到静止，与主体分离并静止超过一段时间。对于此类异常行为，可以采用时序逻辑和空间运动信息相结合的方法，分析物体的运动轨迹、物体与运动主体的距离、物体在监控场景中的静止时间、物体在视频序列中的时空特性等，综合多项特征参数信息，来进行抛物或遗留物检测的准确判断。对于遗留物体的行为，可以提取目标的运动特征信息，进行运动目标分析和运动轨迹分析，若出现运动状态转为静止状态的对象，对其持续性的静止状态进行计时，超过一定时间的目标被判定为可疑遗留物。基于混合高斯背景建模学习率的遗留物检测算法，流程图如图 5-18 所示。

(2)研究方法与研究过程。

按照研究方案，遗留物检测算法的具体研究过程如下。

①在混合高斯背景建模的过程中，当学习率取值较低时，背景图像中会长时间存在已离开的前景目标，造成残影现象；当学习率取值较高时，则会把暂时停留的前景目标更新进背景图像中。所以，使用较高的学习率时，遗留物会被检测为背景；使用较低的学习率时，遗留物会被检测为前景目标。

②分别对视频进行高学习率和低学习率的检测，选取高学习率的背景图中检测为背景且低学习率的背景图中检测为前景目标。高学习率模型已把此像素点更新为背景，可见前景目标停止运动；低学习率模型还未更新，可见前景目标停留时间较短。此像素点为暂时静止的目标，可能为疑似遗留物。

③对疑似遗留物进行静止时间判定，结合运动目标检测算法，判定是否为主人离开的遗留物。

(3)研究结果。

采用 OpenCV 和 Python 语言编程实现了遗留物检测算法，并与实时监控摄像头相连，对监控视频进行实时分析处理。对办公室走道场景进行实景测试，测试界面如图 5-19 所示。实验证明我们的

5.4 监狱罪犯行为智能分析与识别系统关键技术研究

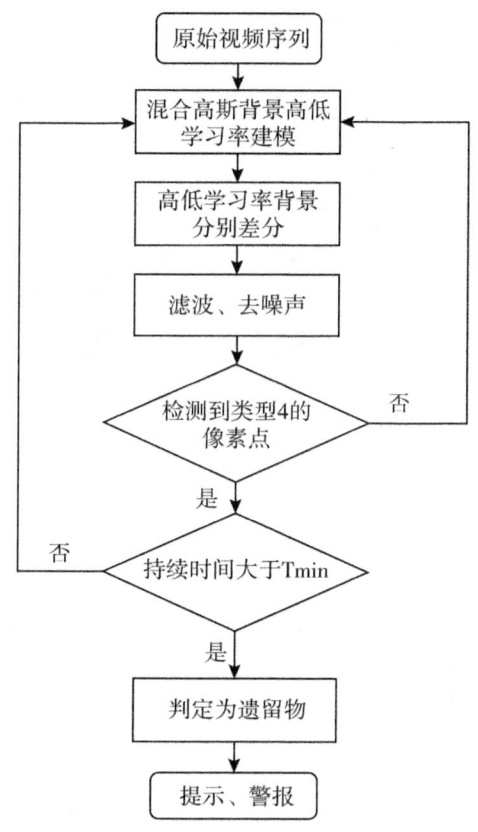

图 5-18 遗留物检测算法流程图

算法可以有效检测到静止超过一定时限的不明遗留物,自动触发报警,并用告警框标示可疑物。

3. 倒地行为检测算法

(1)研究方案。

通过分析发现,一般连续行为视频序列包含人的静止、行走、慢跑、跌倒、下蹲、弯腰、坐下等常见行为。考虑到连续视频的信息量大,模型构建复杂,运动行为分析本身所要处理的数据量很大,所以可以对待识别的倒地行为进行初步过滤,锁定可疑行为时

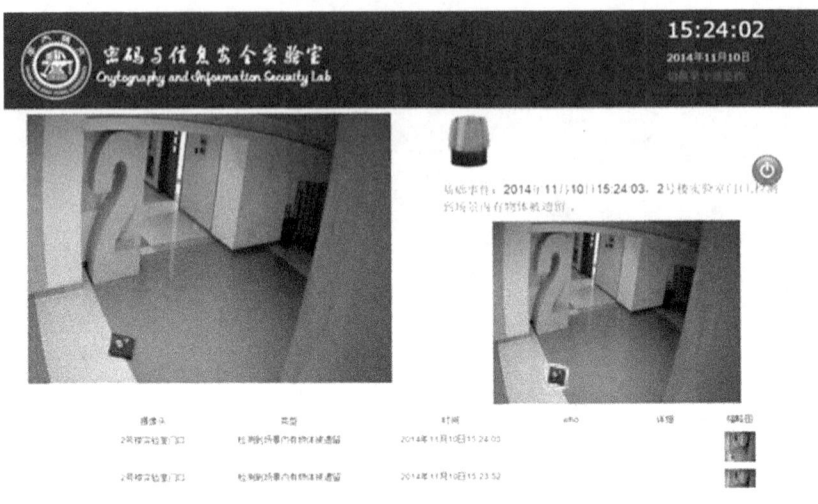

图 5-19　遗留物检测实验仿真界面

再进一步区分，简化处理过程。仔细分析上述运动行为的联系和区别，可以发现目标轮廓高度在这几类行为中具有很高的区分度，因此可以通过"高度是否变化"过滤掉"静止、行走、慢跑"等高度基本保持不变的运动行为，定位"跌倒、下蹲、弯腰、坐下"四种高度变化比较明显的可疑行为。在对目标行为进行定位后，再采用特征提取和机器学习的方法来细分易混淆的"跌倒、下蹲、弯腰、坐下"等行为，检测倒地行为，拟采取的算法流程如图 5-20 所示。

（2）研究方法与研究过程。

按照研究方案，倒地行为检测算法的具体研究过程如下。

①运动目标检测。采用混合高斯背景建模的方法分离视频帧中的前景目标和背景图像，并对含有噪声的目标图像依次使用中值滤波、开运算、删除小面积对象、基于 canny 算子的边缘检测、二次膨胀、区域填充法去除干扰噪声区域，得到完整的运动目标轮廓。

②行为特征提取和识别。初步提取运动目标的外接矩形，通过对外接矩形的变化程度与阈值的比较，判断出疑似跌倒的人体行为；然后进一步区分相近行为，提取跌倒行为与其相近行为的归一

5.4 监狱罪犯行为智能分析与识别系统关键技术研究

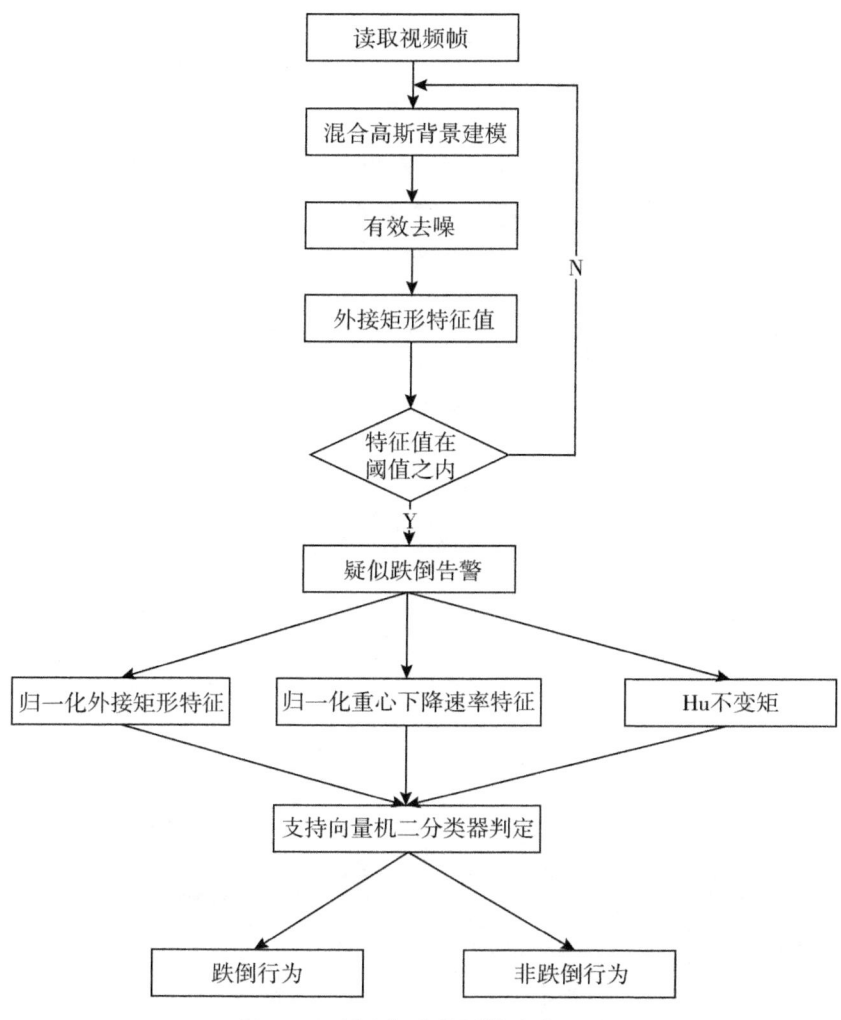

图 5-20 倒地行为检测算法流程图

化外接矩形、归一化重心下降速率、Hu 不变矩三项共计 10 个特征值向量,利用支持向量机搭建分类器,通过对学习样本的训练学习达到准确识别跌倒行为的目的。

(3)研究结果。

利用 Matlab 编程实现了倒地行为检测算法。在实验仿真中,用 30 个跌倒行为，15 个下蹲行为，10 个捡东西行为，以及 5 个坐下行为共 60 段视频序列作为样本集，其中包含 3 个正面跌倒视频。取学习和测试样本各 30 组，其中正负样本也平均分配。

首先实验论证了归一化外接矩形、归一化重心下降速率以及 Hu 不变矩三组共 10 个特征向量，是可以区分跌倒行为和疑似行为的有效分类特征，它们不仅在不同行为间表现出一定的差异性，并且在同类行为间具有稳定性，测试结果如表 5-1 所示。

表 5-1　　　　不同行为的分类特征数据比较

	归一化高度	归一化宽高比	归一化重心下降速率	Hu 矩 h1	Hu 矩 h2	Hu 矩 h3	Hu 矩 h4	Hu 矩 h5	Hu 矩 h6	Hu 矩 h7
跌倒	0.34	6.95	0.0031	1.5	4.74	8.36	10.88	20.52	13.17	22.24
跌倒	0.36	6.78	0.0029	1.32	4.83	6.83	12.42	22.09	15.01	23.34
跌倒	0.28	7.21	0.003	1.87	5.01	11.35	14.72	28.28	18.32	27.97
跌倒	0.37	6.67	0.0031	1.67	4.69	9.48	11.73	22.46	14.37	23.11
坐下	0.73	1.42	0.0017	1.17	4.19	3.58	6.56	11.72	8.66	12.52
坐下	0.72	1.51	0.0015	1.25	3.75	4.21	6.71	11.87	9.06	13.42
坐下	0.73	1.45	0.0017	1.07	3.25	3.89	5.43	10.56	8.79	12.68
坐下	0.69	1.43	0.0017	1.23	4.05	4.07	6.18	10.48	9.15	11.75
蹲下	0.62	3.51	0.0022	1.05	2.45	5.31	7.21	14.95	10.08	13.5
蹲下	0.61	3.45	0.002	1.04	2.73	6.62	7.71	14.94	10.89	15.98
蹲下	0.59	3.12	0.0024	0.91	2.23	3.97	4.39	8.59	5.65	12.73
蹲下	0.55	3.76	0.0022	0.01	1.2	1.97	3.1	5.74	4.05	6.52
捡东西	0.67	1.74	0.0016	1.38	4.81	6.27	9.18	17	11.65	17.8
捡东西	0.64	1.71	0.0019	1.26	4.41	6.03	8.28	15.55	13.08	16.24
捡东西	0.69	1.67	0.0016	1.48	4.21	7.68	10.49	20.15	13.99	19.78
捡东西	0.65	1.73	0.0017	1.32	4.75	6.28	9.52	17.82	12.98	18.95

利用支持向量机得到的识别分类结果如表 5-2 所示，实验结果表明，在 15 个跌倒视频中，有 2 个视频被误判为非跌倒行为，其中包含 1 个正面跌倒。7 个蹲下视频中有 1 个被判定为跌倒行为，其余两种行为没有发生错判。最后得到的总识别率达到 90%。

表 5-2　　　　　　　　　跌倒行为识别结果

	跌倒	非跌倒	识别率
跌倒	13	2	86.67%
蹲下	1	6	85.70%
坐下	0	3	100%
捡东西	0	5	100%
总计			90.00%

对于测试结果进一步分析，可以发现正面跌倒行为不容易被辨识，实际上人体正面对着摄像头时，其运动行为对应的目标外接矩形的变化相对较小，尤其是运动目标的高度值由于角度关系，减小的程度不及侧面跌倒明显，易与蹲下行为混淆。而蹲下行为由于姿势和角度的不同等因素，可能会存在被误判为跌倒行为的情况。

4. 非法聚集检测算法

（1）研究方案。

人群密度是判断突发人群聚集事件的一个重要指标，对于高密度非法聚集等异常行为进行监控，可以先对运动前景进行检测，然后对被监控场景的人群密度特征进行提取，将获取的特征输入到模式识别分类器中（如 SVM 支持向量机），由已训练好的分类器来判断是否发生了非法人群聚集事件，分析流程图如图 5-21 所示。

（2）研究方法与研究过程。

按照研究方案，非法聚集检测算法的具体研究过程如下。

①分类特征的选取。灰度共生矩阵通过研究灰度的空间相关性对纹理进行描述，它是像素距离和角度的矩阵函数，通过计算图像

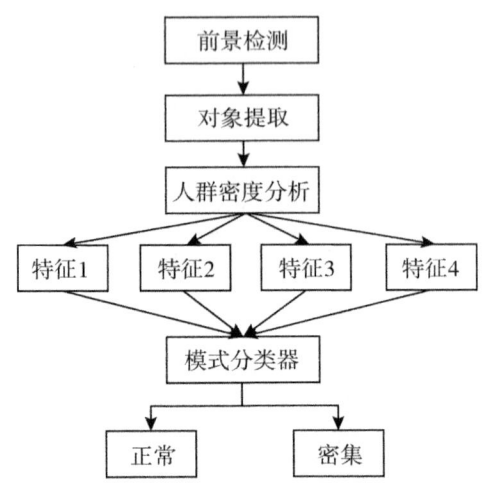

图 5-21 人群密度分析流程图

中一定距离和一定方向的两点灰度之间的相关性,来反映图像在方向、间隔、变化幅度及快慢上的综合纹理信息。我们选用灰度共生矩阵的能量、对比度、自相关度和逆差矩四个分量作为图像纹理的分类特征参数。

②模式识别分类器的构建。利用支持向量机解决小样本分类回归的特点,通过样本的训练学习,构造支持向量机二分类机,将某一类训练样本同其他样本区别分出,通过层叠嵌套的二分类机有机结合,实现支持向量机多分类机,最终达到人群密度的多种分类要求。

(3) 研究结果。

我们利用 Matlab 编程实现了人群密度分析算法。在实验仿真中,采用在校园上下课高峰中拍摄的视频共 300 段进行分析,将视频按照人群密度分为稀疏、正常和密集三类,并从中随机各选取 50 段视频作为训练样本,50 段视频作为测试样本。用灰度共生矩阵对图像纹理进行能量、对比度、自相关度和逆差矩四个量的分析,角度取 0°,45°,90°和 135°四个值,最终得到的测试结果如表 5-3 所示。从实验结果中可以看出,利用灰度共生矩阵能够较好地获取图像纹理信息,实现的分类效果明显,正确率较高,达到了93.33%。算法的误判主要出现在分类的临界点处,通过增加临界点的样本量能够对准确率有所提升。

表 5-3　　　　　　　　人群密度分类实验表

测试样本	稀疏(50)	正常(50)	密集(50)	准确率
稀疏	47	1	0	
正常	3	47	4	93.33%
密集	0	2	46	

5. 打架、袭警行为检测算法

(1) 研究方案。

由于打架、袭警等异常行为的复杂性,目前的有效检测算法大多采用模式识别的方法。人体行为识别的本质是三维时空数据的分类和匹配问题,也就是将待识别的人体行为序列(测试序列)与预先标记好的代表典型行为的参考序列进行匹配。因此,人体行为识别首先要从视频序列中提取可以描述行为的特征信息,然后用训练视频序列中提取的特征数据进行学习,建立人体行为模型,然后将测试视频序列中提取的特征数据输入人体行为模型进行分类,采取的识别过程如图 5-22 所示。

(2) 研究方法与研究过程。

按照研究方案,打架、袭警行为检测算法的具体研究过程如下。

①轨迹特征提取。首先利用 ORB(Oriented FAST and Rotated BRIEF)算法提取运动目标的兴趣特征点,并采用 FLANN 算法对每相邻帧进行特征点的匹配,获得了大量的表示目标运动趋势的兴趣点轨迹,作为区分暴力行为与非暴力行为的模式特征。

②轨迹特征优化。我们采用了短轨迹优化和多段最小二乘法等措施,针对暴力行为轨迹进行了优化,以加快训练速度,使得算法

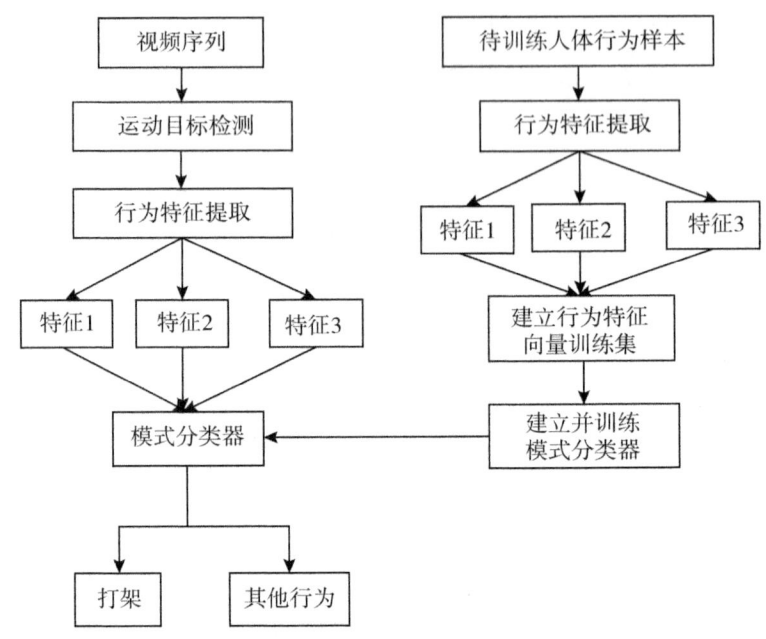

图 5-22 打架行为分析流程图

的识别率进一步提升。

③打架行为模式识别。在得到兴趣点运动轨迹后，我们利用 BRIEF 描述子和马尔科夫链模型，分别从外形层次和几何层次两方面提取出这些轨迹的特征向量，并采用词袋模型进行了数学建模，再把提取到的特征投入支持向量机 SVM 中进行训练和分类。我们采用了多频 SVM 技术，使得多种输入向量能够对分类结果有着不同的影响，从而提高了机器学习的训练效果。

(3) 研究结果。

我们利用 OpenCV(函数库版本 2.4.6)、Python(版本 2.7)和 Eclipse(版本 Indigo)编程实现了打架行为检测算法，并在暴力行为视频数据库 Hockey Fights 上进行了大量的实验仿真，分别对仅采用 ORB 描述子向量作为词袋模型(方法 1)、仅采用马尔科夫链的特征向量作为词袋模型(方法 2)、结合方法 1 和方法 2 的特征向量作为词袋模型三种方案进行了测试,测试结果如表 5-4 所示。实验结果表明该算法对于暴力行为的优化分类达到较好的效果。

表 5-4　打架检测算法在 Hockey Fights 数据集上的测试

描述子	平均正确率	平均漏报率	平均误报率
ORB	83%	5.75%	11.25%
π	78%	7.5%	14.5%
ORB+π	85%	4%	11%

6. 其他研究内容

(1) 视频镜头检测技术。

对视频建立索引,首先要将视频分割为镜头,镜头检测的关键是确定从镜头到镜头的转换处,并利用镜头之间的转换方式找到镜头图像之间的差别,镜头的切换方式有两种:突变和渐变。突变是指从一个镜头直接切变到另一个镜头;渐变是指从一个镜头慢慢切变到另一个镜头。常用的镜头检测方法主要有以下几种。

①模板匹配法。

将两帧图像对应像素差的绝对值之和作为帧间差,如果前后两帧的帧间差变化超出某个阈值,则认为有镜头的切换。模板匹配法的优缺点:对检测突变镜头很有效,但对摄像机和物体的运动非常敏感,当运动较大时,相邻两帧的差异往往会超过预定的阈值,从而产生误检。

②直方图法。

该方法利用帧与帧的直方图比较来检测镜头,是使用得较多的计算帧间差的方法。直方图法的基本原理:将颜色空间分为一个个离散的颜色小区间,然后计算落入每个小区间的像素数目,得到图像的直方图统计,通过比较两帧图像的直方图统计得到帧间差。直方图法的优缺点:不考虑像素的位置信息,抗噪声能力比模板匹配法强。当具有不同目标的场景有近似的灰度或颜色直方图时容易造成漏检。

③基于边缘的检测方法。

该方法将两幅图的边缘提取，利用镜头切换时出现的新边缘与消失的旧边缘的像素比例，若两者最大值大于某阈值，则认为有镜头切换。其缺点：这种方法在图像较暗或边缘不明显时往往会造成误检和漏检。

④基于模型的方法。

该方法是利用对镜头编辑的先验知识，对各种镜头切换建立一定的数学模型，自上向下来进行镜头切换的检测，对特定领域视频可通过数学模型加上一定的限制条件来提高方法有效性。因此这种方法对镜头渐变的检测往往能取得好的效果。建立数学模型过程较复杂，适用于专业领域模板匹配法、直方图法、基于边缘的方法都是利用帧间差自下而上来进行镜头边界的检测，它对于突变检测可以取得较好的效果，但是对于渐变检测则有一定的困难，因为它在很大程度上忽略了渐变切换中帧之间结构上的相关性。本研究采用了先进的基于模型的视频镜头检测技术。

(2) 关键帧提取技术。

关键帧的作用类似于文本检索中的关键词。用关键帧来代表镜头，可以对视频镜头可用图像的技术进行检索，关键帧选取的条件：必须能够反映镜头中的主要事件，因而描述应尽可能准确完全；为便于管理，数据量应尽量小，且计算不宜太复杂。关键帧提取的基本方法主要有以下几种。

①特定帧法。

一段视频被分割成若干镜头后，一种最直接、最简单的关键帧提取方法就是将每个镜头的首帧、中间帧以及末帧作为镜头的关键帧。特定帧法的思路和实现都很简单，但这种方法不能反映镜头内视频内容的变化，不适用于在视频内容变化较多的镜头内提取代表帧。

②帧平均法和直方图平均法。

帧平均法是取一个镜头中所有帧的某个位置上的像素值的平均值，将镜头中该点位置的像素值等于平均值的帧作为关键帧。直方图平均法则是将镜头中所有帧的统计直方图取平均,然后选择与该平均直方图最接近的帧作为关键帧。其优缺点:使用帧平均法和直方图平均法能在一定程度上反映视频内容,计算量也不大,所选取的帧具有平均代表意义,但是由于需要记录每一帧每个像素的值或直方图,所以要实现动态选取,所需的存储量较大。无法描述有多个物体运动的镜头。

③基于光流的运动分析。

上述两种方法都没有考虑运动特征。通过光流分析来计算镜头中的运动量,在运动量取局部最小值处选取关键帧,它反映了视频数据中的一个"静止"特点,视频中通过摄像机在一个新的位置上停留或通过人物的某一运动的短暂停留来强调其重要性。

首先通过 Horn-Schunck 法计算光流,对每个像素光流分量的模求和,作为第 k 帧的运动量 $M(k)$,即

$$M(k) = \sum_i \sum_j (\mid O_x(i, j, k) \mid + \mid O_y(i, j, k) \mid)$$

其中 $O_x(i, j, k)$ 是 k 帧内 (i, j) 像素光流的 X 分量,$O_y(i, j, k)$ 是 k 帧内像素 (i, j) 光流的 Y 分量。然后寻找 $M(k)$ 的局部最小值:从 $k=0$ 开始,扫描曲线 $M(k)$,找到两个局部最小值 $M(K_1)$ 和 $M(K_2)$,$M(K_2)$ 的值与 $M(K_1)$ 的值至少相差 $p\%$(由经验设定),如果 $M(K_j) = \min(M(K))$,$K_1 < K_j < K_2$ 则把 K_j 选为关键帧;然后把 K_2 作为当前的 K_1,继续寻找下一个 K_j。

Wolf 的这种基于运动的方法可以根据镜头的结构选择相应数目的关键帧。如果先把图像中的运动对象从背景中取出,再计算对象所在位置的光流,可以取得更好的效果。

(3)视频特征提取技术。

视频分割成镜头后就要对各个镜头进行特征提取,得到一个尽可能充分反映镜头内容的特征空间,这个特征空间将作为视频聚类和检索依据。

①颜色特征。

颜色是图像最显著的特征,与其他特征相比,颜色特征计算简单、性质稳定,对于旋转、平移、尺度变化都不敏感,表现出很强

的鲁棒性。颜色特征包括颜色直方图、主要颜色、平均亮度等。其中利用主要颜色和平均亮度进行图像的相似匹配是很粗略的，但是它们可以作为层次检索方法的粗查，对粗查的结果再利用子块划分的颜色直方图匹配进行进一步的细查。

②纹理特征。

20世纪70年代初，Haralick等人提出了纹理特征的共生矩阵表示法，即利用纹理在灰度级的空间相关性，先根据图像像素间的方向和距离构造一个共生矩阵，再从中提出有意义的统计数据作为纹理的特征表示。纹理特征的缺点：这些统计特征没有和人在视觉上对纹理特征的感知之间建立对应。Tamura提出的纹理特征集可以很好地与人类视觉感知相对应，这些特征包括：粗糙度、对比度、方向性、线向度、规则性、粗略度。其中最重要的特征是纹理粗糙度、对比度和方向性。因为人对纹理的视觉特征的认识非常主观，目前还没有一个统一的标准来精确地表示纹理的特征。

③运动特征。

视频除了具有一般静态图像的特征外，更具有动态特征。而动态特征往往也是视频检索时用户给出的主要内容。运动特征反映了视频的时域变化。运动分析的方法有基于光流方程的方法、基于块的方法、像素递归方法和贝叶斯方法等，但这些方法计算量大。Tonomura等人提出了视频X光图像分析方法，可以用来检测类似的运动，将整个视频序列沿时间轴进行切片，从切片图像中分析运动情况，视频的运动变化在切片上将变现为一系列有序的条纹变化。通过对视频的研究发现，当目标运动时，其背景往往变化迅速，而目标在大小上的不断变化表现为像素色彩的扩张。因此，可采用视频切片技术，通过追踪某一位置线上图像目标的色彩变化来得到运动目标的大小变化。

(4)镜头聚类和场景提取。

场景可以通过对镜头的聚类来生成。在镜头聚类及场景生成过程中，镜头不仅在时间上是连续的，更重要的是它们在内容含义上是一致的，这是镜头聚类的关键。可按时间顺序和关键帧的相似度进行聚类，最简单的方法可以用内容上相关的镜头中的关键帧来代表情节,把镜头聚类为故事单元后,其数量明显减少。例如对于一部典型的连续剧,半小时的节目中约有 300 个镜头,经过聚类后可形成约 20 个故事单元。根据镜头的重复程度,视频一般可分对话型、动作型这两类。

①对话型视频。

对话型视频是指一段实际的对话或者像对话一样由两个或多个镜头重复交替出现的视频。例如一个有 13 个镜头的视频序列,各镜头分别标记为:ＡＢＡＢＡＢＡＢ　ＣＤＥＦＧ。

其中,前 8 个镜头可认为是对话型的,而后 5 个则是动作型的。通过视频聚类可以缩小检索的范围,提高检索的效率。

②动作型视频。

动作型视频反映故事的展开,镜头不是固定在一个地点或跟随一个事件,因而很少发生镜头的重复。

(5)视频浏览和检索。

在对视频流中各镜头提取关键帧并进行特征提取后,还要建立基于视频特征的索引。通过索引,就可利用基于关键帧特征,或是基于镜头动态特征,或是将二者结合对视频进行检索和浏览了。基于内容的检索是一个近似匹配,逐步求精的循环过程,主要包括初始查询说明、相似性匹配、返回结果、特征调整、人机交互、检索反馈等步骤,直至获得用户满意的查询结果。

①基于关键帧的检索。

视频被抽象为关键帧后,搜索就变成按照某种相似度来检索数据库中与查询描述相似的关键帧。通常使用的查询方法是通过目标特征说明(直接)的查询和通过可视实例(示例)的查询。检索时,用户也可以指定使用特定的特征集。如果检索到关键帧,用户就可以利用播放来观看它说代表的视频片段。浏览可以跟随检索,作为检验检索到的关键帧的上下文边界联系。浏览也可以初始化查询,即当浏览时,用户可以选择一个图像来查询所有与该图像相似的关键帧。

②基于镜头动态的检索。

基于镜头和主体目标的运动特征来检索镜头是视频查询的进一

步要求。可以利用摄像机操作来查询镜头,也可以利用运动方向和幅度特征来检索运动的主体目标。在查询中还可以将运动特征和关键帧特征结合起来,检索出具有相似的动态特征但静态特征不同的镜头。

③视频浏览。

对于视频来说,浏览与有明确目的的检索同样重要。为了有效地浏览,视频文档的内容应表示成用户易于理解的静态画面的形式,并且必须提供非线性的访问。通常每个镜头的关键帧被用来作为"浓缩"了的视频序列,这种表现方式大大减轻了用户需要从头到尾观看整部影片的负担。然而,在许多影片中,常常有几百个镜头,另外仅用静态的画面常常不足以表示动态的信息。因此仅将代表帧排列起来的方法无法满足用户有效的浏览要求,对于头一次观看影片的用户尤其如此,他们面对没有组织的一堆画面往往不知所云。

④视频的检索反馈。

在检索的实现中除利用图像的视觉特征进行检索外,还应根据用户的反馈信息不断学习改变阈值重新检索,实现人机交互,直到达到用户的检索要求。如何定义两个视频是否相似,仍然是尚未解决的问题,限制了检索系统的应用范围。由于视频内容的复杂性,不同用户在检索过程中,即使对同一部视频,其注重的角度也有可能不同,因此接受用户的反馈意见,当用户对查询结果不满意时可以优化查询结果,突出用户的需要。

目前各厂商对智能化视频分析的定义出入较大,众多厂家的系统具备了某些智能化视频分析的能力,并通过 VMD(Video Motion Detection,移动检测)技术来实现,由于 VMD 技术是把画面栅格化,分析对比单元像素的变化,通过特定的算法来判断是否有物体在运动,该方法太过简单,甚至根本称不上智能化,无法正式在实际项目中正常工作,如图 5-23 所示。例如,有些系统只是简单地完成了一些运动检测工作,并不能从根本上实现自动分析并提取有威胁信息的功能,从而产生大量误报现象;而另一些系统虽然可以满足复杂的模式识别、目标跟踪等功能,但是在多变的实际应用环

5.4 监狱罪犯行为智能分析与识别系统关键技术研究

境中的工作状况却并不理想,并且众多功能形同虚设。

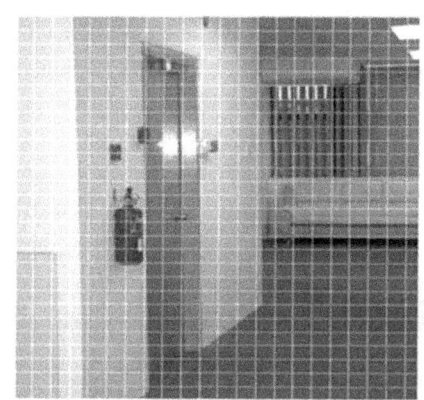

VMD 通过区域图像的变化来判断,缺少理解

图 5-23 VMD 技术

通过对实时视频画面中的背景、众多物体进行分离,并根据行为特征的特性,把每个物体的行为单独分析,并对视频监视场景中的各个物体设置相关参数,以便对场景中的人、车、猫、狗等进行特征分离,并排除该区域对各种异常阴影、灯光、飞虫等的干扰;采集关于视频监视场景的视频图像,根据所述视频图像的亮度值,进行所述视频监视场景处于白天还是处于晚上的判断,并根据本发明可以大幅提高监控视频画面的智能分析与识别检测的灵敏度和准确性,从而正式商用。如图 5-24 所示,首先通过人的形状特征,把人物从该视频画面中提取出来,其次再对人的行走、奔跑等行为特征进行分析,从而更为智能准确地判断出视频画面中的事件,从而理解其意义,并根据预设的规则进行相关智能报警。

把以上相关技术整合成为一个完整统一体,在不改变原有监控部署的情况下,通过网络监控数据,直接针对各种用户预设规则产生自动报警,大幅提升了众多监控图像的监控能力。针对各个视频图像实时进行智能监测,解决视频监控中的人为疏忽。为实现上述目的,本研究设计了一种全新智能视频分析处理系统、系统授权控

第5章 监狱罪犯行为智能分析与识别系统关键技术

制管理模块等,系统通过网络接入获取视频压缩流,再接视频处理系统。视频处理系统内还有视频智能分析模块,该模块内存储了该视频场景需捕捉的异常事件图像特征的 N 条规则。微处理器按规则分析实时视频,将符合规则的视频数据作为事件压缩后分类存储。微处理器还接有事件搜索模块,可按事件和时间对存储的视频数据进行搜索。

技术应用的广泛取决于技术上的完善程度,尽管目前很多厂家的智能视频监控系统仅仅达到了"检测"的水平,尚未做到"识别"的层面,但是该技术在很多方面已经无法满足产品化的要求。本研究不仅可以根据实时监测视频,做到"检测"的水平,并且可以根据"目标"的行为做到"识别"的层面,这将大幅提升"智能"的产业化应用领域。例如,在威胁状况预报警方面,智能化系统已经可以帮助操作者分析具有威胁的监控画面,有别于人力监控的是,系统能够保持持续性的检测和判断,而不会产生注意力不集中或者疲劳等现象;在人流、车流统计方面,智能系统可以更加准确、便捷的提供道路违章车辆的信息,在一些出入量较大的场所也能够较为准确地统计人流量数据;在物体跟踪方面,智能系统则帮助监控人员通过警报的方法呈现物体的遗失、移动、滞留等现象。这些功能都使得传统被动式的监控工作变得更为主动。

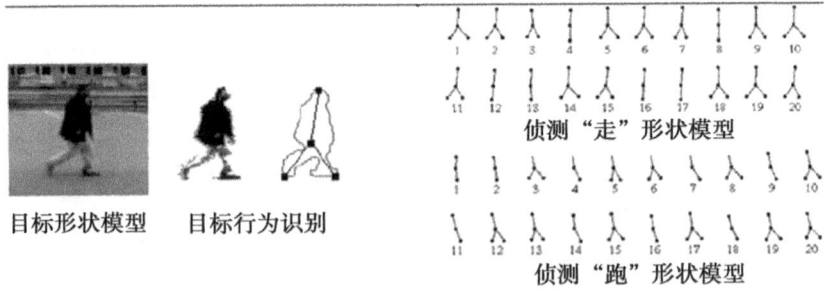

图 5-24 目标特征行为提取分析

本研究采用了不同于普通视频分析系统的一些先进算法,这些算法对于系统的智能性和稳定性有很大的提高。与目前国内其他厂商的产品相比,本研究具有明显的技术先进性。传统的视频分析算法,例如背景图像差分法、帧间差分法等,这里就不详细分析介绍。本书主要就"智能哨兵"系统的一些先进算法进行简单的介绍。

本研究主要采用的先进视频分析算法包括:基于高斯混合模型(GMM)的背景分割算法,基于 K-means 聚类的目标提取算法,基于 Cam Shift 的运动目标跟踪算法,以及基于 Kalman 滤波器的运动估计算法等。

(1)基于高斯混合模型(GMM)的背景分割算法。

GMM 的基本思想是把每一个像素点所呈现的颜色用 M 个状态来表示,通常 M 取值为 3~5,将每个状态用一个高斯分布来近似,将像素点所呈现的颜色用随机变量 X 来表示,在每个时刻 T 得到视频图像的像素值作为随机变量 X 的采样值。则对于第 k 个状态 $(0 < k \leq M)$ 的像素分布可表示为:

$$p_k(x_t \mid k, \phi_k) = \frac{1}{(2\pi)^{n/2} \left| \sum_k \right|^{1/2}} e^{-\frac{1}{2}(x_t - \mu_k)^T \sum^{-1}(x_t - \mu_k)}$$

其中 μ_k 和 $\sum_k$ 分别表示期望和协方差矩阵。

随机变量 X 的分布可用 k 个状态分布的加权和来表示:

$$p(x_k \mid \Phi) = \sum_{k=1}^{M} \pi_{k,t} p_k(x_t \mid k, \phi_{k,t})$$

其中 $\pi_{k,t}$ 是 T 时刻第 k 个高斯分布的权值,它代表了由第 k 个分布产生的采样值占总采样值的比例或者说 k 出现在该像素的先验概率,且 $\sum_{k=1}^{M} \pi_{k,t} = 1$,$\Phi$ 是全部参数的集合,定义为 $\Phi = \{\pi_1, \pi_2, \cdots, \pi_M; \phi_1, \phi_2, \cdots, \phi_M\}$,所有参数需要从 X 的观察值估计得到。上述表达式的直观意义是:在 T 时刻观察到 x_k 的概率等于该值分别属于 M 个高斯分布的概率的加权和。

GMM 之所以能够将前景和背景分开是基于如下两点事实。一是在长期观测的场景中,背景占大多数时间,更多的数据是支持背景分布的。二是即使是相对颜色一致的运动物体也会比背景产生更多变化,况且一般情况下物体都是带有不同颜色的。我们之所以将前景也用一个高斯分布来表示,是因为前景物体也有机会变为背景，当场景中添加物体时，通过一段自适应过程，可以用新的背景模型来替换旧的背景模型。而当物体移走时，原来的背景模型依然存在，可以快速地恢复背景模型。

（2）基于 K-means 聚类的目标提取算法。

K-means 算法接受参数 K，然后将事先输入的 n 个数据对象划分为 K 个聚类，使所获得的聚类满足同一聚类中的对象相似度较高，而不同聚类中的对象相似度较小。聚类相似度是利用各聚类中对象的均值所获得一个"中心对象"（引力中心）并进行计算的。

K-means 算法是最为经典的基于划分的聚类方法，是十大经典数据挖掘算法之一。K-means 算法的基本思想是：以空间中 k 个点为中心进行聚类，对最靠近它们的对象归类。通过迭代的方法，逐次更新各聚类中心的值，直至得到最好的聚类结果。

假设要把样本集分为 c 个类别，算法描述如下。

①适当选择 c 个类的初始中心；

②在第 k 次迭代中，对任意一个样本，求其到 c 个中心的距离，将该样本归到距离最短的中心所在的类；

③利用均值等方法更新该类的中心值；

④对于所有的 c 个聚类中心，如果利用②③的迭代法更新后，值保持不变，则迭代结束，否则继续迭代。

该算法的最大优势在于简洁和快速，算法的关键在于初始中心的选择和距离公式。具体流程为：首先从 n 个数据对象任意选择 k 个对象作为初始聚类中心；而对于所剩下的其他对象，则根据它们与这些聚类中心的相似度（距离），分别将它们分配给与其最相似的（聚类中心所代表的）聚类；然后再计算每个所获新聚类的聚类中心（该聚类中所有对象的均值）；不断重复这一过程直到标准测度函数开始收敛为止。一般都采用均方差作为标准测度函数。k 个聚类具有以下特点：各聚类本身尽可能的紧凑，而各聚类之间尽可能地分开。

（3）基于 Cean Shift 的运动目标跟踪算法。

Mean Shift 算法，一般是指一个迭代的步骤，即先算出当前点的偏移均值，移动该点到其偏移均值，然后以此为新的起始点，继

5.4 监狱罪犯行为智能分析与识别系统关键技术研究

续移动,直到满足一定的条件结束。

基本的 Mean Shift 形式扩展为:

$$M(x) \equiv \frac{\sum_{i=1}^{n} G_H(x_i - x) w(x_i)(x_i - x)}{\sum_{i=1}^{n} G_H(x_i - x) w(x_i)}$$

其中:$G_H(x_i - x) = |H|^{-1/2} G(H^{-1/2}(x_i - x))$,$G(x)$ 是一个单位核函数,H 是一个正定的对称 $d \times d$ 矩阵,我们一般称为带宽矩阵,$w(x_i) \geq 0$ 是一个赋给采样点 x_i 的权重。

在实际应用的过程中,带宽矩阵 H 一般被限定为一个对角矩阵 $H = \text{diag}[h_1^2, \cdots, h_d^2]$,甚至更简单地被取为正比于单位矩阵,即 $H = h^2 I$。由于后一形式只需要确定一个系数 h,在 Mean Shift 中常常被采用,在本书的后面部分我们也采用这种形式,因此上式又可以被写为:

$$M_h(x) \equiv \frac{\sum_{i=1}^{n} G\left(\frac{x_i - x}{h}\right) w(x_i)(x_i - x)}{\sum_{i=1}^{n} G\left(\frac{x_i - x}{h}\right) w(x_i)}$$

对于目标跟踪而言,用一个物体的灰度或色彩分布来描述这个物体,假设物体中心位于 x_0,则该物体可以表示为:

$$\hat{q}_u = C \sum_{i=1}^{n} k\left(\left\|\frac{x_i^s - x_0}{h}\right\|^2\right) \delta[b(x_i^s) - u] \tag{1}$$

候选的位于 y 的物体可以描述为:

$$\hat{p}_u(y) = C_h \sum_{i=1}^{n_h} k\left(\left\|\frac{x_i^s - y}{h}\right\|^2\right) \delta[b(x_i^s) - u] \tag{2}$$

因此物体跟踪可以简化为寻找最优的 y,使得 $\hat{p}_u(y)$ 与 $\hat{q}_u$ 最相似。

$\hat{p}_u(y)$ 与 $\hat{q}_u$ 的最相似性用 Bhattacharrya 系数 $\hat{\rho}(y)$ 来度量分布,即:

$$\hat{\rho}(y) \equiv \rho[p(y), q] = \sum_{u=1}^{m} \sqrt{p_u(y)\hat{q}_u} \quad (3)$$

式(3)在 $\hat{p}_u(\hat{y}_0)$ 点泰勒展开可得：

$$\rho[p(y), q] \approx \frac{1}{2}\sum_{u=1}^{m}\sqrt{p(y_0)q_u} + \frac{1}{2}\sum_{u=1}^{m} p_u(y)\sqrt{\frac{q_u}{p_u(y_0)}} \quad (4)$$

把式(2)代入式(3)，整理可得：

$$\rho[p(y), q] \approx \frac{1}{2}\sum_{u=1}^{m}\sqrt{p(y_0)q_u} + \frac{C_h}{2}\sum_{i=1}^{n} w_i k\left(\left\|\frac{y-x_i}{h}\right\|^2\right) \quad (5)$$

其中，

$$w_i = \sum_{u=1}^{m} \delta[b(x_i) - u]\sqrt{\frac{q_u}{p_u(y_0)}}$$

对式(5)右边的第二项，我们可以利用 Mean Shift 算法进行最优化。

(4) 基于 Kalman 滤波器的运动估计算法。

Kalman 滤波基于时域描述的线性动态系统，它的模型是 Markov Chain，而 Markov Chain 建立在一个被高斯噪声干扰的线性算子之上。系统的状态可以用一个元素为实数的向量表示。随着离散时间的增加，这个线性算子就会作用到当前状态之上，产生一个新的状态，并且会带入一定的噪声，同时一些已知的控制信息也会加入。同时另外一个受噪声干扰的线性算子将产生这些隐含状态的可见输出。Kalman 滤波可以被看作为类似隐马尔科夫模型，它们的显著不同点在于：隐状态变量的取值空间是一个连续的空间，而离散状态空间则不是；另外，隐马尔科夫模型可以描述下一个状态的一个任意分布，这也与应用于 Kalman 滤波器中的高斯噪声模型相反。

Kalman 滤波是一种递归的估计，即只要获知上一时刻状态的估计值以及当前状态的观测值就可以计算出当前状态的估计值，因此不需要记录观测或者估计的历史信息。卡尔曼滤波器与大多数滤波器的不同之处，在于它是一种纯粹的时域滤波器，它不需要像低通滤波器等频域滤波器那样，需要在频域设计再转换到时域实现。

5.4 监狱罪犯行为智能分析与识别系统关键技术研究

卡尔曼滤波器的状态由以下两个变量表示：$\hat{x}_{k|k}$，在时刻 k 的状态的估计；$P_{k|k}$，误差相关矩阵，度量估计值的精确程度。

卡尔曼滤波器的操作包括两个阶段：预测与更新。在预测阶段，滤波器使用上一状态的估计，做出对当前状态的估计。在更新阶段，滤波器利用对当前状态的观测值优化在预测阶段获得的预测值，以获得一个更精确的新估计值。

预测阶段：

$\hat{x}_{k|k-1} = F_k \hat{x}_{k-1|k-1} + B_k u_k$（预测状态）

$P_{k|k-1} = F_k P_{k-1|k-1} F_k^T + Q_k$（预测估计协方差）

更新阶段：

$\hat{y}_k = z_k - H_k \hat{x}_{k|k-1}$（测量余量，measurement residual）

$S_k = H_k P_{k|k-1} H_k^T + R_k$（测量余量协方差）

$K_k = P_{k|k-1} H_k^T S_k^{-1}$（卡尔曼增益）

$\hat{x}_{k|k} = \hat{x}_{k|k-1} + K_k \hat{y}_k$（更新的状态估计）

$P_{k|k} = (I - K_k H_k) P_{k|k-1}$（更新的协方差估计）

使用上述公式计算 $P_{k|k}$ 仅在最优卡尔曼增益的时候有效。使用其他增益的话，公式要复杂一些。

如果模型准确，而且 $\hat{x}_{0|0}$ 与 $P_{0|0}$ 的值准确地反映了最初状态的分布，那么以下不变量就保持不变：所有估计的误差均值为零。

$E \mid x_k - \hat{x}_{k|k} \mid = E \mid x_k - \hat{x}_{k|k-1} \mid = 0$

$E \mid \hat{y}_k \mid = 0$

且协方差矩阵准确地反映了估计的协方差：

$P_{k|k} = \text{cov}(x_k - \hat{x}_{k|k})$

$P_{k|k-1} = \text{cov}(x_k - \hat{x}_{k|k-1})$

$S_k = \text{cov}(\hat{y}_k)$

请注意，其中 $E[a]$ 表示 a 的期望值，$\text{cov}(a) = E[aa^T]$。

图像匹配在众多视觉应用中是一个关键技术，通过摄像头监控的视频流进行对特定目标的管控，最终也需要进行关键帧的图像匹配，而匹配的效果直接影响到后续分析处理的效果。特定目标的识别属于静态的图像匹配，即给定场景和特定目标的两幅图像，寻找同一场景点投影到目标图像中的像素之间的对应关系，其中主要方法为图像特征点提取和最小距离计算。Moravec 等人采用角点算子来实现立体视觉匹配，在此基础上 Harris 等人对 Moravec 算子进行改进，Harris 的角点检测算法具有旋转不变以及缩放不变等许多优良特点，因此被广泛应用于各种图像匹配算法中，然而它对视角、照明、尺度变化较为敏感，抗噪声能力不强。之后 David Lowe 等人提出了更加稳定的 SIFT(scale invariant feature transform)特征算子，该算子不但具有尺度、旋转、仿射、视角、光照不变性，而且其匹配点多且稳定的特点对于复杂环境下目标的识别也较为有利，该算子已经广泛应用于三维目标识别、地图生成和末制导图像匹配等领域。针对不同应用和场景，SIFT 算法也被不断地优化和改进且衍生出多种不同的改进算法。利用 SIFT 算法对监控视频中的特定目标进行识别和管控，不但降低了人工成本和人工检测的不确定性，极大解放了人力劳动，而且提高了对摄像头的利用率，可以真正做到对安全关键区域的特定目标进行 24 小时的实时监控和管理。

首先使用混合高斯背景建模进行场景识别，当场景中的情况满足了需要匹配的条件，如场景中目标无管控人员在周围管控之后，采用 SIFT 算法提取特定目标的特征点，然后进行特征点筛选及匹配，最后完成对特定目标的识别，并实现联动报警，以此对特定目标达到实时管控保护的目的。该方法在大量实验中证明了在特定场景下的可行性，且达到了较好的识别效果。

5.5 监狱罪犯行为智能分析与识别系统关键技术的实现

智能分析与识别系统在高度戒备的监狱内使用，采取以事先预警为主要手段、配以事中指挥调度、事后调阅图像及取证为辅助手段的技术，加强对整个高度戒备监狱进行安全防范。

按照《监狱建设标准》(建标 139—2010)的要求，高度戒备监狱同一般监狱相比，应突出以下部分的监控措施：①巡视专用通道；

②封闭通道；③金属防护门两侧；④覆盖围墙与建筑物之间的空间；⑤监舍内厕所；⑥武装巡逻通道。

对于高度戒备监狱中警察巡视通道、各功能区之间的封闭通道、监区周界等关键位置，尤其要强化视频监控能力，增加监控摄像机点位布置密度，扩大监控覆盖面，实现无死角监控。尤其需要加强视频监控系统的智能分析功能，通过对监控图像进行自动分析和处理，能够实现自主越界判定、违规行为报警等功能。

智能视频技术让安全警卫部门能通过摄像机实时自动"发现警情"并主动"分析"视野中的监视目标，同时判断出这些被监视目标的行为是否存在安全威胁，对已经出现或将要出现的安全威胁，及时通过文字信息、声音、快照等向安全防卫人员发出警报，极大地避免工作人员因倦怠、脱岗等因素造成的情况误报和不报，切实提高监控区域的安全防范能力。

1. 系统架构及组成

智能监控信息系统包括视频采集子系统、视频传输子系统、网络存储子系统、智能分析子系统、智能浓缩巡检子系统和系统管理系统。智能监控信息系统架构如图 5-25 所示。

（1）视频采集子系统。

视频采集子系统是对前端场景进行视频信号采集，主要针对前端设置一定数量的摄像机并采集现场的视频信号，再通过光电信号转换将前端采集的视频信号传输至监控中心还原为现场图像画面。

视频采集子系统是在监区室内外关键区域安装的各种彩色摄像机，实时监控记录这些区域的现场情况。这部分是保证整个系统工作最重要的部分，根据不同的功能要求，选用不同类型的摄像机设备。

针对室外环境宽广、监视范围大且目标不定，采用高速一体化球摄像机进行画面采集。

针对室内区域，为保证白天和夜晚都全天候采集现场清晰的画面，摄像机需采用红外夜视，现场采用具备吸顶安装条件的红外半球，其他采用红外一体化枪机壁挂支架安装红外半球；为防止监狱

第 5 章 监狱罪犯行为智能分析与识别系统关键技术

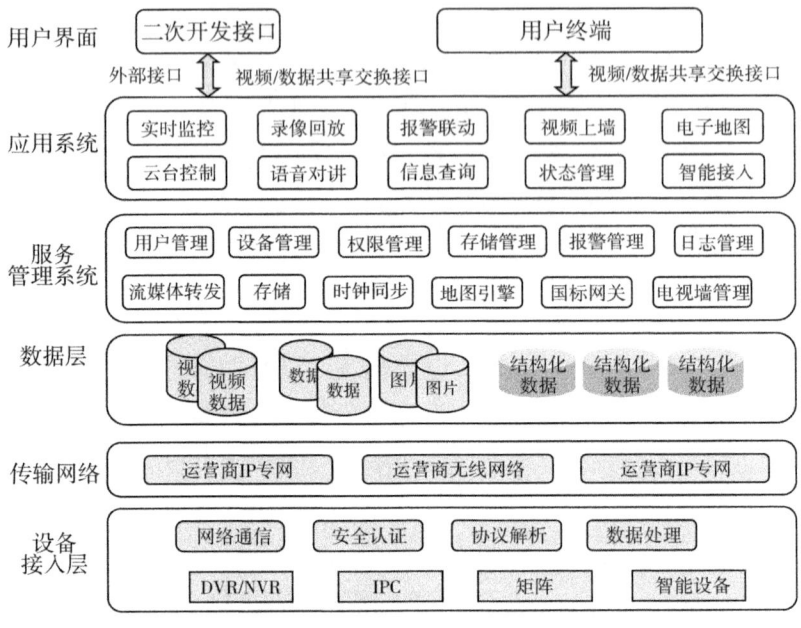

图 5-25 智能监控信息系统架构图

人员人为暴力破坏监控摄像机，有些室内区域还需加装防暴摄像机，如谈话室、阅读室等区域采用红外防砸半球摄像机，该摄像机具备防暴力和超高清晰度等功能。

对于走廊等通道区域，考虑到现场光照变化情况，镜头可配置自动光圈，并采用内置大功率红外灯一体化摄像机，保证在光照不足或光照变化情况下的画面采集。

(2) 视频传输子系统。

视频传输子系统主要是光缆、六类(超五类)非屏蔽双绞线缆对视频信号的传输。

前端采用模拟摄像机，如果传输距离小于 300 米，可采用规格 SYV75-5 的视频同轴电缆传输；如果传输距离大于 300 米小于 500 米，可采用规格 STV75-7 的视频同轴电缆传输；如果传输距离大于 500 米，可采用室内多模(或单模)光缆传输。

5.5 监狱罪犯行为智能分析与识别系统关键技术的实现

前端采用网络 IP 摄像机，信号传输采用六(超五类)类非屏蔽双绞线缆进行传输，要求前端摄像机至前端接入网络交换机的传输线缆距离不大于 90 米。

各个分监区、功能性建筑、其他设备间以及监控指挥中心，都采用万兆带宽光纤传输。

信号传输电缆与前端摄像机供电电源线缆分开走线，避免电源电磁场对视频信号的电磁干扰。

(3)网络存储子系统。

为了解决传统视频监控系统在存储容量上不能满足庞大的摄像机路数接入的问题，采用双码流技术在网络中传输，通过监控中心配置的核心网络交换机进行数据交换，再通过智能监控系统对前端视频图像存储进行统一管理与配置。

IP SAN 网络存储具有如下优点：①基于千兆位的存储带宽，更适合大容量数据高速处理的要求；②完善的存储网络管理机制，对所有存储设备，如磁盘阵列、磁带库等进行灵活管理及在线监测；③将存储设备与主机的点对点的简单附属关系升为全局多主机动态共享的模式；④实现 LAN 共享，数据的传输、复制、迁移、备份等在 SAN 网内高速进行，不需占用 WAN/LAN 的网络资源；⑤灵活的平滑扩容能力；⑥兼容以前的各种 SCSI 存储设备。

(4)智能视频分析子系统。

智能视频分析的技术原理是接入各种摄像机以及 DVR、DVS 及流媒体服务器等各种视频设备，通过智能化图像识别处理技术，对各种安全事件主动预警，通过实时分析，将报警信息传导综合监控系统及客户端。

智能视频分析技术用于视频监控方案通常有两种，第一种是基于智能视频处理器的前端解决方案。在这种模式下，所有的目标跟踪、行为判断、报警触发都是由前端智能分析设备完成，只将报警信息通过网络传输至监控中心。第二种是基于工业计算机的后端智能视频分析解决方案。在这种模式下，所有的前端摄像机仅仅具备基本的视频采集功能,而所有的视频分析都必须汇集到后端或者关键节点处由计算机统一处理。

使用智能视频分析技术,用户可以根据实际应用,在不同摄像机的场景中预设不同的报警规则,一旦目标在场景中出现了违反预定义规则的行为,系统会自动发出报警。报警信息有多种形式,包括本地驱动报警设备和向后端监控中心发送报警数据,由监控工作站控制以弹出视频、自动弹出报警信息、驱动报警设备等形式报警。

(5)智能浓缩巡检子系统。

在一定时间段内,每个视频设备产生的所有索引指向的视频片段,按顺序合成在一起的视频录像,即成为视频片段摘要。视频摘要内的每个目标上标有时间标签,表明该目标在视频中出现和消失的时间,通过视频摘要,可以指向原始视频录像的特定录像段。视频浓缩录像保留了原始视频录像中目标活动的画面,而将无变化的背景图像省略,节省了存储空间,提高了存储效率。由于监狱内的绝大多数录像画面为无变化的背景画面,存储的效率能提高60倍甚至几百倍。

①定时视频巡逻。利用智能视频定时快查设备的视频摘要技术,对没有进行实时识别的监区,定时生成视频浓缩录像,值班干警通过观察这些视频浓缩录像,可以快速对监狱内各监区的情况进行了解,及时发现其中的异常情况,抓住对案件侦破有重要意义的早期线索。

②目标标签还原。当在浓缩后的片段中发现有异常事件发生,需要对视频核对确认时,可以选取该浓缩片段中的目标标签(人物或者物体),通过目标标签功能将浓缩视频片段还原,该目标标签出现前后时间段的视频源的原始视频片段,帮助值班干警更加准确及高效地判断事件的严重程度。

③特征目标追踪。当我们需要了解或者对已发生事件的特定人物进行事中或者事后跟踪时,可以选取特征类型(如衣服颜色、身高、体型等特征类型)调取视频源中关于该特征人物的所有视频画

5.5 监狱罪犯行为智能分析与识别系统关键技术的实现

面,由此可以观察出该特征人物的运动轨迹,为事前预警和事后的取证工作节省大量的时间,而不用再根据海量的视频录像进行逐个浏览。

(6)系统管理系统。

智能监控信息系统采用二层软件层次划分的体系结构模型,包括数据处理层和应用层。

数据处理层主要对视频图像进行分析,是实现智能视频监控的关键组成部分。视频分析由目标检测、目标跟踪、目标分类、活动分析、报警信息输出等多个部分组成。当前分析单元需要有高可靠性视频分析性能,目标识别率高,误差率小,所以对算法要求比较高,本次软件设计方案不考虑视频分析算法,可采用比较成熟,经过大规模应用的算法进行处理。智能监控信息系统数据处理层结构如图 5-26 所示。

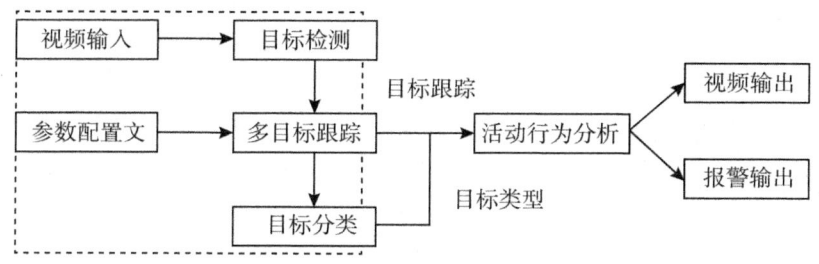

图 5-26 智能监控信息系统数据处理图

应用层为系统整体管理、配置、检索所有设备提供统一标准,系统提供的工具可以自定义、自创建、自组合很多与特定业务相关的业务功能和流程。系统提供的所有功能都通过 Web Service 的国际标准提供对外接口,这可以在异种操作系统、异种语言之间进行交互。应用层通过 XML 与数据处理层进行数据通信。智能监控信息系统应用层结构如图 5-27 所示。

监控系统服务器在接收到前端数据后存储到本地存储服务器或外部磁盘阵列,磁盘阵列间通过 SCSI 接口进行互联,使用 RAID5

第5章　监狱罪犯行为智能分析与识别系统关键技术

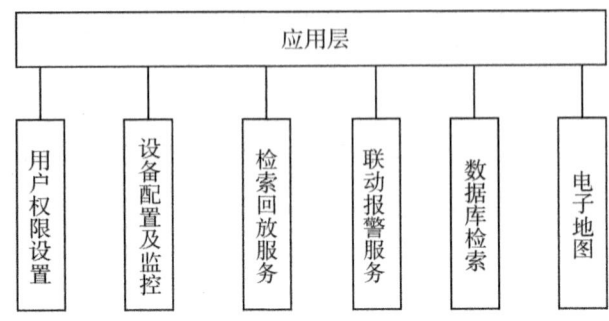

图 5-27　智能监控信息系统应用层结构图

规范进行有效的数据备份和缓存。系统服务器同时输出报警信号给第三方报警服务系统(声光报警、短信系统等)进行相应的联动。

2. 系统功能

智能视频分析系统依托以上基础技术,专门针对人的特征以及人的运动进行模式分析,采集了描述人体各部分的外形轮廓、相对位置、颜色等多种特征,组成了海量的辅助分类信息,与运动跟踪的结果一起对视频中人的行为或性质做出判别,可以最终实现对闯入禁区、逆行、滞留、尾随、打架、聚众等异常行为的检测。智能视频分析系统的主要功能模块如下。

(1)周界检测。

自动检测侵入监控防区的入侵者(人、物体或者交通工具),能够自动区分入侵者的种类、大小、速度、移动方向等特征并报警。周界检测包括6个基本的检测行为。

①进入禁区:检测是否有人、物体或车辆进入预定区域,工作人员可灵活调节灵敏度。

②离开禁区:检测是否有人、物体或车辆离开预定区域,工作人员可灵活调节灵敏度。

③单向越界:检测是否有人、物体或者车辆突然从某个指定方向越过预定边界,单方向进行检测,也叫做"单向绊线"。

5.5 监狱罪犯行为智能分析与识别系统关键技术的实现

④双向越界：检测是否有人、物体或者车辆突然从任意方向越过预定边界，双方向进行检测，也叫做"双向绊线"。

⑤滞留：检测是否有可疑人、物体或车辆在指定的区域内长时间停留，当滞留时间超过预设值，系统将发出报警。

⑥徘徊：检测是否有可疑人、物体或车辆在指定的区域内长时间来回走动，当徘徊时间超过预设值，系统将发出报警。

(2)逆行检测。

在密集区域对与规定方向反向运动的人、物体或车辆进行检测。

(3)异常奔跑。

检测是否有人员快速运动，可区分行人、物体或者车辆，及时发现偷盗或抢劫行为。

(4)打架。

检测是否有打架斗殴事件，可区分行人、物体或者车辆。

(5)聚众。

检测是否有群体聚集现象，通过对区域内人群或车辆的密集程度的定性检测，获得一个拥挤的估计值，从宏观上对拥挤行为进行自动检测和报警。

(6)遗留物体检测。

当车辆或来历不明的物品停靠或放置在设定区域超过一定的时间则产生报警。比如有人遗留包裹或爆炸物等。

(7)骤变。

当视频图像发生巨大变化时系统报警。如摄像头被遮挡和大幅度移动时，可有效预防不法分子通过遮挡或转动摄像头销毁犯罪证据。

(8)门禁尾随监测。

检测是否有人尾随通过门禁等特殊通道，有效防止尾随进入或溜出监区的行为。

(9)出入口人数统计。

在出入口统计进出的人数,结合各出入口的实时人数信息,即可得到封闭空间内的实时保有量,可提供分时段的人数统计结果。在总人数超过预设值时,系统可发出报警。

(10)视频质量监测。

对视频图像出现的视频丢失、雪花、滚屏、模糊、偏色、画面冻结、增益失衡和云台失控等常见摄像头故障做出判断并发出报警信息。

(11)动态图像放大。

能控制云台摄像机对移动目标进行放大抓拍,并生成高清晰度图片。

(12)识别与分类。

精确地侦测和识别单个物体或多个物体的情况,可对视频中的行人、车辆及其他目标物进行分类。

(13)车牌识别检测。

通过对车辆厂牌的识别,可以实现套牌车的检测、车辆对比以及对车辆的有效查询。

(14)智能浓缩存储。

保留原始视频录像中目标活动的画面,而将无变化的背景图像省略,节省了存储空间,提高了存储效率。

(15)定时视频巡逻。

利用智能视频定时快查设备的视频摘要技术,对没有进行实时识别的监区,定时生成视频浓缩录像。

(16)目标标签还原。

当在浓缩后的片段中发现有异常事件发生时,通过目标标签功能将浓缩视频片段还原。

此外,智能视频分析子系统还具有 11 种行为分析功能以及复合规则,具体如下。

(1)物体移动监测(见表 5-5)。

5.5 监狱罪犯行为智能分析与识别系统关键技术的实现

表 5-5   **物体移动监测**

监控模式		
物体移动监测 （VMD）	对设定区域的移动物体（通过预先设置的大小形状来进行过滤）进行动态跟踪	
应用案例		
周界监控	监控物理周界和虚拟周界的区域，监视是否有目标进入或预进入，可用于监控边界、监狱、机场、化学基地等周界	
野外设备保护	监控安装在野外的重要设备的周围，防止不法之徒接近甚至盗窃，可用于保护野外高压电塔、无人变电站、室外发电机、电信基站、卫星站、装卸码头、储油罐等	
广阔视野监控	监控一片大的区域，提前警告入侵者，可用于停车场、水坝、水库、禁航水面、水处理基地或炼油基地等	

（2）物体滞留监测（见表 5-6）。

表 5-6   **物体滞留监测**

监控模式		
物体滞留监测	车辆或其他目标停在或滞留在固定位置超过用户设定时间。这一功能可用来检测有多个移动物体的场景，多个移动物体的暂时滞留不会激发报警	
应用案例		
停下的车辆	检测停下来的车辆，它可能引起事故造成危害，使道路、隧道、桥梁、大厦出入口和其他要害位置的安全存在潜在的危险	
落下来的货物	识别掉落在道路上的货物，可用于道路，尤其是隧道里和桥梁上	
弃置的物体	监控弃置的包裹，例如重点区域的可疑包裹、地铁通道内的弃置包裹等	

第5章 监狱罪犯行为智能分析与识别系统关键技术

(3)移走物体监测(见表5-7)。

表5-7　　　　　　　　　　移走物体监测

监控模式	
移走物体监测	预定义目标物被移走或被遮挡时激发一个报警。当物体被隐藏超过设定时间后激发报警
应用案例	
财产保护	保护不允许从指定位置移走的重要或敏感的物体,例如博物馆藏品等,发生在此物体周围的正常行为不会受到影响
障碍	检测目标是否被什么物体遮挡了,例如人群、车辆或材料

(4)移动路径监测(见表5-8)。

表5-8　　　　　　　　　　移动路径监测

监控模式	
移动路径监测	检测从一个区域移动到另一个区域的目标,监控往禁止方向的运动,可设定从A到B,从B到A,或双向。提供目标物路径轨迹的报警视频
应用案例	
安全监控	防止游客或顾客穿过公共区域走向危险或限制区域
交通监控	每个摄像机的视野范围任意设定,如果有目标从远处移动检测区域便激发报警。例如,检测汽车走错方向进入禁止进入区域,或顾客穿过安全区域进入危险区域或工作区域
敏感区域报警	不管什么方向接近都激发报警,进入区到检测区域,或检测区到进入区。例如,操作人员穿过敏感区进入数据中心或档案室

5.5 监狱罪犯行为智能分析与识别系统关键技术的实现

(5)移动速度监测(见表5-9)。

表5-9　　　　　　　　　　**移动速度监测**

监控模式		
移动速度监测	检测从一个区域到另一个区域的移动目标,当目标移动速度过快或过慢时报警。检测方向可设定为从A到B,从B到A,或双向	
应用案例		
安全监控	监控人员在楼梯、过道等区域上的奔跑行为	
交通监控	车辆行驶过快或过慢时触发报警,可提供含车辆的移动轨迹的报警视频,并可联动高速照相机进行拍照取证	

(6)突然出现监测(见表5-10)。

表5-10　　　　　　　　　　**突然出现监测**

监控模式		
突然出现监测	监控在用户定义的目标区域内出现任何物体,当目标区域内出现任何物体立即报警	
应用案例		
安全监控	监控高度戒备的区域,如某时段内的电梯口、门口、窗口、机房内、金库内等区域	

(7)物体启动监测(见表5-11)。

197

表 5-11　　　　　　　　　　物体启动监测

监控模式	
物体启动监测	用于监测目标区域内的静止物体,发生移动时立即触发报警
应用案例	
安全监控	监控停车场内的车辆移动、货架上的贵重物品的移动、各类固定物体的移动,当画面中原有的静止物体发生移动后立即触发报警

(8)定向移动监测(见表5-12)。

表 5-12　　　　　　　　　　定向移动监测

监控模式	
定向移动监测	用于监控目标区域内物体的移动方向,可设定0°到360°的扇形角度为禁止方向,当物体在目标区域内的移动方向满足触发条件后立即报警
应用案例	
安全监控	监控人员在门口、楼梯、自动扶梯、传送带等区域上的逆向移动
交通监控	监控目标区域内的车辆的移动方向,当有车辆逆向进入单行线区域时,立即触发报警,并可联动高速照相机进行拍照取证

(9)徘徊监测(见表5-13)。

5.5 监狱罪犯行为智能分析与识别系统关键技术的实现

表 5-13　　　　　　　　　　**徘徊监测**

监控模式		
徘徊监测	用于监控进入目标区域内的人员情况,可设定在目标区域内的滞留时间,当人员在目标区域内徘徊超过设定时间时触发报警	
应用案例		
安全监控	监控可疑人员在 ATM 机、银行外、重要设施外的徘徊行为	

（10）密度监测(见表 5-14)。

表 5-14　　　　　　　　　　**密度监测**

监控模式		
密度监测	用于监控画面中图像变化范围的面积大小	
应用案例		
安全监控	监控车站或道路的拥堵情况	

（11）活动监测(见表 5-15)。

表 5-15　　　　　　　　　　**活动监测**

监控模式		
活动监测	用于监控画面中图像变化范围的面积大小	
应用案例		
安全监控	监控车站或道路的拥堵情况	

(12) 复合规则。

智能分析系统原有规则都为独立报警,即当一个规则被触发后报警。但由于自身问题,系统会有漏报和误报产生。通过设定复合规则,增加规则间的逻辑判断,从而降低误漏报率。复合规则有四种模式,为同时发生,顺序发生,重复发生和独立发生,另外可以设置规则之间的持续时间。例如:低于20%的活动监测与物体移动监测进行顺序复合,当出现活动目标且低于10%像素变化,之后发生物体移动,即可判断为有人闯入,而非列车(列车部分车体)的移动,从而降低误报率。

第6章 监狱全天候智能周界关键技术

6.1 监狱全天候智能周界关键技术研究的背景

狱墙周界隔离是防止罪犯恶意脱逃、确保监狱内罪犯"零脱逃"的最后一道防线，是监狱实现罪犯脱逃行为防范闭环管理最重要的一个环节，根据司法部和武警部队执勤设施建设标准，围墙内侧应设置周界报警系统，以防范罪犯穿越围墙周界警戒区域，提高监狱周界的安全防范能力。全国绝大部分监狱已经建设并投入使用了两道物理围墙/围栏，利用两道围栏这一物防措施增大罪犯从监区围界脱逃的难度，延缓罪犯脱逃行为。

极高探测概率、极低误警率的智能周界安防系统，是整个监狱智能安全防范技术体系的有机组成部分，是预防罪犯脱逃、及时打击脱逃行为的有力武器，智能围界系统的部署将大幅减轻值班干警和驻地武警的工作量，实现全方位、全天候预防罪犯脱逃功能，保证监管无死角，封堵监管漏洞。实现解放警力、提高监狱安防监管效率的目标。现有电子周界防范技术原理类型繁杂，各有特色。虽然对罪犯的越界入侵起到报警作用，由于受监狱地理环境、天气变化、小动物等因素影响，缺乏恶劣气象条件和应用场合的适应性，极容易出现误报与漏报事件，极容易出现误警事件，因此研究新的全天候智能周界安防系统，实现提前对罪犯脱逃行为的检测并予以及早制止，对于降低监狱安全事故、防范罪犯脱逃十分必要。

6.2 监狱全天候智能周界关键技术的类别

（1）基于热成像视觉信息的目标入侵/脱逃自动检测技术。

20世纪80年代，电子周界多采用视频监控技术，以其直观、准确、及时和信息内容丰富而得到广泛应用，然而，视频监控本身有其难以根除的缺点：缺少自动报警功能，监控人员同时监看多路视频内容易疲劳，常出现"视而不见"的现象，仅能起到事后追踪的作用。

2005年后，随着背景与移动目标有效分离的相关技术逐步成熟，智能视频分析在电子周界领域得到了一定的应用，大大减轻了监控值班人员的实时监看的工作量。但智能视频面临的主要挑战是在成像器件工作在云台模式下，当摄像头水平方向调整、变焦、俯仰角（PZT）时，背景随之发生显著变化，原有的背景与移动目标分离技术无法应用，导致智能视频无法正常工作。此外，可见光视频受应用环境制约严重，在黑夜、大雨、大雾、大雪等复杂恶劣天气条件下均无法使用。

对于高安全等级要求的监狱而言，为了保证周界的监控能力和可见度，监区周界部署了夜间光照设施，更易于全天时的视频联动和预警事件印证，在一定程度上缓解了黑夜背景光线较弱等场景带来的问题。但是随着整个空气环境的恶化，浓雾、灰霾等恶劣天气时有出现，基于可见光视频监控和夜间补光方式已经难以达到全天候电子周界防控的目标。

远红外热成像能够捕获物体自身发出的 $8\mu m \sim 14\mu m$ 波长远红外光波谱，具有很强的透雾、透雨雪和穿透灰霾的能力。针对热成像视频特征进行不同气候条件的自适应图像增强，实现目标轮廓/边界增强；充分利用目标物体/人体与背景环境（阴影也是背景一部分，红外图像中一般不会出现阴影）之间存在的自然温度差，实现基于亮度信息的目标与背景以及目标阴影之间的自动快速分离，有助于提高云台（PZT）工作模式下的热成像智能视频分析算法的有效性和可用性。

6.2 监狱全天候智能周界关键技术的类别

基于热成像智能分析的目标自动检测技术的难点在于：适用于不同气候条件的目标增强算法设计、基于温度(亮度)信息的目标自动分离算法设计和优化、目标置信度估计算法等。

(2) 基于超宽带波导雷达的目标入侵/脱逃自动检测技术。

非视频类电子周界技术主要通过探测、感知和分析目标非法跨越/翻越/攀爬周界区域时引起的非视频信号如声音、震动、阻断效应等，实现目标入侵/脱逃的自动检测和报警，主要技术体系包括红外/激光对射、基于围栏的振动光纤、振动电缆和分立式震动传感器、微波雷达、地埋式泄漏电缆等技术。室外部署的电子周界技术实际应用中面临的最大挑战是室外气候条件的动态变化以及大风、暴雨等极端恶劣天气，以及小动物、树枝、树叶等周遭物体引起的误报。

大量部署案例说明红外对射误警率很高，激光对射误警率稍低，但由于激光发生器衰减严重，整体寿命偏低。微波雷达的监测范围和信号散射角度难以控制，误警率偏高。基于围栏的振动电缆误警率较高，振动光纤误警率稍低，但均难以满足实际应用。基于多传感器融合的分立式震动传感器误警率较低，但监狱作为一种特殊场所，分立式震动传感器之间的连接线有可能被罪犯用来作为脱逃的工具。

因此较为适合监狱的电子围界技术是地埋式泄漏电缆，但从目前多个监狱部署的地埋式泄漏电缆的实际应用效果来看，由于仅支持手动配置探测参数，无法自适应于外部气候条件的变化和较短距离内存在不同的地埋部署环境的情况，效果较差，且存在无法对目标进行定位的缺陷，导致难以与可见光视频及红外热成像设备进行有效联动。

以色列迈高公司在传统地埋式泄漏电缆的基础上，引入了超宽带波导雷达技术，通过扩展信号带宽，基于补码扩频技术，对信号进行过采样以及载波相位估计技术，实现了高精度目标定位，并通过动态虚拟分段实现同一对电缆上不同虚拟段的探测参数的独立远程设置。但是核心算法设置了专利保护，为达到性能要求需要重新设计全新的信号传输线缆，仅利用了接收信号的幅值与相位参数，缺乏基于环境参数和多雷达融合的自适应参数设置机制。

隐蔽式超宽带波导雷达目标探测技术的难点在于：基于传统泄漏电缆信号线缆和监狱地埋电磁环境分析的工作频段、信号带宽、发射功率等系统参数优化，基于动态增益控制的低噪声接收电路设计，雨、融雪等外界流动水质引起误警的滤除，以及基于外场试验的探测参数配置样本库的构建。

(3) 多种类目标探测技术的融合。

目前，单一的电子周界技术无论是基于视觉信息还是基于信号探测的目标，自动检测技术都很难达到无漏报、无误报、无人值守的要求。发展趋势是多种电子周界技术之间及其与气象等环境监测传感器的融合，以及对人体等典型目标特征信号的提取和准确分类。对于本项目而言，是如何将雨量、雪量、土壤湿度等环境传感器与隐蔽式超宽带波导雷达目标探测技术、基于热成像智能分析的目标自动检测技术进行融合与实时联动。

多种类目标探测技术融合的难点在于：基于环境传感器数据的隐蔽式超宽带波导雷达目标分类算法参数设置以及分类置信度计算，基于目标置信度的两类探测技术目标探测概率融合算法。

6.3 监狱全天候智能周界关键技术的国内外发展情况

现有的周界目标探测技术发展经历了基于视觉信息的第一代目标探测技术、以非视频信号分析检测为特征的第二代目标探测技术。

第一代防入侵目标探测技术以视频监控技术为主，以其直观、准确、及时和信息内容丰富而得到广泛应用，视频监控技术的发展大致经历了三个阶段：20世纪90年代，大多采用模拟视频监控系统；2000年后，随着数字视频压缩技术的成熟和视频压缩芯片的出现，进入数字化本地视频监控系统时期；2008年以后，视频监控逐步进入了高清、全数字化网络时代。

视频监控本身作为一种场景的视觉信息感知和获取手段，有其

6.3 监狱全天候智能周界关键技术的国内外发展情况

自身难以根除的缺点：需要人工全时监看，监控人员容易疲劳，无法进行提前或实时报警，更多的时候只是起到事后追踪的作用。

智能视觉分析主要用于解决传统视频监控仅提供人工监看和历史内容记录存储功能、无法提供自动异常检测和分析功能，导致人工介入程度高、实际应用效果差的问题，2005年后在安防领域逐步得到了应用和试点。智能视频分析的基本目标是赋予计算机或机器具有类似人的视觉内容分析能力。智能视觉分析使得现今的视频移动检测器已经能够有效地进行户外检测。相对于良好的室内环境而言，户外光线的复杂变化，阴影和天气的影响是应用中需要解决的主要难点。

智能视频的核心技术主要包括：①基于混合高斯概率模型的运动目标与背景以及目标阴影的分离；②基于目标信号特征训练和特征信息如形状/色度/直方图提取的目标分类、识别与跟踪。周界防入侵监控与闯红灯车辆抓拍的主要检测内容为是否有目标越线和滞留，其核心技术是基于混合高斯模型的背景分离与运动目标提取，技术成熟度较高。但当摄像头在云台模式下工作，背景发生显著变化，使用混合高斯模型已无法对背景进行建模和分离，难以实现目标的有效提取。另外，随着大雪、浓雾、灰霾等特殊恶劣天气的频繁出现，由于可见光成像自身的局限性，同样难以获得较为满意的智能监控效果。

1. 高压电子脉冲围栏

高压电子脉冲围栏由电子围栏主机和前端探测围栏组成。电子围栏主机是产生和接收高压脉冲信号，并在前端探测围栏处于触网、短路、断路状态时能产生报警信号，并把入侵信号发送到安全报警中心；前端探测围栏由杆及金属导线等构件组成的有形周界。

高压电子脉冲围栏的优点是震慑力很强，能给入侵者实实在在的威慑感觉，同时具有对目标行为实施阻止的功效。缺点是误报率和漏报率较高，此外不慎触及，有可能因为触电感失足摔落，若小孩误碰，可能产生更严重的后果。有时会产生电火花，不宜在有可燃气体的环境使用，与电力线路也应保持足够远的距离。

高压电子脉冲围栏广泛应用于变电站、电厂、水厂、工厂、工业重地、工矿企业、物资仓库、住宅小区、别墅区、学校、机场、水产养殖及畜牧场所、政府机构、重点文物场所、军事设施、监狱、看守所等有围墙及需要围墙的场所。

2. 主动红外对射技术

主动红外探测器由红外发射机、红外接收机和报警控制器组成。分别置于收、发端的光学系统一般采用的是光学透镜，起到将红外光束聚焦成较细的平行光束的作用，以使红外光的能量能够集中传送。红外光在人眼看不见的光谱范围，有人经过这条无形的封锁线，必然全部或部分遮挡红外光束。接收端输出的电信号的强度会因此产生变化，从而启动报警控制器发出报警信号。

主动红外探测器的优点包括：①成本低，在围墙上使用，它可以用100米甚至200米远对射来布防；②适应性强，可以在围墙、湖边、草地等不同地形使用；③技术成熟，一般人都能够安装调试；④使用安全，不会对小孩、牲畜造成任何危害。缺点是：①误报率很高，动物、碎片、大雾、大雪都可能会产生误报；②维护麻烦，受环境影响较大，不具有阻挡威慑功能等。现在人们非常注重绿化，在小区围墙内外的植物越种越多，也越长越茂盛，红外对射的周界防范方式已经明显不适应当前的发展趋势，在很多场合根本无法安装、无法布防。

主动红外探测器较多地被应用在对室外围墙围栏或建筑物窗户外侧的防护，但布设位置需避免植物的干扰。而具有方向识别技术的探测器常与被动红外技术结合在一起，多用于对建筑物向外通道的保护，比如住宅的阳台门处，该技术可以自动辨别用户从室内向外穿过防区并从室外又返回室内，还是直接从室外进入室内。

3. 张力围栏

张力围栏由立杆中间多条双绞线组成，可独立安装也可依附在围栏上。此双绞线通常为高抗张强度并且装有锋利倒钩的金属丝，线的中间有传感器，安装在每个固定的立杆处。当一个或多个传感器发现线的水平方向有偏移,则会发出报警。水平偏移的原因是一段线受到压力或者损坏和截断。

张力围栏的优点是很低的误报率,小动物或者杂草通常不会产生报警;适应各种地形,适应除结冰外的大部分天气状况,大雾天可正常工作;可以安装在围栏突出的支架上或者屋顶的边缘,如果材质选择不锈钢或者铝,则可用于腐蚀性的环境,可在较小的改变下依附于围栏上。缺点是对高度监测有限,若入侵者是上架桥或从梯子跨越会有漏报;若很小心的剪断分离双绞线,则不会触发报警;从围栏下面可挖隧道通过监测;若传感器安装不当,微小的偏移也会产生大量的误报。

4. 微波传感器

微波传感器是利用微波特性来检测一些物理量的器件,包括感应物体的存在、运动速度、距离、角度信息。技术原理是由发射天线发出的微波,遇到被测物体时将被吸收或反射,使功率发生变化。若利用接收天线接收通过被测物体或由被测物反射回来的微波,并将它转换成电信号,再由测量电路处理,就实现了微波检测。

微波在大多数天气条件下工作得很好,如果天线不被遮挡,在下雪时可监测。但在极端的大雾、暴雨、暴雪时会有影响,若排水系统简陋,微波在多雨的天气不会表现得很好。微波要求非常平坦的地面,所以现场的安装、整地有一定难度。

微波典型的应用场景是检测长且狭窄的、平的周界区域。微波传感器不适合用在地势变化较大的区域。安装在围栏中间的微波要求两边围栏相距至少6米。不适合安装靠近机场的跑道。

5. 静电场传感器

静电场传感器由静电场辐射线缆(field wire)与感知线缆(sense wire)组成,静电场辐射线缆和感知线缆在空间形成一个均匀的静电场,外延2米左右。当有入侵者靠近时,由于人体近似水介质是空气传导率的100倍,中央处理器通过监测静电能量场的改变并做分析，发出报警。

静电场传感器安装方式多样，支持围栏式或者独立式安装方式，可安装在墙上及屋顶。在出现大雨、大雪等天气条件时，将出现一些误报，但系统处理器会很快识别，然后忽略并维持正常监测。在大多数环境下都能正常监测，甚至当雪覆盖底部的线时仍可监测，只是极端大雪或者雪融化时有可能会出现误报。

潮湿的植物或杂草会产生误报，所以安装位置需保证除草。由于大型移动金属物体靠近会产生误报，所以静电传感器适用于车辆靠近较少的区域。为了防止入侵者从底部爬行穿过，要保证地势平坦，不会有沟渠等漏洞的存在。

6. 泄漏电缆

在布设的两个泄漏电缆之间形成了一个看不见的圆柱形电磁场防护区域，当人体和金属体在这个区域移动时，就引起了电磁场扰动从而被探测器检测到，产生报警信号。对于非金属体或非人体，比如树枝等，由于对电磁场的干扰极弱，虽然在该防护区域移动，却不能引起电磁场的扰动，因此不会报警。通过对探测器灵敏度的调整，可以将小动物，如小狗、小猫等在防护区域移动的干扰滤掉，达到有效防护的目的。

泄漏电缆可和其他防入侵系统配合使用，对爬行入侵尤其有效。系统对地形并没有太苛刻要求，不一定是完全直线。泄漏电缆产生误报的主要情况是表面的雨水或者融雪，无论是活水死水，当风吹过时会有影响。泄漏电缆对高度监测有限，若入侵者是上架桥跨越会有漏报，对安装时的整地准备和排水设施也有一定要求。

泄漏电缆主要适用于银行、金库、高级住宅、监狱、仓库、博物馆、电站(包括核电站)、军事机关、基地、油田、文物保护和其他需要室外周边防护的报警场所，也可作为室内各种防护报警使用。泄漏电缆适用地表安装，也适用在墙体平行安装以及在野外地形较为复杂的地方(如高低不平的山区及周界转角等)安装，通过对活动金属物体或人以及动物探测报警，达到有效安全防范的目的。

7. 超宽带波导雷达

以色列迈高公司收购的加拿大 Senstar-Stellar 公司在传统泄漏电缆技术和脉冲压缩调制的基础上，运用了两串极长的扩展格雷码对脉冲进行编码，通过一系列自相关运算达到类似于雷达信号积累的效果，极大地提高了系统的信噪比。同时这两串格雷码具有互补正交特性，使得一个探测器可以支持两对泄漏电缆，将探测范围扩大到原来的两倍。超宽带波导雷达首次通过计算脉冲调制的载波信号相位，结合自相关运算得出的距离段响应来实现精确定位，将定位精度大幅提高，极大地简化了系统结构。此外，系统采用虚拟分段的思想，使用软件远程设置不同虚拟分段敏感度，将漏报率和错报率降到了最低，适应了同一线缆不同段埋设介质不同的复杂布设环境，其不足之处是要使用特制泄漏电缆，使得雷达系统成本居高不下。

超宽带波导雷达的工作频率为 31.25MHz，采用过采样技术进行 125MHz 的采样，工作带宽 9MHz，码片速率 5.21Mcps，正交格雷码长 262144，基本原理如图 6-1 所示。超宽带波导雷达利用本地码字与接收电缆的接收信号进行延迟相关，根据相关器输出结果的幅值进行目标探测。

超宽带波导雷达适用于所有泄漏电缆适用的环境，其误警率和漏警率、目标定位能力较泄漏电缆有了极大的提升和改进，对埋设介质的要求显著降低，但仍然存在对表面的雨水或者融雪比较敏感，容易出现误警。

8. 基于围栏的目标震动信号探测技术

通过将震动传感器安装在围栏上，当入侵者翻越或者切断围栏网面时，将会产生一定频率的脉冲震动，发出报警。

主流的震动传感器主要有以下几种：机械式的如震动传感器，电机式的如地震检波器（一种将地面振动转变为电信号的传感器）和压电性传感器（某些介质的单晶体，当受到定向压力或张力的作用时，能使晶体垂直于应力的两侧表面上分别带有等量的相反电荷

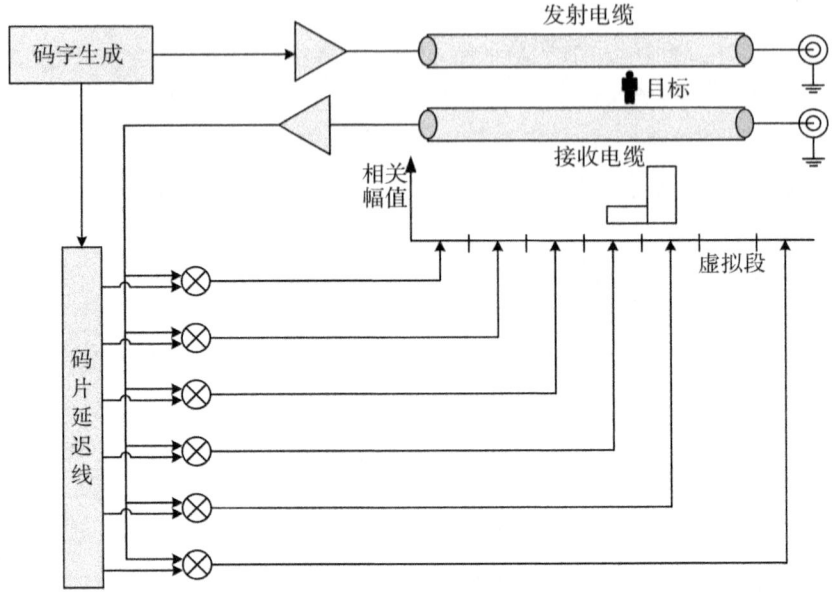

图 6-1 超宽带波导雷达工作原理图

的性质），基于高灵敏度三轴加速度计的震动信号探测，抗张力敏感电缆和振动光纤等。

震动信号探测技术的优点是反应灵敏，预警快速，同时围栏目标探测传感器相对较为便宜。缺点是入侵者若了解原理，在攀爬时尽量缓慢并注意频率，有可能漏报。有些震动传感器在温度改变时会出现误报，同时大风等天气条件时误报率较高。

除了光纤，其他类型的传感器不能用在高压电线旁，无线电会对地震检波器产生影响。

9. 红外热成像技术概况

夜视技术是利用夜间天空辐射对地表景物的照射，或者利用目标自身热辐射，借助科学仪器观察可见光波段以外的景物图像的技术，其核心技术为传感器技术。1934 年，红外变像管在德国问世，第一次使人类的非可见光谱观察成为可能。20 世纪 50 年代以后，

6.3 监狱全天候智能周界关键技术的国内外发展情况

夜视技术发展迅速,并逐渐分化为两个发展方向:微光成像技术和红外热成像技术。两者的主要区别是:前者利用景物目标对夜天空光谱辐射的反射获得目标图像,主要工作于 $0.5\mu m \sim 2.5\mu m$ 的大气窗口;后者利用目标自身发射的光谱辐射获得目标图像,主要工作于 $3\mu m \sim 5\mu m$ 和 $8\mu m \sim 14\mu m$ 两个大气窗口。与微光成像技术相比,红外热成像技术制作工艺复杂,生产维护成本高,但在作用距离、图像质量、昼夜共用问题、可应用领域等方面具有显著优势。

红外热成像技术的核心技术是探测器技术。按照工作温度分类,红外探测器分为制冷型和非制冷型。

自第一台热像仪问世至今,制冷型红外热像仪已经发展到第三代。第一代热像仪采用多元线列或小面阵探测器,光机扫描机构复杂,信号处理简单,图像质量低于黑白电视图像;第二代热像仪采用长线列或与黑白电视分辨率相当的凝视焦平面阵列,读出电路采用大规模集成电路并有一定的信号处理功能;第三代热像仪采用长线列或与高清晰度电视分辨率相当的凝视焦平面阵列,具有多个工作波段,读出电路采用超大规模集成电路并有复杂信号处理功能。制冷型红外探测器主要有 HgCdTe、InSb 光量子型探测器和 GaAlAs/GaAs 量子阱型探测器。

非制冷红外热成像技术开始于 20 世纪 80 年代。当时的制冷型红外热成像技术有几个缺点:①制冷型红外探测器材料价格昂贵和探测器的成品率很低,导致了制冷型红外热成像系统价格昂贵;②制冷型红外热成像系统额外需要一套制冷设备,增加了系统成本,降低了系统的可靠性;③制冷系统一直是制冷型热成像系统可靠性最差的部件,制冷型系统的功耗大,难以实现小型化。这些缺点直接限制了它在工业领域的推广应用。因此发展具有价格低、体积小、功耗低、性能可靠、操作方便等优点的非制冷红外热成像技术成为必然。

非制冷红外热成像技术起步较晚,但发展非常迅速,一些技术指标已经接近制冷型红外热成像技术。目前非制冷红外焦平面阵列的分辨率与二代制冷型热像仪相当,成熟的非制冷红外探测器主要包括热释电型和微测辐射热计型两种类型。非制冷红外热成像技术的飞速发展，主要是其性能优势决定的。非制冷红外热成像技术的优势主要表现在以下几个方面。

非制冷红外焦平面阵列探测器可靠性高。低温制冷系统常常是红外系统的故障源，制冷型红外成像器件必须在低温下工作，而且对温度稳定性要求非常高，否则将不能正常工作。而非制冷热成像系统可以在常温下工作，省去了复杂的制冷系统，可靠性大大提高。

非制冷红外焦平面阵列探测器价格低。低温制冷系统是制冷型热成像系统价格昂贵的主要因素，省去了低温制冷系统和扫描装置使系统的价格大为降低。非制冷热成像系统价格降低的另一个原因是非制冷探测器的生产成本远远低于制冷型探测器的生产成本。首先，生产制冷型探测器所采用材料（HgCdTe，InSb，AlGaAs）的制备工艺复杂，而生产大面阵探测器所用材料的制备工艺就更加复杂，造成原料成本高；其次，制冷型探测器的制备工艺复杂，成品率很低，因此造成制冷型探测器的价格一直居高不下。而非制冷红外探测器材料价格低廉，制备工艺相对简单，特别是采用非晶硅材料的探测器，它与目前非常成熟的 CMOS 工艺相互兼容，其价格优势更加明显，性价比更高。

非制冷红外焦平面阵列探测器体积小，重量轻，功耗低，易于设计便携式热成像系统。

非制冷红外焦平面阵列探测器的不足之处是灵敏度和响应速度不如制冷型红外探测器。目前最好的非制冷红外探测器的 NETD 已降至 30mK 以下，与制冷型探测器差距并不大，但是帧频只有几十 Hz，与制冷型探测器还有一个数量级的差距。

（1）红外光学系统。

红外光学系统的主要作用是把特定光谱范围的目标热辐射成像于 IRFPA。IRFPA 上的红外探测器对入射辐射产生响应，并输出到信号处理系统，经信号处理、图像编码（或视频合成），则可以获得目标的热图像。

红外光学系统主要有两种结构：反射式和透射式。扫描型红外成像系统主要采用反射式结构，而凝视型红外成像系统多采用透射

6.3 监狱全天候智能周界关键技术的国内外发展情况

式结构。

红外光学系统设计参数主要有焦距、相对孔径、视场、透射率和分辨率等。这些参数的优化存在相互制约的关系,最终的选择要看能否满足红外热成像系统总体性能的要求,特别是相互制约明显的因素。

红外光学材料在很大程度上决定了红外光学系统的性能指标。常见的红外光学材料主要有锗(Ge)、硅(Si)、二氧化硅(SiO_2)、硫化铅(PbS)、硒化铅(PbSe)等。锗是一种具有金属光泽的银色金属晶体,透射光谱范围为 $2\mu m \sim 15\mu m$。锗的折射系数很高(约为4),色散小,这允许我们使用较少的光学透镜便可以设计出高分辨率光学系统。由于折射率高,锗透镜需要镀增透膜。锗的缺点是易碎、难切割、温度稳定性差。锗透镜光学系统主要用于 $8\mu m \sim 14\mu m$ 光谱范围。硅有与锗类似的物理和化学特性,光谱范围为 $1\mu m \sim 7\mu m$ 和 $25\mu m \sim 300\mu m$,折射率为 3.45。与锗材料相比,硅价格低廉,主要用于 $3\mu m \sim 5\mu m$ 的红外光学系统。硫化铅和硒化铅都是很好的红外光学材料,但是价格非常昂贵,通常不用于制造红外光学镜头。

(2)非制冷红外焦平面探测器。

非制冷红外探测器是一种把热辐射转变为温度变化并加以检测的装置,又称为热探测器。根据不同的探测机理,热探测器分为两类:一类是铁电-热电型探测器,主要材料有锆钛酸铅和钛酸锶钡;另一类是电阻型微测辐射热计,敏感元是热敏电阻,主要材料有氧化钒和非晶硅。两类探测器都不需要置冷,但都需要温度稳定器。

非制冷红外焦平面阵列是一个二维的热探测器阵列,每个探测器包括一个与衬底相连的敏感层。红外辐射会聚到探测器表面,被敏感层吸收,引起温度升高。同时,敏感层向周围环境传递热量。热量传递方式有三种:热传导、热对流和热辐射。热传导的可能途径包括:热量沿支撑物传向衬底;如果阵列没有固定在一个抽真空的封装盒内,热量会流向周围的空气;热量从一个像素直接流向邻近的另一个像素。像素间的热传导必须加以避免,否则会引起像素间的"串音"。如果周围空气存在,敏感层还会通过对流向大气传递热量。热辐射指敏感元向周围环境辐射热量，周围环境也向敏感元辐射热量。在理想情况下，焦平面阵列的热损失机制为热辐射。如果主要热损失是辐射性的，则阵列是受背景限制的，这种限制对工作性能的影响是非常大的。

为了获得高性能红外探测器，阵列应置于真空封装中以避免与空气的对流和传导，相邻像素应保持一定空隙以避免横向热损失。在高性能红外探测器中，除去热辐射这种不可避免的热损失，主要的热损失应该是通过支撑结构传递给衬底的热量。支撑结构是取得高性能焦平面阵列的关键。支撑结构具有三个功能：机械支撑、热传导和电子传导。实际应用中，主要有两种支撑结构。稍早出现的是倒装焊结构，另一种主要的支撑是隔板结构。

在工业和商业领域，非制冷红外热成像系统可以用于电力、冶金、医疗、交通、公安、消防、海关等。非制冷红外热像仪可以设计成测温系统，对电力设备、高温炼炉进行远距离、无接触测温，降低了测试风险，方便了人员操作。目前大立、高德等企业生产非制冷红外测温仪。通用汽车公司在部分凯迪拉克轿车上配备了雷神公司的非制冷热像仪，用于夜间特别是恶劣天气下的路况观察；CEA/LETI 和 ULIS 公司的研究人员一直致力于探测器产品在汽车驾驶上的应用。Indigo 系统公司与匹斯堡矿业安全器械公司合作开展了非制冷热像仪在火灾预防的应用和推广工作。

（3）红外热成像信号后端处理。

红外焦平面阵列（IRFPA）的响应非均匀性、响应漂移性、盲元、目标辐射对比度是决定原始红外图像质量的主要因素。非均匀性导致红外图像存在固定图案噪声，漂移性导致图像信号的缓慢变化，盲元导致红外图像存在亮点或暗点，目标的辐射对比度系数小导致红外图像对比度低。因此，在热成像系统中要进行实时的非均匀性校正、漂移补偿、盲元替代和对比度增强。

①非均匀性校正。

非均匀性校正的方法有很多，大致可以分为两类：基于标定技术的算法和基于场景技术的算法。基于标定技术的算法是指在实验室内利用均匀的高温和低温黑体对红外焦平面进行标定，从而计算出增益和偏移系数的方法。常见的算法有两点法和扩展两点法。此类算法结构简单，易于硬件实现，但是它没有补偿各探测元差别性漂移的能力。基于场景技术的算法不需黑体标定，而是利用场景的统计特性，获得每个像素的校正系数。因为校正系数的获取和成像过程是同时进行的，因此，基于场景技术的校正算法均有一定的漂移跟踪和补偿能力。

②盲元替代。

盲元替代技术是指根据相邻像素或前后帧图像的相关性对盲元信息进行预测和替代的过程。红外成像系统主要是对景物的实时动态成像，根据图像信息理论，其相邻像素或相邻帧之间的图像数据具有极高的相关性。根据插值理论，对于连续变化的函数，任何一点都可以通过邻域进行插值预测。插值分为线性插值和非线性插值。非线性插值计算复杂，对于实时性要求很高的红外热成像系统显然并不适合。目前均采用线性插值技术对盲元进行替代。

③对比度增强。

受普朗克定律的限制，自然场景中目标的辐射对比度都很小，因此经过非均匀校正后红外图像的对比度仍然很小。为了便于人眼观察，必须对红外图像进行对比度的增强。在本书设计的热成像系统中，对比度增强是根据目标灰度信息自适应变化的，因此这里把对比度增强称为自动增益控制。

红外图像增强的方法包含时间域处理、空间域处理和变换域处理三类。时间域增强包括时间延迟积分、帧间比较等方法；空间域增强分为点处理和邻域处理，前者包括直方图拉伸、直方图均衡等方法，后者常用的有中值滤波、均值滤波等方法；变换域增强是在离散傅立叶变换、小波变换等图像变换的基础上进行各种滤波，最终达到增强的目的。

6.4 监狱全天候智能周界关键技术研究

围绕全天候智能周界关键技术研究的总体目标，在总结前期司法及机场等其他行业智能周界技术研发、应用实施过程中的经验，

第6章 监狱全天候智能周界关键技术

按照技术路线图(见图6-2)开展全天候智能周界安防系统的研究。

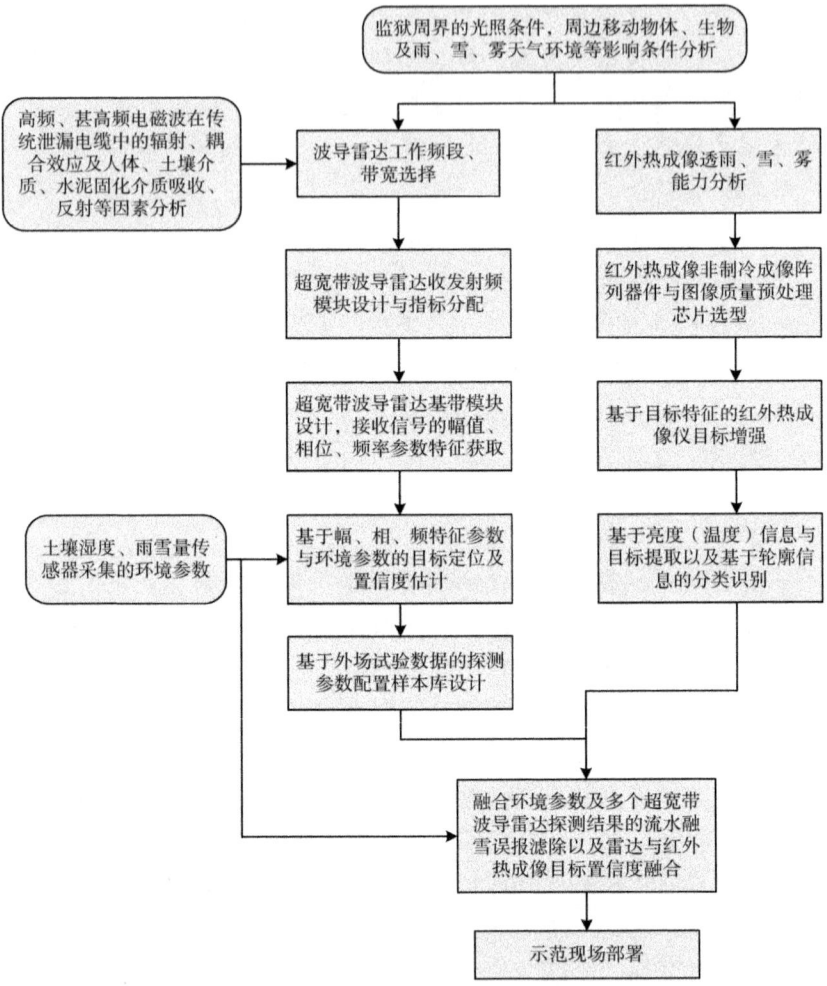

图6-2 研究的总体技术路线图

本研究的总体方案如图6-3所示，以多种目标探测技术融合为主路线分别从监狱特定环境对周界系统的影响、红外热成像仪的研制、超宽带波导雷达的研制、多传感器融合接入设备等方面进行研究。

6.4 监狱全天候智能周界关键技术研究

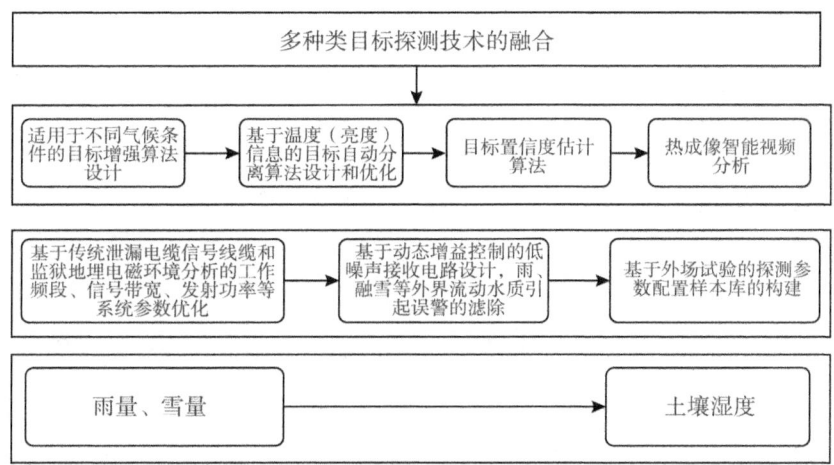

图 6-3 研究的总体方案

通过深入分析监狱特殊安全防范要求以及周界应用环境的特征，选取支持隐蔽方式布设、基于信号特征分析的目标探测技术，避免周界系统的信号线缆被罪犯用作脱逃工具的风险。在全面的性能分析对比基础上，研制具有自主知识产权的超宽带波导雷达；借鉴扩频通信中的接收链路可变增益控制技术，提高了超宽带波导雷达接收信号的动态范围，提升环境适应能力；扩展扩频通信的迟早门延迟相关器设计思想，设计了支持虚拟分段的多路并行相关器，提高定位精度。

引入采用长波段红外光谱探测阵列的红外热成像仪，充分利用红外热成像仪具有的目标与背景温差探测能力，实现适用于大雾、灰霾和暴雨雪等气候条件的目标增强算法，精简和优化基于温度（亮度）信息的目标自动提取和识别置信度估计算法，提高视频类智能周界系统的全天候监控能力。

提出环境传感器与核心传感器，以及基于实时环境信息的核心传感器之间的两级融合机制，根据外界环境动态设置核心传感器探测参数和优化目标置信度估计算法，并基于置信度估计值进行核心传感器间的探测结果融合，显著提高智能周界系统对部署环境变化的鲁棒性，全面降低智能周界系统的漏报率和误报率。

监狱作为一类高安全防范等级要求的特殊场所，其具有特定的应用环境和场景，针对其特殊场所模拟部署一个相似环境，用于测试电磁波仿真分析参数的选择。研究分析监狱外围墙和内围栏的物防基础设施、黑夜可见光摄像头成像质量不佳、雨雾雪等大气环境对成像质量影响、电磁干扰与辐射等对安防系统的影响，基于监狱特定场景分析和电磁波仿真分析确定选择超宽带波导雷达相关参数。

1. 基于监狱特定场景分析和电磁波仿真分析的参数选择的技术实现

监狱作为一类高安全防范等级要求的特殊场所，其具有特定的应用环境和场景，针对其特殊场所模拟部署一个相似环境，用于测试电磁波仿真分析参数的选择。

针对监狱特定场景建立仿真分析模型，模拟部署监狱外围墙和内围栏的物防基础设施，并对两道物理周界之间的地带进行了水泥固化，杜绝地面动物闯入冲撞、植物遮挡和大风引起植物摇动等因素产生的误报率；研究不同的补光措施对黑夜可见光摄像头成像信号进行补偿，解决黑夜可见光摄像头成像质量不佳的问题。研究、测试传统泄漏电缆中的不同频段、不同带宽电磁辐射、耦合效应分析和仿真，结合人体目标、埋设介质对电磁波的反射、吸收和衰减分析，确定超宽带波导雷达的中心工作频率，布设超宽带波导雷达进行测试，对不同工作频率的信号进行测试验证。

在研究过程中，利用如图6-4所示的开槽导波电缆多频段信号激励与耦合特征分析仪进行分析。基于信号发生器，新增可变参数的信号生成模块和信号高精度解调和幅相频分析、高精度时钟同步模块和高速测试总线接口等模块，形成专用分析仪。通过开槽导波电缆多频段信号激励与耦合特征分析仪，以开槽式波导电缆的多频段多模式的信号激励以及以米为单位分析沿线向方向的耦合信号幅值、相位与延时等多个信号参量的测量与分析，沿用传统泄漏电缆的信号线缆以降低超宽带波导雷达的整体成本，通过传统泄漏电缆

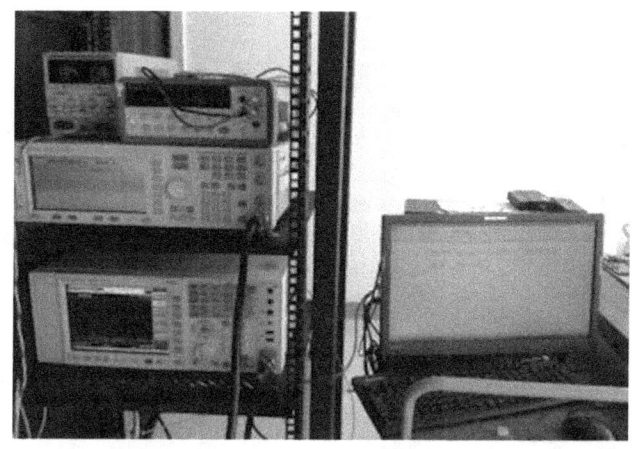

图 6-4 槽导波电缆多频段信号激励与耦合特征分析仪展示图

中的不同频段、不同带宽电磁辐射、耦合效应分析和仿真,结合人体目标、埋设介质对电磁波的反射、吸收和衰减分析,确定超宽带波导雷达的中心工作频率在 32MHz～40MHz,工作带宽 8MHz～12MHz 最为合适。

2. 超宽带波导雷达的实现

超宽带波导雷达探测主机的技术核心原理架构如图 6-5 所示,为提高单台主机探测范围采用左右分别接入一对电缆的方式,由射频收发模块和基带信号处理模块组成。

射频发射链路由频率正交调制、带通滤波、功放与功分器组成,分别完成基带信号到中心载频的频率调制、带外信号滤除、功率放大和信号驱动以及射频信号一路到两路的分配功能,功分器的两路输出信号分别送入两个发射用信号线缆。射频接收链路由低噪放、带通滤波和可变增益放大组成,分别完成接收信号低噪声高增益放大、带外信号滤除以及环境自适应的信号二次放大功能,提高了探测主机的接收信号强度动态范围。为了避开相关专利保护,每对电缆分别与其中一路射频收发链路连接。

第6章 监狱全天候智能周界关键技术

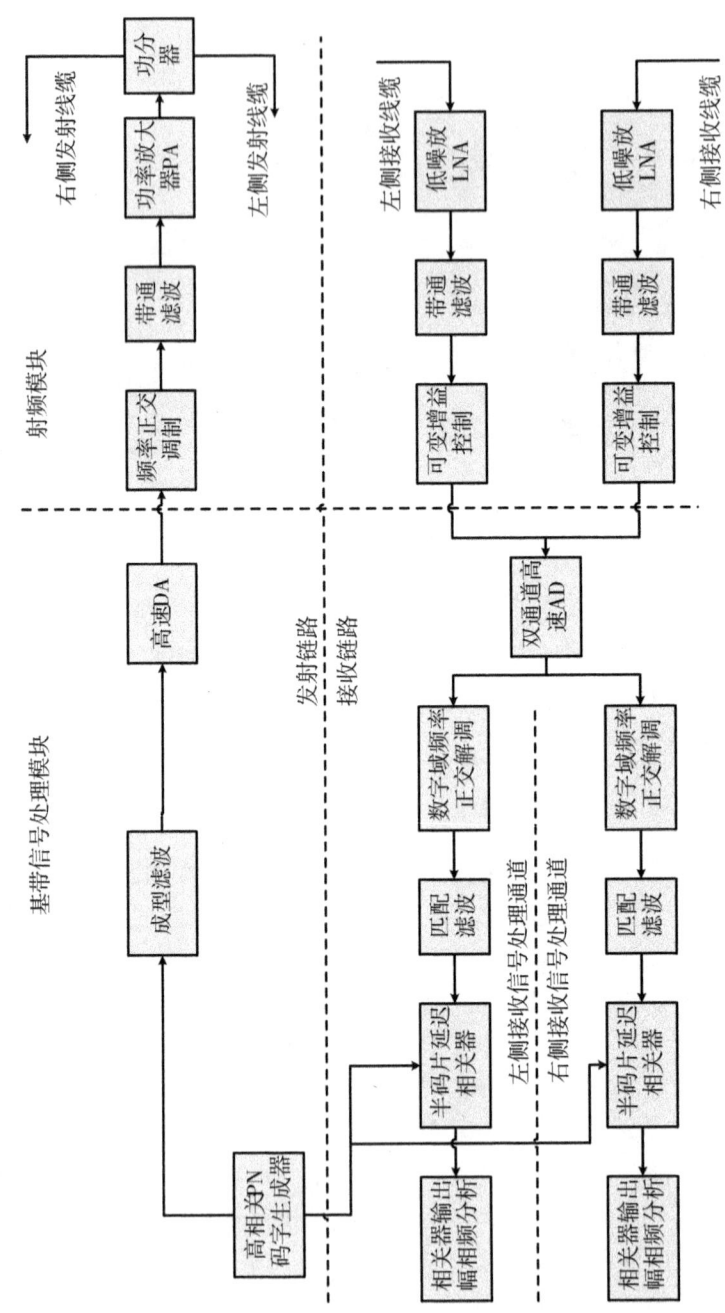

图6-5 超宽带波导雷达原理图

6.4 监狱全天候智能周界关键技术研究

基带信号处理单元的核心是具有高自相关峰值、长重复周期的伪随机序列码生成器，码字越长，信号接收灵敏度越高，但在相同工作带宽下，运算复杂度越高。基带发射模块完成码字的成型滤波限制系统带宽，双通道高速数模转换器件分别与2个射频发射链路相连。

基带接收模块采用双通道高速模数转换器件并对2路接收信号分别进行数模转换，通过数字域正交解调方式简化射频接收电路的复杂度，解调信号通过匹配滤波实现低通滤波和信号整形，其后通过以多个1/2或1/4码片为基本延迟单位的相关器进行全码字的相关。延迟单位对应虚拟分段的长度，延迟单位越小，定位精度提高，布设环境一致性要求降低，但算法复杂度增加。以12MHz工作带宽、9Mcps的码片速率为例，成型滤波器与匹配滤波器的因子为0.33，1/2码片对应的虚拟段长度为6.8米，1/4码片对应的虚拟段长度为3.4米。当典型线缆长度为100米时，1/2码片虚拟段的并行相关器数量为17路(考虑前置非泄漏电缆长度)，1/4码片虚拟段的并行相关器数量为34路。

最后，通过对相关器输出结果的幅值、相位、频率信息进行特征提取和分析，可以得到不同目标类型、气象条件下的典型特征参数。

超宽带波导雷达采用传统泄漏电缆的线缆作为信号收发线缆，降低系统成本，研究探测主机的设计和技术实现。

超宽带波导雷达探测主机的硬件原理图如图6-6所示，由时钟、电源、射频电路、多通道高速数模转换与模数转换器件、基带信号处理FPGA、ARM主控模块等组成。在系统中，采用统一时钟模块保证整个系统时钟的一致性，避免出现频率偏差、相位差导致系统复杂度的增加。主控模块负责管理外部接口，以及根据基带信号处理结果执行目标探测概率和分类似然概率等目标探测置信度估计算法，外部接口主要包括12V~18V直流或220V交流供电输入接口，用于参数配置、状态检测和探测结果数据通信的串口，以及与外部信号线缆相连接的射频信号接口。

超宽带波导雷达系统作为隐蔽式周界防入侵探测报警设备，如

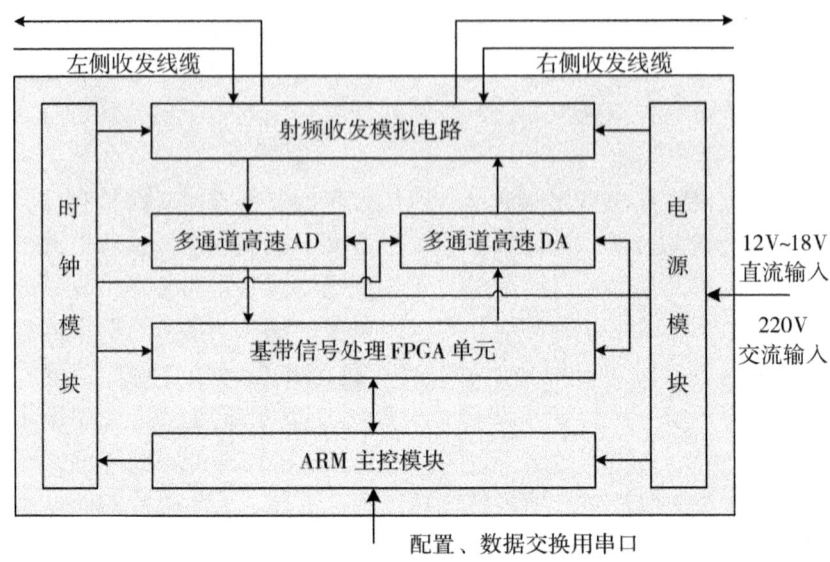

图 6-6 超宽带波导雷达控测主机的硬件原理图

图 6-7 所示，通过在波导雷达专用电缆周围产生不可见的空间电磁场，对移动目标的导电性、体积和移动速度进行探测并报警。研制出的超宽带波导雷达系统示意图如图 6-8 所示，其工作原理如下：采用一个处理器单元通过某个电缆传输电磁频率，该电缆可作为传输天线，在整个长度内发射能量；第二个处理器作为接收天线，向处理器传回发射信号相关信息；第二个处理器发射电磁表面波，沿着电缆方向，围绕地表运动；跨过电缆的入侵者将严重改变表面波的传输情况，从而改变接收电缆上的返回信号；处理器单元根据相位和幅度，比较发射和接收的信号，并在信号发射发生变化(与入侵者匹配)时发布报警。研制出的超宽带波导雷达工作带宽大于或等于 8MHz，探测主机可接入信号线缆对数大于或等于 2 对。

3. 红外热成像仪的技术实现

研制的非制冷红外热成像系统如图 6-9 所示，由红外光学系统、红外焦平面阵列(IRFPA)、电路系统和显示设备四个部分构

6.4 监狱全天候智能周界关键技术研究

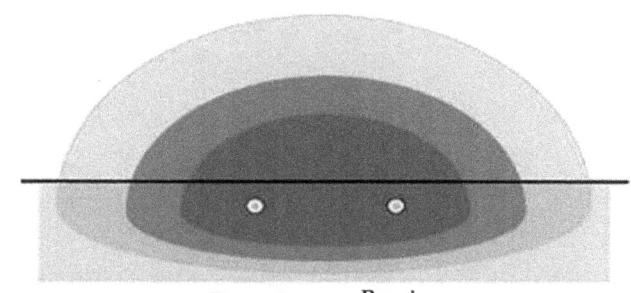

图 6-7 地埋波导雷达空间电磁场示意图

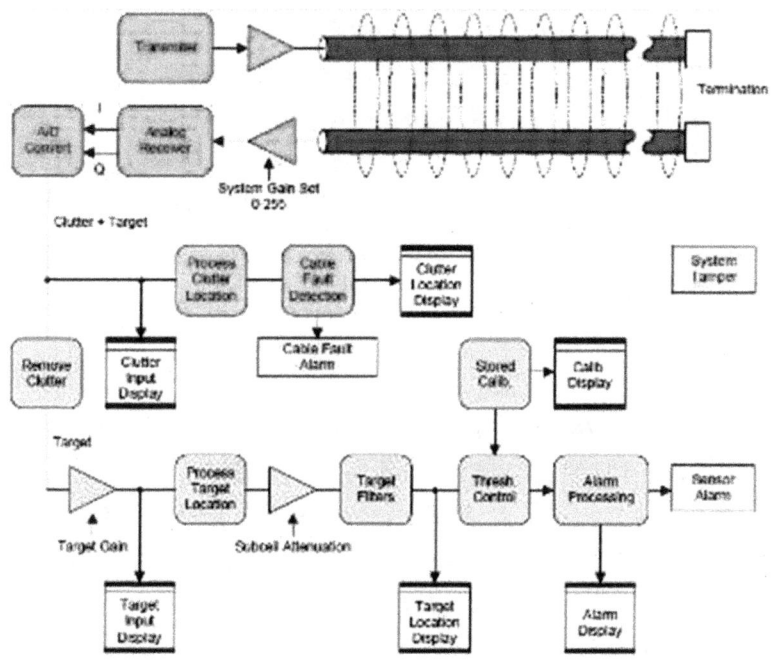

图 6-8 系统示意图

成。其中红外焦平面阵列作为成像系统的探测器件,为成像系统提供原始红外图像信号;电路系统(信号处理电路)是成像系统的核心,它为红外焦平面阵列提供电源和驱动信号,并且针对红外焦平面阵列的特点进行相应的实时信号处理,最后合成为标准的视频信号供显示设备显示。

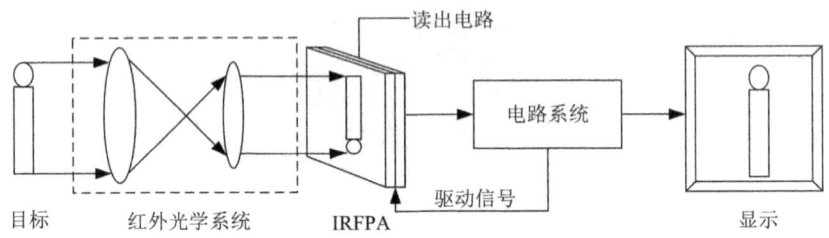

图 6-9 热成像光学系统构件图

在红外热成像仪设计、研制的过程中,选用了法国 ULIS 公司的 UL03041 型非制冷长波红外微测辐射热探测器,该探测器是 $8\mu m \sim 14\mu m$ 长波段光辐射敏感的红外光电器件,是由无定型硅制备、分辨率为 384×288 的两维阻抗式微测辐射热计焦平面阵列、硅读出集成电路(ROIC)和热电温度稳定器集成的金属封装模块。在硬件电路设计过程中,需要为 UL03041 型非制冷长波红外微测辐射热探测器提供数字驱动信号与电压偏置信号。

(1)信号采集和实施图像处理方案。

根据红外成像系统的要求和红外图像的特点,设计了信号采集和实时图像处理方案(见图 6-10)。信号处理电路主要完成图像信号采集、图像信号处理、视频合成、数据通信等功能,根据这些功能要求,设计了信号处理电路,由 A/D、D/A、FPGA、DSP、FLASH、SRAM、TEC 温控电路、通信接口和电源构成。

(2)目标增强与自动识别算法。

在研制的红外成像系统中,设计了适合于大雾、灰霾和暴风雪等天气条件的目标增强算法、精简和优化温度(亮度)信息的目标自动提取和识别置信度估计算法,使图像在经过处理后更适合应用需求。

数字图像的目标增强可以在空间域、频域进行,而方法的选择与成像模式和图像特点直接相关。红外热图像由于其成像物理限

6.4 监狱全天候智能周界关键技术研究

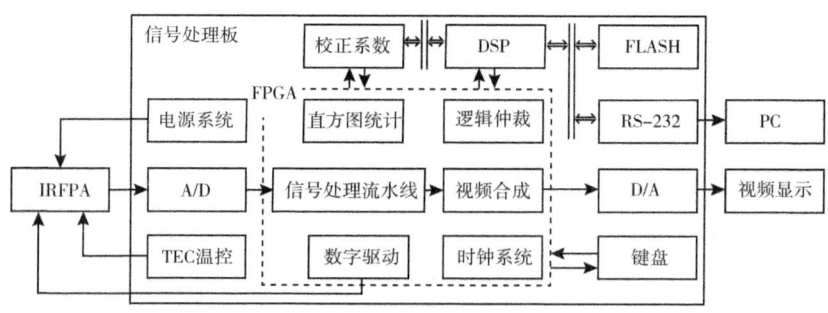

图 6-10 信号采集和实时图像处理

制,普遍存在图像分辨率低、对比度差且噪声较大的问题。鉴于红外图像的特点,我们将引入非局部噪声估计和去噪算法,并使用全局统计建模方法分离目标和背景,在此基础上基于多尺度信息处理增强目标区域图像。一方面,在去噪的同时可以最大程度保留信息,另一方面,根据相机特点动态调整并优化尺度上的变换获得有针对性的最佳目标的增强效果。

自动识别在本研究中主要是运动物体的识别。按照红外系列视频智能分析的需求,设计热像仪扫描构成的域运动和目标物体绝对运动的分离方法。在研究域运动和目标物体的运动特征情况下,对序列图像建模,获取数据和成像过程函数,根据相机轨迹在预判基础上提取域运动算子,采用自动识别算法识别。在对域运动的判断和定位需要使用多区域灰度平衡和追求互熵最大化或获得域图像的帧间相关运动;分离可能的运动物体并设计稀疏变换提取域运动的作用函数。在此基础上从数据中剥离运动背景,在域运动上叠加目标物体的图像配准,并根据目标运动的连续性在多帧图像中匹配三维平滑轨迹,实现对目标运动物体的自动识别算法。由于目标物体运动除了一定的连续性外缺乏明显特征,采用 SIFT 特征匹配技术,处理两幅图像之间发生的光照变化、平移、旋转、视角、仿射变换、对大跨度参数差异情况下拍摄的图像等情况下的匹配问题。同时,根据获得的匹配特征点的数目,通过配准条件减少错配特征点,使用 RANSAC 随机抽样一致性或几何约束是极线约束关系等算法处理有可能的个别错配特征点的情况，从而提高配准准确度和运动估计精度。

基于设计的目标追踪与自动识别算法、信号处理和实施图像处理法方法，研制出的红外热成像仪是利用目标物体/人体与背景环境之间存在的自然温度差，实现基于亮度信息的目标与背景以及目标阴影之间的自动快速分离，实现在无光照和可见度恶劣的情况下对可疑入侵目标进行全天候的监控。研制出的红外热成像仪工程样机如图 6-11 所示，研制的红外热成像仪红外焦平面阵列分辨率大于或等于 320×240，红外热成像仪帧率大于或等于 25 帧每秒。

图 6-11　红外热成像仪工程样机

4. 多传感器融合接入设备的技术实现

超宽带波导雷达和红外热成像仪称为智能周界安防系统的核心传感器，在实际应用中是需要与环境传感器联合工作。而环境传感器主要包括雨雪量传感器、光照度传感器和土壤湿度传感器等。多传感器融合涉及环境传感器与核心传感器之间的融合、基于环境信息的核心传感器融合。研制的多传感器融合接入设备总体架构如图 6-12 所示，由环境传感器与核心传感器两部分组成。

环境传感器与核心传感器主要根据环境传感器采集的环境信息，基于外场试验结果构建的探测参数配置样本库，对核心传感器

6.4 监狱全天候智能周界关键技术研究

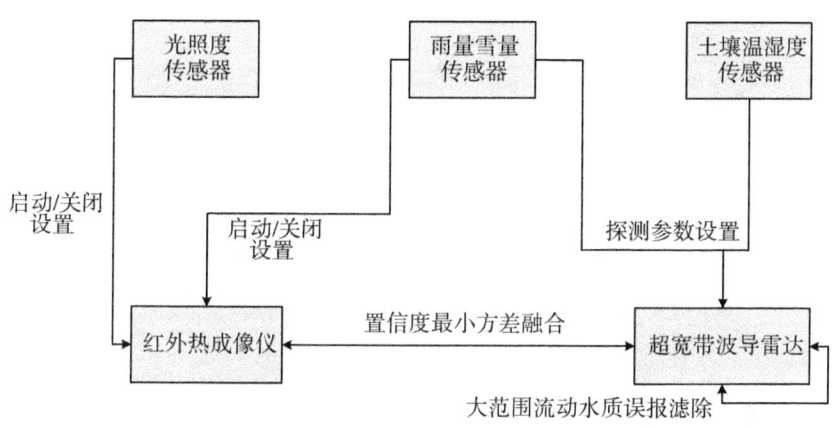

图 6-12 多传感融合接入设备总体架构

的相关探测参数进行优化设置,并由核心传感器自动生成对应的目标探测置信度。

核心传感器融合主要在实时采集现场环境信息的基础上,根据超宽带波导雷达目标探测和分类置信度以及红外热成像仪的目标提取与识别置信度进行最小方差融合,同时使用多个不同超宽带雷达间的目标探测结果,实现大范围流动水质和真实目标的区分,从而提高目标探测和识别分类的准确性、检测概率,降低环境变化引起的误报。

多传感器融合设备硬件系统的核心是控制器,由于长时间在室外工作,控制器对系统稳定性要求高,必须满足低功耗的嵌入式处理器要求。同时要求嵌入式微处理器,其主频处理速度必须完全可以满足周界报警的实时性处理要求,其主控制芯片及丰富的外围接口电路可用于连接各类传感器设备从而实现数据交换。基于多传感器数据融合的周界报警系统采用模块化结构(见图 6-13),主要由传感器模块、A/D 转换模块、控制器、报警模块、执行模块和控制器必需的电源模块和存储器模块组成。

(1)多传感器接入融合设备核心部件设计。

多传感器接入融合设备核心部件主要由控制器模块、转换模

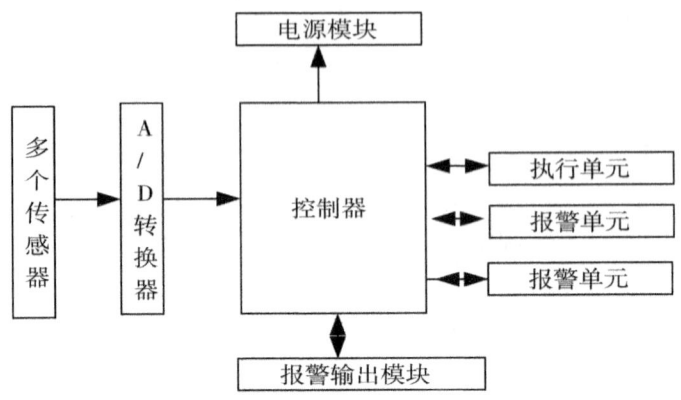

图 6-13 多传感器硬件结构图

块、报警输出模块、电源模块等四部分构成。

(2)多传感器数据融合算法设计。

将多传感器信息融合技术应用于周界报警系统中,并对系统中传感器的对象和环境中采集到数据,进行数据融合处理,然后再参与控制策略运算。本研究应用信息融合方法分为以下几类:一是基于估计和统计的经典方法,包括加权平均法、最小二乘法和 D-S 证据理论等;二是信息论的融合,包括模板法、聚类分析的熵理论等;三是人工智能的融合方法,包括模糊逻辑、产生式规则、神经网络、遗传算法和模糊积分理论以及专家系统等。

在应用多传感器信息融合时,我们将 A 看作系统可能决策的集合,B 看作传感器的集合,A 和 B 的关系矩阵 R_{A+B} 中的元素 μ_i 表示由传感器 i 推断决策为 i 的可能性,X 表示各传感器判断的可信度,经过模糊变换得到的 Y 就是各决策的可能性。我们假设有 m 个传感器对系统进行观测,而系统的决策可能有 n 个,则:

A:$\{y_1/$决策,$y_2/$决策,$\cdots$,$y_n/$决策 $n\}$

B:$\{x_1/$传感器,$x_2/$传感器,$\cdots$,$x_n/$传感器 $m\}$

传感器对各个决策的判断用定义在 A 上的隶属函数表示,设传感器 i 对系统的判断结果是:$\mu_{i1}/$决策,$\mu_{i2}/$决策,$\cdots$,$\mu_{in}/$决策

n, $0 \leqslant \mu_y \leqslant 1$ 即认为结果为决策 j 的可能性为 μ_{ij}，记作向量 μ_{i1}，μ_{i2}，μ_{i3}，…，μ_{in}，则 m 个传感器构成 $A \times B$ 的关系矩阵为：

$$R_{A \times B} = \begin{bmatrix} \mu_{11} & \mu_{12} & \vdots & \mu_{1n} \\ \mu_{21} & \mu_{22} & \vdots & \mu_{2n} \\ \cdots & \cdots & \vdots & \cdots \\ \mu_{m1} & \mu_{m2} & \vdots & \mu_{mn} \end{bmatrix}$$

将各传感器判断的可信度用 B 上的隶属度 $X = \{x_1/$传感器 1，$x_2/$传感器 2，…，$x_n/$传感器 $n\}$ 表示，那么，根据 $Y = X \times R_{(A \times B)}$ 进行模糊变换，就可得出：$Y = (y_1, y_2, y_3, \cdots, y_n)$，即综合判断后的各决策的可能性为 y，最后，对各可能判决按照一定的准则（比如最大隶属度方法、中心法等）进行选择，得出最优结果。根据运算的 y 值，采用以下规则进行判决应注意：①判决结果应有最大的隶属度。②判决结果的隶属度与必须大于某一阈值（一般情况取 0.5）。③判决结果的隶属度与其他判决的隶属度值的差必须大于某一阈值（比如 0.1）。

（3）周界报警的数据融合设计。

模糊推理的周界报警系统、红外热成像摄像仪、超宽带波导雷达、组合气象传感器的数据融合方法如图 6-14 所示。

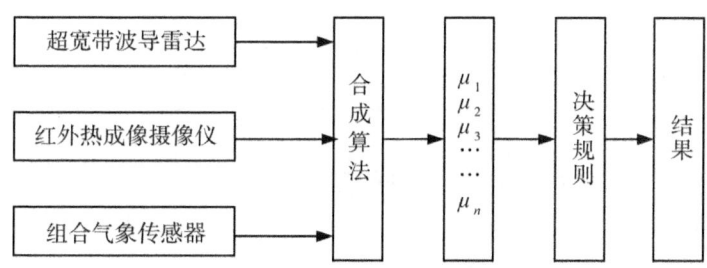

模糊推理的数据融合的方法

图 6-14 模糊推理的数据融合方法

基于模糊推理的数据融合的是在周界报警系统中，首先确定各个传感器的权重，在设计中我们设定红外热成像摄像仪、超宽带波导雷达、组合气象传感器的权重分别为 $W_1=0.5$，$W_2=0.3$，$W_3=0.2$；将最后的判决结果分为三种：有 Y_1、Y_2、Y_3；根据当前的工作状态，确定每个传感器 X 对于每一判决 Y 的隶属函数；再进行线性变换运算，即可确定最后的结果。根据结果得有无非法报警目标，应该启动预警报警预案。表 6-1 是在多个不同气候环境下，模糊融合在周界报警系统中的试验数据。

表 6-1　　　　　　　　　　模糊融合试验数据表

传感器	隶属度值		判断结果
	有非法入侵	无非法入侵	
人	1	0	有
动物	0.5	0.5	不确定
风、雨、温湿度	0.3	0.7	无
融合	0.71	0.29	有
人	0.7	0.3	有
动物	0.9	0.1	有
风、雨、温湿度	0.2	0.8	有
融合	0.63	0.37	有

将模糊推理数据融合方法应用到多传感器的周界系统，与单一的传感器相比，具有更高的准确性的可信度。运行结果表明，这种方法对提高周界报警系统检测的可靠性是实用和有效的，可降低周界报警系统的误报率。

基于环境传感器与核心传感器，实时环境信息的核心传感器之间的两级融合机制，多传感器数据融合算法和模糊推理的周界报警系统、红外热成像摄像仪、超宽带波导雷达、组合气象传感器的数据融合方法，研制出多传感器融合接入设备。该设备主要实现了单

6.4 监狱全天候智能周界关键技术研究

台红外热成像仪、组合气象传感器、超宽带波导雷达的信息接入，并通过内置的嵌入式融合算法实现不同类型目标探测技术手段的融合。多传感器融合接入设备工程机样机如图 6-15 所示。

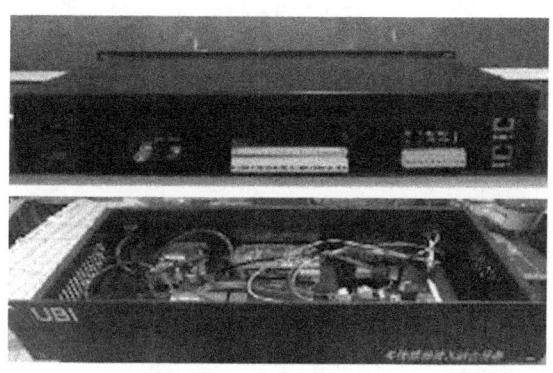

图 6-15　多传感器融合接入设备工程机样机

第7章 应急指挥综合管理平台关键技术

7.1 应急指挥综合管理平台关键技术研究的背景

通过近几年的实践探索，开发和应用的监狱日常业务系统有力提升了监狱工作效能。全国监狱系统实现了罪犯信息网上录入、网上管理和跨部门共享机制，通过大力加强狱政管理、教育改造等业务应用系统的建设和使用，业务应用系统的建设从单一应用向平台化应用发展，逐步迈入了集约化、智能化的发展道路。全国监狱系统提供的刑满释放人员信息超过100余万项，完成对罪犯的计算机辅助心理评估200余万人次，基层监狱干警办理减刑假释、记分考核等主要业务的工作效率分别提高了75%和45%，有效地缓解了警力不足的矛盾，极大地解放了警力。

目前，监狱信息化系统建设还面临着一系列困难和问题，监狱信息化建设和应用的总体水平不高。尽管监狱信息化的建设水平与国内的公安、海关、税务等行业信息化的差距不大，但在应用方面却是差距明显：各个应用系统与数据资源库的建设相对分散，部分信息采用人工采集方法，缺乏高效、标准化的信息资源交换接口和语义一致性组织表示，给后台的信息模型组织与数据存储管理带来不便，缺乏信息自动整理、评价、分析环节，使得监狱信息综合集成度低。信息缺少提炼和分析而无法充分发挥作用，信息利用率偏低。近年来发生的一些重大狱内案件，教训之一就是罪犯信息不完整、不准确，导致有关案件在处置过程中应对不及时、措施不到位。

7.1 应急指挥综合管理平台关键技术研究的背景

监狱信息化建设业务系统中的各个子系统的研制相对分散，缺乏相关的技术标准和标准化数据信息接口，业务流程匹配性差；各业务子系统之间的信息共享不畅，管理流程间衔接困难，罪犯日常学习和劳动改造的行为联动分析能力缺失，难以适应现代监狱罪犯改造的发展需要。监狱已建和在建的罪犯信息库、干警职工信息库、监狱管理信息库等数据资源库之间未能实现资源共享，难以全面获取监狱日常工作中所需的人员、物品、环境和事件等及时信息，系统二次开发难度大，数据库建库工作尚需进一步完善，基础数据的缺失和不完善导致难以支撑开展有效的"循证矫正"工作。

随着监狱信息化建设的深入，各种技防设备数量越来越多，操作越来越复杂，查找和定位难度大，专业性强，一旦有突发事件，对指挥中心的现场指挥带来巨大困难，具体表现在以下几个方面。

第一，查找速度慢。在数千个视频监控中难以准确找到指定建筑物、指定楼层、指定位置的某个监控视频，费时费力。

第二，整合度差。不同类别设备由不同的系统管理，没有统一入口，来回切换，降低了指挥效率。

第三，可操作性差。现有的鼠标和键盘适合常规的输入和管理操作，当多种设备网络的管理集成到一个界面上甚至多个显示屏上时，信息量急剧增加，操作难度也急剧增加，仅靠鼠标单点导航或键盘上下左右控制既不直观也难以操作。

通过开展基于物联网的应急指挥综合管理平台研究成果的集成应用示范，有效提升了现代监狱运行管理的综合技术水平，促进了监狱系统内各部门分散数据的动态聚合与资源共享，为监狱各部门动态资源整合和联动高效处置奠定坚实的技术基础，在监狱管理方式转变、监狱基础设施优化、物联网技术及产业发展等多方面体现出显著的现实意义并形成广泛深远的社会影响。

智能化监狱指挥系统是指监狱利用现代网络、计算机、多媒体技术，以资源数据库、方法库、知识库为基础，以监狱指挥中心为核心，以地理信息系统、数据分析系统、信息表示系统为手段，借助全方位前端安防设备，依托大数据智能分析平台，实现对监狱安全管理数据的收集分析，对应急处置指挥的决策辅助，对各类应急资源的组织、调度、管理、控制等功能。

智能化监狱指挥系统具有以下特点：一是以现代科技为支撑。智能化监狱指挥系统离不开以信息技术为核心的现代科技手段，只有灵活应用各种信息化系统，才能实现指挥调度的灵敏高效。二是以信息数据为关键。将情报信息的获取以及关键数据的传输贯穿指挥系统各方面，作为指挥与实战紧密结合的纽带。三是以快速响应为目标。快速响应水平的高低，直接反映监狱指挥效能的高低，这是构建智能化监狱指挥系统的直接目的。四是以专业队伍为保障。专业化的人才队伍是信息化设备发挥最大效能的关键，专业化的处突警力是监狱突发事件处置的中坚力量。

7.2 应急指挥综合管理平台关键技术的发展情况

1. 基于物联网的应急指挥综合管理平台

应急处理综合管理是确保监狱持续安全稳定的重要技术手段，是监狱信息化建设应用的重中之重。基于信息技术提高监狱防范和制止罪犯逃逸和狱内非法行为的能力是监狱信息化建设的核心任务，监狱对于安防系统在安全可靠性方面的要求明显高于其他行业，安全防范系统平均占各地监狱信息化建设整体投入的70%以上。就安防和应急指挥系统而言，各地监狱已基本建设完成包括视频监控、报警、巡更、门禁、语音对讲、公共广播、AB门、高压电网、两道物理围栏等在内的众多技防与物防系统，这些设备设施的部署很大程度上改善了监狱对各个重点监控部位和监控对象的监管能力。

欧美、日本等发达国家与地区非常注重信息技术在监狱管理中的应用，结合松散型的、开放的狱政管理模式，利用先进的信息技术，全面提升了监狱的罪犯监管效率，营造了有益于罪犯改造的监管环境。

进入21世纪，我国全面引入罪犯管理系统，建立了监狱中心数据库。监狱中心数据库存储和处理上万名罪犯的基本数据和详细情况如罪犯种类、犯罪记录、入狱时间、个体生理数据、号码、照片、个人详细资料和监舍等信息。

中心数据库采用统一的系统化方法管理监狱的罪犯资料,通过网络技术实现数据共享,监狱和当地警察局、司法和安全部门互联,有助于各界方便地对罪犯进行管理,并为监狱的所有监房提供资讯帮助。

根据前文对国内外监狱信息化应用现状的分析可以看出,监狱安全管控的发展趋势是:更安全高效的管控体系、更加文明的狱内管控环境。这两方面的趋势在一定程度上可以说是相互冲突、相互矛盾。为了顺应这对看似矛盾的发展趋势,必须引入新技术、新工具以推进狱内文明改造环境和高效安全管控体系的建设。

2. 基于海量时空数据和领域知识库的应急指挥智能决策技术

目前基于海量数据的决策应用服务需要进行大量的人工信息辨别与筛选。本研究在时空搜索引擎与语义关联基础上,提出了基于海量时空数据和特定领域知识库的智能决策模型,结合空间认知、定性时间推理、人工智能、个体行为模式发现等技术,对海量时空数据进行实时搜索分析,建立一种主动式的智能决策服务,满足犯人家属和政府管理部门的个性化行为分析与规划的需求。

目前国内有关学者专家在时空数据提取分析、知识库构建及应用以及决策理论研究方面取得了很多成果,有些已经投入生产实践。

时空数据研究经历了瞬时信息的定性分析、时空信息的定位分析、时间信息的趋势分析以及环境信息的综合分析等几个研究阶段。时空数据处理和分析的应用模型不断深化,已从单一数据的分析发展到多源数据的综合分析;从定性调查制图发展到定量化数理统计分析;从资源与环境的静态分布发展到时态过程分析;从事物和过程的表面描述发展到对内在规律的探求。目前已经可以综合利用 GIS、遥感等技术手段在人工智能理论支持下的智能化时空信息处理和分析。在某些领域已经有了成熟的应用。

知识库的基础在于知识组织，国内外在知识组织技术的研究在以下几个方面有较大的进展：①突出以语义网为代表的相关技术研究。②以知识组织系统推动知识组织发展的研究。③以搜索引擎为代表的知识组织方式的研究。知识库是进行知识管理的基础，在它的基础上可以开发出各种基于知识的系统，如专家系统、智能决策支持系统等，因此对知识库系统的研究和开发受到人们的高度重视。目前人们对其研究重点主要集中在以下几个方面：①新型知识库和知识库管理系统体系结构；②知识的组织与表示；③基于知识库的推理逻辑研究。在这些方面均已取得了一定的成果。

目前国内外学者对基于案例推理的应急辅助决策方法进行了一定的研究。例如 Zhang 等人给出了一个集成了 CBR 推理方法的灾难救助辅助决策支持的理论知识管理框架；F. Ricci 等人从如何利用案例推理的方法制定森林火灾救援计划的角度进行了研究；刘烯把 CBR 方法应用到城市火灾事故的决策指挥中进行了探讨。而一些研究者试图从粗糙集理论、知识库融合等技术方面寻找突破口，取得了一些不错的成果。

3. 基于多模数据融合的目标跟踪与识别技术

利用高清摄像头和各类传感器设备采集的人-物-环境数据具有多样性、时变性的特点，从中提取稳定的目标特征进行融合，并建立具有多模数据自适应性的目标状态模型和表观模型，确保对感兴趣目标进行连续实时跟踪与识别。

目前，国内外的目标跟踪的研究主要集中在对视频数据的分析上。实施基于视频数据的目标跟踪，相关的算法需要分析连续的视频帧并输出目标的运动轨迹。现存的算法有多种，各有优劣。算法的核心主要集中在两个方面：目标的表征和定位、数据过滤和数据关联，主要分为基于运动分析的方法和基于图像匹配的方法。

帧间差分法和光流分割法是基于运动分析的主要方法。帧间差分法是对相邻帧做相减运算后，对结果图像做阈值并分割，提取运动目标。光流分割法是通过目标和背景之间的不同速度来检测运动的目标。基于光流估计的方法都是基于以下假设：灰度分布的变化完全是由目标或背景的运动引起的,即目标和背景的灰度不随时间变化。光流的逐次逼近计算模型通过唯一预补偿方法减少了时域微分估计的不准确性。

基于图像匹配的方法可以识别待定目标以及确定运动目标的相对位置,正确截获概率和定位精度是图像匹配的主要性能指标。该方法可以分为三种:区域匹配、特征匹配、模型匹配以及频率域的匹配。区域匹配的方法是将目标图像与实时图像在所有可能的位置上进行叠加,然后计算相似性,取具有最大相似度的一块作为目标的位置。特征匹配即在提取特征后对特征属性适量作为相关度计算,相关系数的峰值即为匹配的位置。模型匹配,由于目标在运动中会有旋转、大小的变化、固定的模板已经不能满足准确匹配的要求,因此出现了变形模型,分为自由式变形模型以及参数变形模型。频率域匹配是将视频图像变换到频率域,然后根据变换的系数的幅值或相位来检测目标的运动。傅里叶变换是常用的频率分析方法。其中利用变换系数幅值的方法是根据在空间域的卷积等于在频率域相乘这个 Fourier 变换性质,将图像中的模板相关转换到频率域实现的。

上述方法各有优缺点,帧差分法简单、速度快,但不能适应动态背景的。光流分割法具有较强的抗干扰性,但不能有效的区分目标运动造成的背景遮拦、显现以及孔径问题。区域匹配能够获得较高的定位精度,但计算量大,难以获得实时性的要求。模型匹配跟踪精度高,适用于机动目标各种运动变化,抗干扰能力强,但是计算复杂。频率域匹配法计算速度快、容易消去噪声、实时性好,将目标提取以及目标识别放在小波变换中进行,具有较高的分析能力且运算速度快。

4. 基于概率图模型的监狱大数据分析与挖掘技术

针对应急指挥综合管理平台收集的监狱内部各种数据,进行业务数据分析处理,利用隐马尔科夫模型和因子图模型构建各类数据之间的影响关系有向图。提出一种全新的基于隐含狄利克雷分配模型、吉布斯采样和条件随机域模型的监狱大数据进行分析与挖掘技术模型,能有效地识别重要数据之间属性关联,以及发现稳定的潜在模式。

数据仓库,英文名称为 Data Warehouse,自 20 世纪 90 年代提出后至今发展十分迅速。数据仓库之父 William Inmon 将其定义为:面向主题的、集成的、相对稳定的、反映历史变化的数据集合,为企业和机构提供需要业务智能来指导业务流程改进和监视时间、成本、质量和控制。

随着数据仓库研究的不断深入,国内外涌现出了许多研究与应用成果,其中 IBM 公司提出的商业智能(BI)概念是最为重要的革新与突破。以数据仓库为基础,发现有用信息的方法与产品在商业中已逐渐成熟并初露锋芒,但数据仓库在政务系统中的应用还处于探索阶段,对于政务系统的可行性、必要性分析以及针对政务系统特殊性的探讨与改进有待进一步尝试。

数据挖掘(Data Mining,DM)又称数据库中的知识发现(Knowledge Discover in Database,KDD),是目前人工智能和数据库领域研究的热点问题。数据挖掘是指从数据库的大量数据中揭示出隐含的、先前未知的并有潜在价值的信息的非平凡过程。数据挖掘是通过分析每个数据,从大量数据中寻找其规律的技术,主要有数据准备、规律寻找和规律表示这三个步骤。数据准备是从相关的数据源中选取所需的数据并整合成用于数据挖掘的数据集;规律寻找是用某种方法将数据集所含的规律找出来;规律表示是尽可能以用户可理解的方式(如可视化)将找出的规律表示出来。

概率图模型是图论与概率论的完美结合,提供了一个可以统一现有很多数据挖掘算法的框架,并赋予了它们新的理解。概率图模型处理了应用数学和工程中两个重要问题:复杂性和不确定性,将众多经典的多变量数据挖掘算法或模型统一到概率图模型的框架中去。例如混合模型(Mixture Model),Ising Model 以及隐马尔可夫模型(Hidden Markov Model)。外国研究人员分析了连续型犯罪人员的犯罪记录,提取了犯罪动机、犯罪频率、犯罪事件和犯罪严重程度等 4 类特征,进行了犯罪人员的聚类分析和行为预测，为监狱人员对服刑犯罪人员的管理提供了宝贵的指导意见。

5. 可视化指挥技术

目前已经开发的三维 GIS 原型系统，使三维 GIS 技术在矿产资源管理、数字城市等许多领域得到应用。

可视化指挥技术是在 GIS 三维建模的基础上，将视频、信号灯等一系列监测数据与地图模型进行可视化整合，并利用触摸交互控制台，实现快速导航、定位查找和控制。在国内外，该技术已经得到了广泛的应用。

我国科学计算可视化技术的研究开始于 20 世纪 90 年代初。由于数据可视化处理的数据量十分庞大，生成图像的算法又比较复杂，过去常常需要使用巨型计算机和高档图形工作站等。因此，数据可视化开始都在国家级研究中心、高水平的大学、大公司的研究开发中心进行研究和应用。近年来，随着 PC 功能的提高、各种图形显卡以及可视化软件的发展，可视化技术已扩展到科学研究、工程、军事、医学、经济等各个领域。随着互联网的兴起，信息可视化技术方兴未艾。我国在 20 世纪 80 年代就开始进行科学计算可视化技术的研究和应用，至今，不论在算法方面，还是在油气勘探、气象、计算力学、医学等领域的应用方面，我国都已取得了一大批可喜的成果。但从总体上来说，与国外的先进水平还有相当的差距，特别是在商业软件方面，我国还是空白。因此，组织力量开发可视化商业软件，并通过市场竞争，促使其逐步成熟，已成为当务之急。

三维立体显示的出发点是运用三维立体透视技术和计算机仿真技术，通过将真实世界的三维坐标变换成计算机坐标，通过光学和电子学处理，模仿真实的世界并显示在屏幕上。三维技术在资源环境模型、地形模拟、CAD 辅助设计、影视特技、广告设计等方面被广泛使用。它具有可视化程度高、表现形式灵活多样、动态感和真实感强、资料更新方便等优点。

7.3 应急指挥综合管理平台关键技术在监狱的使用情况

1. 现行监狱指挥系统与智能化要求的差距

（1）组织结构有待优化。

目前，大多数省份监狱指挥中心尚未单独成立机构，指挥中心在指挥系统中的核心地位未完全明确，其职能与行政办公、信息技术、狱政侦查等部门职能多有交叉，各部门间配合联动不够协调紧密，在实战中容易造成多头指挥局面，影响应急处置效率。

（2）硬件设施有待升级。

经过十余年不懈努力，全国监狱安防一体化逐步建立，形成大门、周界、电网、门禁、监控、报警、巡更等立体化、全方位的安防体系。受建设时间跨度长、信息技术更新快等因素影响，硬件设施设备新旧并存现象突出，系统运行维护较为复杂，在系统兼容性、稳定性方面也有潜在风险，数据传输基础网络存在抗灾冗余能力差、层级多、安全性能低等问题，不利于指挥系统智能化建设向深层次推进。同时，基层警察警务装备也难以满足处理突发事件的现实需求。

（3）软件平台有待完善。

监狱现有安防管理平台是以视频监控厂商嵌入式监控平台为基础研发的综合安防平台，该平台整合了门禁、周界、报警、电网、监控、巡更等系统，基本实现了信息共享，提高了技防水平。但现有软件平台各数据库相互独立，数据整合和共享程度低，与通信、定位系统融合度差，容易形成信息孤岛，平台统一性不强；对报警信息的处理以人工为主，难以有效开展智能分析，影响对信息的综合研判，制约了指挥效能的充分发挥。

（4）队伍素质有待提高。

高素质的信息人才队伍和专业化的处突警力是推进智能化监狱指挥系统顺利实施的保障。由于专业人才缺乏、业务培训不足、知

7.3 应急指挥综合管理平台关键技术在监狱的使用情况

识更新滞后、交流渠道不畅等原因,警察在信息处理、预案实施、组织协调、指挥调度等方面的能力素质与智能化监狱指挥系统的要求还有较大差距。

2. 构建智能化监狱指挥系统的思路措施

从组织机构、硬件设施、软件平台、人才培养、运维管理等方面入手,为监狱指挥系统智能化建设添动力、增活力、强保障,提升监狱安全防范水平和处置突发事件能力,维护安全稳定。

(1)优化组织结构,明确部门职能,构建扁平化指挥体系。

为满足智能化监狱指挥系统建设需求,提高运行效率,需要推行扁平化管理模式,促进监狱指挥系统科学化、规范化、系统化管理。一是整合机构,确立指挥中心中枢地位。本着有利于组织指挥、职责划分、专门管理、效能发挥的原则,建立集指挥、调度、监管于一体的指挥中心。指挥中心编制单列,下设决策、指挥、监控值勤、应急处置等若干小组,各司其职,负责相关日常事务性工作和突发事件应急处置任务。二是减少层级,提高应急反应处突效率。构建省局、监狱两级指挥中心运行模式,监狱指挥中心直接指挥各实战岗位,既减少信息和指令传递的中间环节,缩短响应时间,又避免多头指挥,提高反应和处置效能。三是明确职能,保障部门沟通协调顺畅。指挥中心凸显监管和指挥两大职能,承担区域内重点部位的实时监控,重要信息的采集与传输,突发安全事件的接警与出警调度,日常安全防范工作的分析、决策、指挥等任务;管教部门负责罪犯改造、通道管理、重点人员管控、罪犯动态信息收集汇总和单警装备管理等工作;宣传部门负责对外宣传、警察教育培训等工作;综合部门负责车辆调度、通信、网络、后勤服务等工作,实现各部门有效沟通,协同作战。

(2)完善硬件设施,促进设备升级,推进智慧型监狱建设。

先进管用的物防手段是确保监狱安全的必要条件。坚持整体规划、实用可靠、精心运用的原则,加大基础硬件投入力度,提高安防设施科技含量,努力建设智慧型监狱。一是优化网络结构。统一规划监狱办公网、安防网、育新网等基础网络,采用接入层、汇聚层、核心层三级结构，优化网络设计，减少网络层级。网络布线采用点到点的星形拓扑结构，进行结构化、网格式布线，形成一套完整开放的系统，保障系统运行的安全可靠。二是加强通信保障。丰富指挥调度通信手段，按照"无线为主、有线为辅"的思路，完善有线和无线通信设备，提高可视对讲电话、办公电话、警务通和对讲机等设备的配备率，拓展警务通应用功能，构建集定位、通信、报警于一体的通信系统，实时掌握一线警力的动态位置，满足指挥调度需要。三是强化监控报警。针对监狱不同场所的监控需求，选择配备枪机、半球、快球等监控设施，并内置智能编码、智能回放、视频摘要、异常侦测和行为分析等功能。进一步完善周界入侵报警系统，采用两种以上不同技术的探测器，相互独立，互为补充，提高报警准确性。四是丰富数据存储。优化视音频监控存储架构，实现报警视频数据、业务数据、7天×24小时实时监控数据存储应用架构分离，低成本实现各类数据的集中存储和统一管理，确保数据可靠稳定，共享性良好。五是配强应急装备。保障单警装备及小型应急装备配备，一线执勤警察、特警队员配齐配全单警装备，特警队员单独配备防暴枪、网枪、应急棍、手掷催泪弹、眩晕弹、烟雾弹、盾牌、防弹背心、急救包等装备，有条件的选择配备激光炫目枪、多功能捕捉器、金属探测器等中型应急装备，逐步配备应急指挥车、侦察车、防暴车、押解车等大型应急装备。

（3）强化平台功能，拓展业务应用，健全智能化指挥系统。

以完善综合安防平台为核心，加强各功能模块深度应用，实现对智能化指挥系统业务的支撑。一是建立数据中心。融合罪犯档案信息数据库、警察信息数据库、刑罚执行数据库和各应用系统数据库，建立监狱数据中心，作为应急指挥的"外脑"。建设中，充分考虑信息安全，通过部署防火墙、IPS、访问控制软件等软硬件安全设备，保障应急网络上的数据安全，满足监狱业务对信息安全的要求。二是拓展业务应用。依据关押场所实景建模，构建精细化的监狱地理信息三维立体模型，将现有监控、报警、门禁等数据信息集中展示，确保报警及时发出声光信号，显示实时区域监控画面，触发报警罪犯的信息及时匹配在终端显示，并与警务通联动，将相关信息发送至指定警务通上,使综合安防平台操作更为简单,功能更加强大,实现由经验决策向可视指挥、静态管理向动态管控的转变。三是实现智能维保。安防各系统都安装一定的监视、控制设备和软件,自动监视系统状态,自动报警,自动修复故障。发生故障时,管理人员能够快速进行故障定位分析,在最短时间内、用最简单方法排除故障,恢复系统运行。

(4)加强人才培养,提升综合素质,打造专业化应急队伍。

实现监狱指挥系统智能化,人才是关键。坚持管理能力与业务技能并重的原则,选拔培养指挥中心工作人员,打造一支管理能力强、技术水平高的人才队伍。一是明晰人员构成,明确工作责任。指挥中心工作人员由值班领导、值勤人员、技术人员、特警队员组成,值班领导负责决策、指挥和调度,值勤人员负责日常值班和管理,技术人员负责软硬件系统操作和设备维护,特警队员负责应急事务处置。二是精选特训内容,培养实用型人才。根据不同岗位分工,区分管理与技术所占比重,制定针对性强的培训方案,开展各有侧重的特训活动。加强值班领导决策能力培训,促进决策方法科学化、决策程序规范化,提高应对困难问题、驾驭复杂局面、指挥多部门协同作战的能力;加强值勤人员和技术人员信息技术和管理业务培训,定期组织到三大现场了解地理环境,掌握狱情犯情动态,突出实用性操作训练,增强动手能力,提高业务技能;加强特警队员体能、技能培训,完善各类应急方案,开展常态化演练,确保招之即来,来之即战,战之速胜。三是强化考核激励,提升队伍战斗力。针对培训内容制定考核方案,对参训人员进行测评,在实际工作中增加培训内容的锻炼机会,真正将培训效果落到实处。建立完善人才激励制度,通过加大物质、精神层面的奖励力度,为培养监狱指挥、值勤、技术、应急人才创造良好环境。

(5)探索运维管理,健全保障机制,形成常态化演练模式。

一是完善制度建设。规章制度建设是一项长期系统工程,需要专门人员负责,对指挥中心规章制度制定工作进行统筹安排,并不断总结经验,修改完善,保证规章制度的可行性和持久性,形成长效机制。二是强化规范管理。一方面加强设备管理,做好日常巡检工作，确保设备高效、安全、稳定运行。巡检工作分为日检查、周检查和月维护，做好维护记录。更换设备时严格执行操作流程，做好记录归档，对老旧设备及时申请报废，提高设备管理规范化水平。另一方面加强人员管理，对各项制度落实情况进行监督检查，每周通报，奖优罚劣。三是健全应急预案。建立健全突发事件应急处置工作方案，对各类突发事件处置工作进行详细规划，从信息收集甄别反馈、先期处置警力安排、后续增援警力部署、部门职能界定、后勤服务保障等方面做出安排部署，将工作责任落实到单位和个人，一旦发生突发事件，按照原定预案执行，确保调度到位、行为到位、处置到位。定期组织应急演练，对演练情况进行总结，不断提高应急处置能力。四是加强经费保障。明确资金列支渠道，保证指挥中心设施设备和其他物防、技防设施装备更新换代及维护保养需要，保障业务培训和应急演练等工作正常有效开展。

7.4 应急指挥综合管理平台关键技术研究

根据《应急指挥联动系统业务与技术规范（SF 03006—2012）》的要求，应急指挥联动系统整体架构由基础平台层、应用软件层、中心管理平台层、监狱信息化平台接口层构成，如图7-1所示。应急指挥联动系统建设满足整体架构要求。

系统在架构上遵循司法部统一要求和相关规范，使用面向服务的 SOA 架构和与平台无关的 J2EE 技术路线，统一使用司法部《全国监狱信息化软件开发技术标准》和《应急指挥联动系统业务与技术规范》作为系统建设的技术依据，具有标准 Web SERVICE 接口，实现与监狱其他系统的应用集成，如狱政管理系统、警务人事管理子系统、罪犯信息库子系统等。

针对应急指挥综合管理平台收集的监狱内部各种数据，进行业务数据分析处理，利用隐马尔科夫模型和因子图模型构建各类数据之间的影响关系有向图，提出一种全新的基于隐含狄利克雷分配模型、吉布斯采样和条件随机域模型的监狱大数据分析与挖掘技术模型，能有效识别重要数据之间的属性关联，以及发现稳定的潜在

7.4 应急指挥综合管理平台关键技术研究

图 7-1 应急指挥联动系统整体架构图

模式。

(1) 各系统互操作接口标准研究、监狱可视化业务标准研究及可视化导航等交互技术研究存在的困难。

①可视化指挥(调度)技术在电力调度、工业控制、军事、公安等行业已有较多应用，但对于监狱的可视化指挥显然有不同的内容和要求，目前尚未建立行业标准；

②各个系统的互操作接口标准不统一，兼容性差，导致整合困难；

③结合监狱需求的可视化导航、触摸式控制台和大屏幕系统交互等技术有待进一步研究。

(2) 视频联网系统信息传输、交换、控制技术。

针对联网系统中底层会话控制、指令控制、报警上报以及视频流传输，采用国家安全防范技术标准，使用 SIP 协议栈，研究协议与应急指挥系统的接口实现。

(3) 子系统开发设计。

考虑监狱系统三级业务：监狱分控中心——监狱指挥中心——省局指挥中心，功能设计方面应各有侧重，全面满足各项业务的功能需求，同时要考虑系统的整体规范、方便易用、稳定可靠、安全可控、易维护、易扩展等特性，软件开发采用面向服务体系结构（Service-Oriented Architecture，SOA）。面向服务体系结构要求将应用程序的不同功能单元封装为不同的服务，通过服务之间定义良好的接口和契约联系起来，服务之间松耦合。这能够显著增强快速、灵活的响应业务需求的能力，支持系统设计的重用。服务架构接口是采用中立的方式进行定义，独立于实现服务的硬件平台、操作系统和编程语言。

因此在系统框架上应实现以下几点要求。

①采用 SOA 架构的开发平台，采用三层架构。

②用户表现层采用浏览器/服务器技术架构，支持可视化定义的用户交互界面布局和行为模型，基于 EJB 实现用户表现层必须与应用逻辑层完全分开。

③系统支持以 SOA 架构暴露应用服务，与第三方系统基于 Web Service 实现接口。

④针对监狱实际应用环境和发展需要，结合本系统的技术要求，应用服务器实现分布式部署。

⑤监狱信息建设需要循序渐进，逐步实施，在总体设计上充分考虑到发展的需要，充分体现实用性、先进性。

应急指挥综合管理平台总体应用构架如图 7-2 所示。

监狱的可视化流程分为两个阶段，分别是：搜集处理数据并设计方案以及方案的确定、实施。在监狱可视化控制系统中，根据每一阶段不同的侧重点，在系统的建立过程中需要通过对应的可视化技术逐步达到数字化、标准化的程度。监狱可视化流程图如图 7-3 所示。

对于监狱可视化控制的方案设计，此阶段主要处理三种数据：①来自各个监狱所需要达到的对囚犯管理和监控目的的数据；②各个监狱对囚犯的监控记录数据；③监狱的物理结构数据。为了使需

7.4 应急指挥综合管理平台关键技术研究

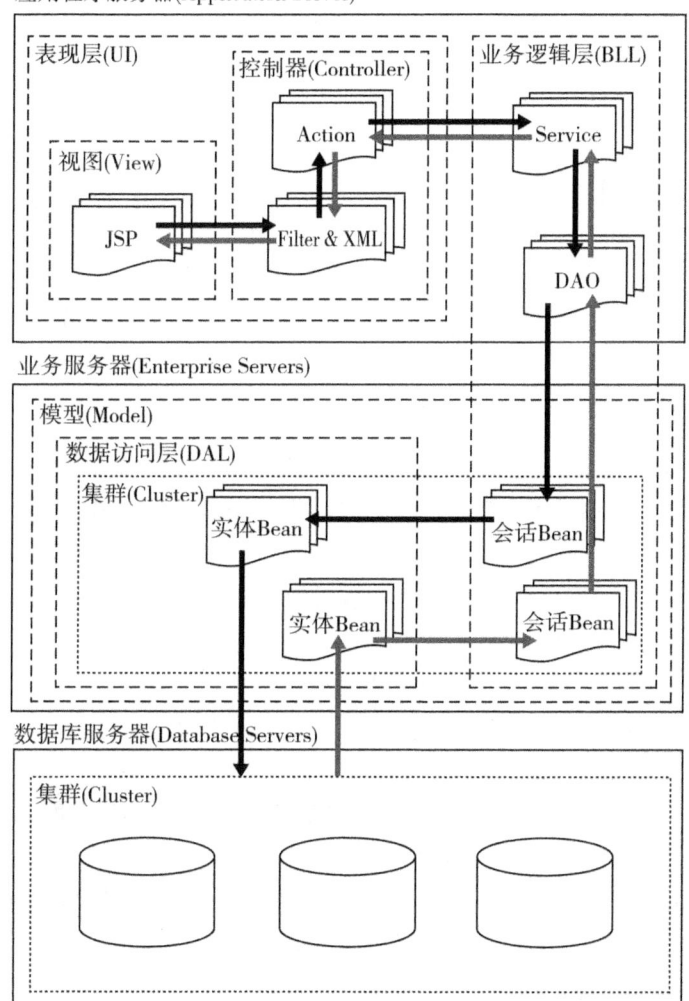

图 7-2 应急指挥综合管理平台应用构架图

求和设计的方案更加合理,这个阶段需要结合 GIS 和数据挖掘。首先对来自各个监狱的需求和囚犯的监控记录使用数据挖掘的方法进行分析,得到不同监狱的合理的需求;由于这个需求要尽可能地完

第 7 章 应急指挥综合管理平台关键技术

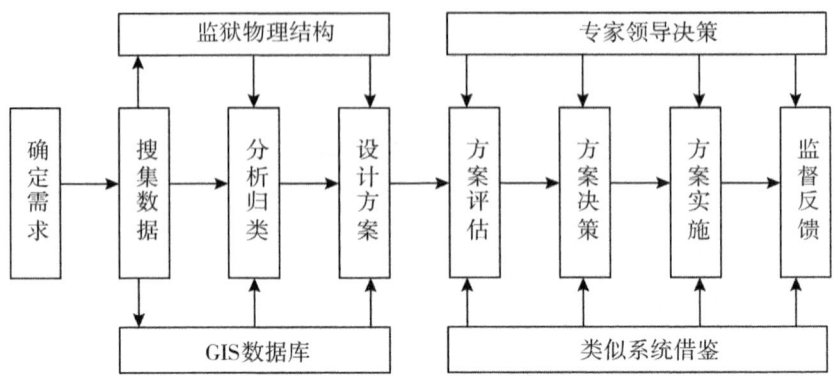

图 7-3 监狱可视化流程图

善，因而需要海量的基础数据作为支持，然后运用数据挖掘技术对海量数据进行分析、查询、过滤等操作，对蕴藏在数据中的规划信息进行挖掘，使之直观地展示在决策者的面前。然后搜集监狱的各种物理结构数据，进行可视化建模并结合 GIS 数据库进行分析，设计合理的可视化结构。

可视化方案的评估对设计的方案通过三维虚拟现实技术来实现，通过虚拟现实的方法，模拟真实的监狱环境和囚犯的行为，对各个方案进行评估。

方案的实施，依据设计的方案架设各种基础设备，如监视器、警报灯等，然后通过三维可视化技术对监狱进行模拟。通过调用 GIS 数据库，实时处理各个设备搜集的数据，然后在监狱的模拟中呈现出来，以达到对监狱实时监控的目的。

(4) 可行性分析。

① 基于多模数据融合的目标实时跟踪与识别技术。

该方法可以分为两个大的步骤：a. 目标模型数据的特征提取，也就是训练神经网络，进而得到高层语义特征。b. 对实时数据的处理，包括对视频数据的时域分帧的实现，对每帧图像的分割，以及对分割图像的特征提取，最后计算相似度。

第一个步骤是最关键的一步，直接关系到目标跟踪的成功与否，因为它涉及特征的提取。利用大量的标注数据对目标的多种形态数据及音频数据训练两种神经网络。网络的规模要设定在允许的硬件条件的最大值，因为大量的试验表明网络的规模与网络的表达能力有正相关关系。为了防止过拟合，一些训练的技巧需要使用，包括学习速率的动态变化，采用动量机制进行参数更新，训练的早停止技术，以及 dropout 方式，等等。深层的神经网络训练需要花费相当长的时间。但是，这些参数是可重用的，之后的关于目标特征提取的问题，已经训练好的神经网络完全可用。

第二个步骤是对实时数据的分析，找到目标的行动轨迹。主要涉及对视频数据、音频数据的预处理，一个关键的步骤是对视频图像的图像分割，图像分割技术现在也得到较大的突破，百度公司的图像分割技术利用了深度学习方法。利用目标模型数据的高级语义特征对视频帧图像进行先验得到，使得分割更具有效率。如果知道了目标只有一条腿，就会将图像中的大部分人排除。

另一个关键的技术是如何将音频特征与视频特征结合，这需要很高的智能才能完成。比如目标完全离开了视频检测范围，但是有声音可以检测到，这时音频数据可以跟踪目标。再比如，如果一个男性为了迷惑视频监控，装扮成女性，并在举止行为上模仿女性，这时仅利用视频数据很难进行跟踪，如果采集到目标的音频特征，对其音频进行分析，将会提高跟踪的准确性。很多情况下需要音频数据与视频数据结合共同完成目标的跟踪任务，将两种数据紧密结合，相互支持，需要采用最优化数据融合技术，提出一个最有化融合两种高层语义特征的方法。

②基于海量时空数据和领域知识库的应急指挥智能决策技术。

智能技术是时空数据处理和分析的一个切入点。目前时空数据的智能化处理和分析主要包括神经计算认知模型和符号逻辑推理模型。前者通过生理性的神经模拟实现形象思维的简单功能；后者源于对人类逻辑思维能力的模拟，属于抽象思维的范畴。时空数据处理和分析研究的前沿是在地学分析方法和数理统计、神经计算、演化计算等智能计算理论与技术支持下，建立集成地学知识、时空信息等为一体的时空信息处理分析模型。目标就是建立地理智能系统,以时空信息地学分析模型为支持,通过地学知识来表达时空信息,以统计分析、神经计算、知识模型、地学优化等智能技术为分析手段,快速、定量、自动地实现对蕴涵着地学特征提取、空间划分等功能。有效、快速的时空数据智能化处理和分析方法包括用于高维时空特征的提取的引进支撑向量机(SVM)技术、基于知识的EBF神经网络模型等。

对知识库的研究方面,可把知识库作为一个模型看待,从而将决策问题以模型与模型集成的形式表现,实现更为复杂的决策综合。模型集成已有相关的研究,最初的研究工作主要集中在模型表示上,提出了一些经典的模型表示法,如结构化建模、逻辑建模、基于图的表示法等。模型集成目前尚无统一的概念,直观的理解是通过多个模型的连接组合构成一个更大的模型,主要可以分为模型模式上的集成和模型操纵上的集成两类。通过对模型集成加以研究可以找到融合多层数据的解决办法。

谓词逻辑是决策研究的另一个突破口。可将实际的应急处理流程分解为一系列的应急行动(见图7-4),再从应急行动本质的谓词逻辑入手,进一步将应急行动抽象出行动术语和各限定参数类型,直接解决应急流程的计算机表达问题,进而将智能分析的输出与应急行动解耦,使领域知识和智能算法只和限定参数类型关联,可以用于任何满足使用特定类型参数的行动术语的限定,使智能分析模型库的无限扩充和动态移植变为可能。现有的研究成果以及这些正确的研究思路将是研究得以顺利进行的保证。

③基于概率图模型的监狱大数据分析与挖掘技术。

随着信息技术的迅速发展,特别是数据库技术和计算机网络的广泛应用。各监狱局基本上都采用计算机对罪犯的各种信息进行管理,极大地方便了对罪犯各种信息及时、有效地掌握,积累了大量的罪犯信息。但这些罪犯信息数据大多只是为提供罪犯本身信息情况查询以及统计犯罪情况提供方便。但是对于隐藏在这些数据中的一些有价值的信息,人们关心得还比较少。目前,对于服刑人员的改造还仅是针对某一罪犯个体或某一类罪犯群体,很少考虑到与之相关的一些信息。

7.4 应急指挥综合管理平台关键技术研究

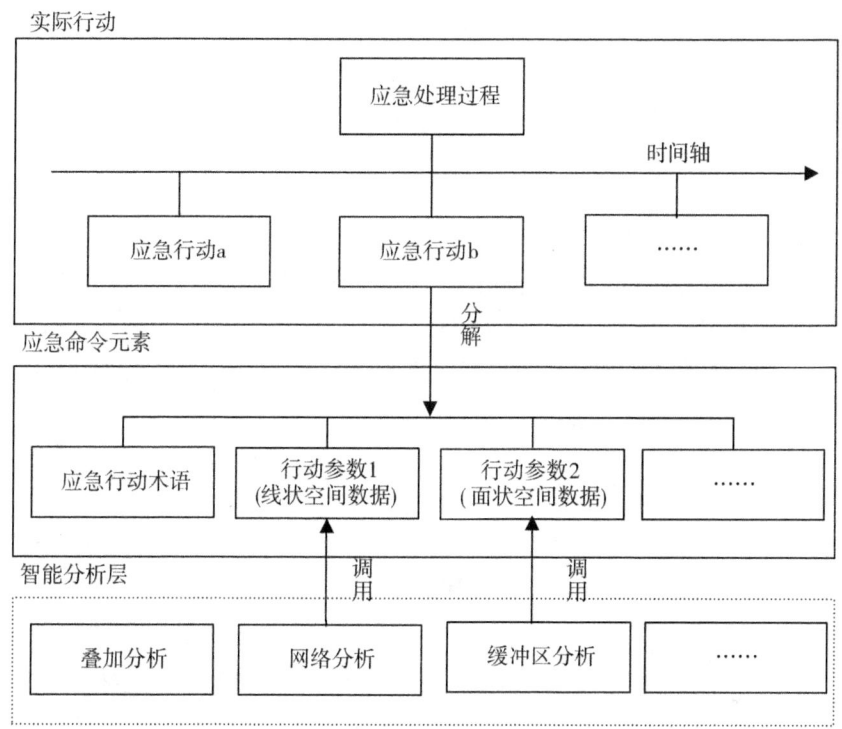

图 7-4 应急行动谓词分解示意图

针对以上情况,以某监狱罪犯信息库的数据为例,就影响罪犯改造(减刑)的一些因素进行分析。挖掘出隐藏在这些数据中的有价值的信息。数据挖掘是一种决策支持过程,是深层次的数据信息分析方法,将数据挖掘技术应用于罪犯信息无疑是非常有益的,它可以全面地分析罪犯改造结果与各种因素之间隐藏的内在联系。采用数据挖掘中的分类算法,将大量的数据转化为分类规则,从而更好地分析这些数据。分析对罪犯改造好坏的有关因素,为监狱的决策者制定管理策略提供帮助。

应用概率图模型进行数据挖掘前,先要进行数据预处理工作。数据预处理的目的是消除噪声、冗余、不完整和不一致数据。常用的数据预处理技术有:数据清理、数据集成、数据变换和数据归约。数据清理通过填写空缺的值，平滑噪声数据，识别、删除孤立点，并解决不一致来"清理"数据。数据集成将多个数据源中的数据结合起来存放在一个一致的数据存储中。数据变换是将数据转换成适合挖掘的形式。数据归约是指将得到数据集压缩表示，归约后的数据集小得多，但能够产生同样的分析结果。

在数据预处理工作的基础上，再对监狱服刑人员采用概率图模型进行分类。分类的本质是设计并训练一个分类函数或分类模型（分类器），该模型能把数据库中的数据映射到给定类别中的某一个。常见的分类方法有人工神经网络、贝叶斯分类、遗传算法和决策树等，针对监狱数据的特点，拟采用改进 LDA（Latent Dirichlet Allocation）模型进行分类。

Blei 等人提出了 LDA 模型，是非监督领域经典的文本分类模型，被广泛应用在图像分类、模型检索、聚类分析等领域。LDA 模型，也称为三层贝叶斯概率模型，包含词、主题和文档三层结构，Blei 认为文档到主题服从狄利克雷（Dirichlet）分布，主题到词服从多项式分布。

采用改进的 LDA 模型进行分类，将监狱服刑人员看做是待分类的"文档"，服刑人员的犯罪经历、入狱表现、各项审查评分结果看做是待分类文档的"单词"，而其中监狱管理人员对服刑人员的描述和判断可以视为待分类文档的"人工标注信息"。应用文档分类模型，对服刑人员进行分类，分析对罪犯改造好坏的有关因素，为监狱的决策者制定管理策略提供帮助。

④基于可视化指挥技术。

监狱三维可视化系统可以根据不同的规划设计方案，利用虚拟现实技术融合真实监狱物理结构，生成监狱的三维虚拟景观，同时建立监狱模型数据库，利用中间件技术实现 VR 系统和 GIS 系统的应用集成，建立监狱的场景创作和成果展示平台。结合前文讨论的监狱监控可视化需要实现的功能问题和技术关键问题的相关研究，我们在系统中利用这些技术手段，基于 Multigen 和 Vega 实现了监狱中场景表现的创作平台和评估平台，实现了能够对专家和领导进行展示规划设计成果的系统，通过对可视化系统的研究，使之直接

7.4 应急指挥综合管理平台关键技术研究

为政府和各个职能部门服务，使规划方案的评估和决策更具备科学性。

监狱实时可视化监控技术上不存在不能解决的难点，且可视化能较好地完成业务，因而可视化技术可行性较高。

基于物联网的监狱应急指挥综合管理平台总体架构设计包括8个子系统，分别是指挥调度子系统，视频监控子系统，门禁控制子系统，电视墙控制子系统，接口管理子系统，设备运维子系统，联动处理子系统，中心管理子系统。实现监狱各业务系统与数据库的动态聚合，各业务系统间的资源共享，提供一种主动式的智能决策服务，从而营造了科学、规范、高效的监狱管控体系和文明的管控环境。

指挥平台采用面向服务的体系结构(SOA)，将应用程序的不同单元(服务)通过服务之间定义的接口关联起来，直接被应用调用，从而有效控制系统中与软件代理交互的人为依赖性，SOA是一种粗粒度、松耦合的服务架构，应急指挥综合管理平台架构图如图7-5所示。

监狱中各类服务与业务之间呈现多对多的关系。在这样的需求模式下，单项服务的复用与灵活组合能力最为重要：一方面，借助IT服务的复用能力，使一项IT服务能够为多类业务提供辅助支持，降低服务的开发代价和实施、维护代价；另一方面，借助IT服务的灵活组合能力，将业务需求拆分到基本服务单元，以各种服务组合的方式最大程度的柔性面对需求变化，不仅满足现在的需求，同时也增强"顶层设计"系统在未来的抗风险性。

基于特性，在技术架构中引入SOA（Service-oriented Architecture，面向服务的体系结构或面向服务的架构），以解决在互联网环境下服务集成的需要，通过服务的连接完成特定任务的独立功能实体实现。SOA是一个构件模型，它将应用程序的不同功能单元(称为服务)通过这些服务之间定义良好的接口和契约联系起来。接口是采用中立的方式进行定义的，它能够独立于实现服务

第 7 章 应急指挥综合管理平台关键技术

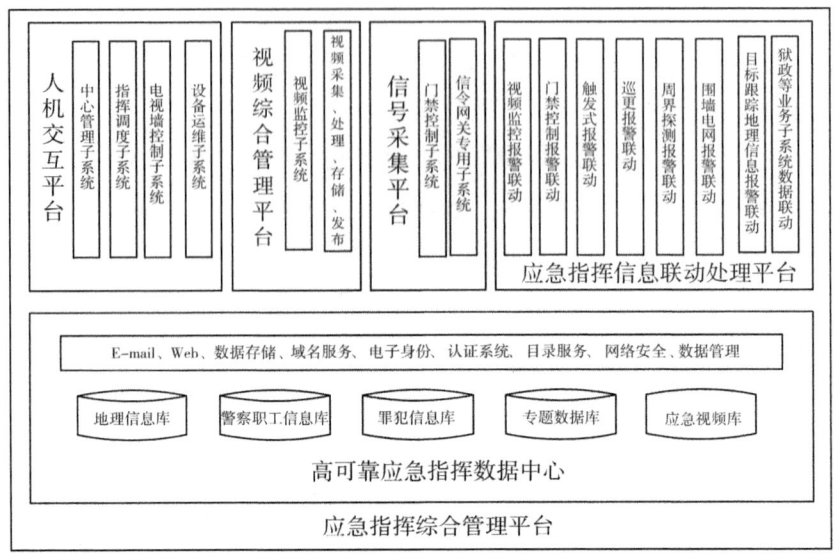

图 7-5 应急指挥综合管理平台架构图

的硬件平台、操作系统和编程语言。这使得构建在各种这样的系统中的服务以一种统一和通用的方式进行交互。

SOA 架构模型将应用程序面向刑罚执行业务、队伍建设业务等服务的不同功能单元，并将这些功能单元高度内聚为服务构件，使服务构件具有标准化、松耦合、弹性粒度、按需组装的特性，从而实现以业务为中心的服务架构、数据架构、技术架构的全面整合，动态调度服务于不同业务需求，形成融合全监狱信息化资源，跨越多个组织机构、监狱内外的无边界信息流。

⑤采用物联网架构技术。

采用物联网架构技术，设备拥有独立 IP，完全脱离 DNS 交换器，率先实现纯网络化跨网段独立运行，组网简单快捷。物联网是通过射频识别（RFID）、红外感应器、定位系统、激光扫描器等信息传感设备，按约定的协议，把任何物品与互联网相连接，进行信息交换和通信，以实现对物品的智能化识别、定位、跟踪、监控和

7.4 应急指挥综合管理平台关键技术研究

管理的一种网络。2012年2月14日,随着工信部颁布的中国第一个物联网五年规划——《物联网"十二五"发展规划》,标志着物联网技术已基本成熟,进入了深入发展应用的阶段,结合监管场所的安防需求,采用物联网架构技术非常适合智能监狱的信息化建设。

⑥遵循多种标准和协议规范,不依赖于特定厂商的软硬件平台。

本系统的设计和开发遵循业界开放的标准及协议,选择主流、比较成熟的IT技术,遵循业界开放标准及协议。本系统采用基于标准J2EE的多层体系架构作为建设的技术路线。随着系统的深入应用和扩展,采用J2EE组件技术设计和开发,具有很强的灵活性、适应性和扩展性,为今后系统的进一步升级和改造打下了良好的基础。本系统具备跨平台特性,不依赖特定厂家的软硬件平台,其中软件平台包括操作系统、数据库、Web服务器、应用服务器、中间件等。

⑦B/S多层次结构。

本系统采用B/S多层次应用架构,包含用户层、业务层、数据层;可提高诸如可维护性、可重用性、可伸缩性、可靠性和安全性等运行要求。此外,由于层之间的低耦合、层之间的高内聚,以及用户界面层的不同实现能力,使应用系统的维护和增强变得更容易,保证数据的安全、完整、正确。采用这种层次结构,各层功能相对独立,各自改变而不相互影响,使得系统具有很好的灵活性、适应性和可维护性。

⑧XML作为系统接口的数据交换标准。

采用XML数据标准的Web服务,XML具有简单性、开发性、可扩展性,并具备自我描述功能,把数据和显示区分开,提供人机共同的交互语言。本平台采用XML作为数据交换平台,将XML作为系统数据接口和表达标准,并利用XML进行对外的数据交互,提供了系统的模块化能力及与第三方应用的集成能力,实现系统与多种软硬件平台进行交互、通信。

7.5 应急指挥综合管理平台关键技术具体研究

1. 基于概率图模型的监狱大数据分析与挖掘技术

（1）研究内容。

采用基于概率图模型对应急指挥综合管理平台中收集到的监狱大数据进行分析与挖掘，对罪犯进行合理的聚类与分类，研究重点危险人员的行为表现，根据罪犯在狱中的表现预测其最终的矫治效果，并为可视化指挥平台提供重点危险人员数据库信息以及矫治预测的数据支持。

监狱信息化建设有两方面要求，一方面是对罪犯信息、监控录像等各项资源数字化，通过数据库管理，将各类信息集中起来，方便各种查询及管理服务。另一方面是管理模式的数字化，将管理的流程进行数字化处理，制定多种数字化应急预案等。传统的监狱管理系统分为六大部分：狱政管理、劳动改造、教育改造、刑罚执行、生活卫生、狱侦管理，涵盖了罪犯的各类情况，如物理特征（年龄、性别、外貌、身高、体重、血型等），心理特征（人格特征、性情特征等），生活环境（文化程度、婚姻状况、家庭关系等），技能特征（特长、被捕前职业等），是否需要特别关注（是否有吸毒史、涉枪、涉黑史等）等，事实上建立起了一个庞大的罪犯信息数据库。这个信息库涵盖了大量的罪犯内部相关性联系，对这个信息库进行分析与挖掘可以获得宝贵的监狱管理经验。

在应急管理平台的中心管理子系统中，要汇总罪犯的各项数据，并对其加以合理分类，使得在指挥调度、视频监控、门禁监控等多个子系统中能够对罪犯进行重点管理。在这个过程中最为基础也是最核心的问题就是对罪犯进行合理的聚类和分类。通过合理而高效的聚类和分类算法，对罪犯进行多个等级的分类，并对需要特别关注的罪犯展开重点监控与布防预警，这样可提高应急指挥平台对罪犯的监控效率。

作为监狱的管理人员，始终希望能够让入狱的罪犯得到最好的

7.5 应急指挥综合管理平台关键技术具体研究

矫治效果,这也是设立监狱管理最为根本的目的。因此在应急指挥平台中,如何提高罪犯的矫治效果也是工作的核心之一。如果在罪犯服刑期间能够对这个服刑期结束的评定给出合理的预测,就可及时的发现其中存在的问题,并进行合理的调整。因此对罪犯的行为表现建立概率图模型,通过对罪犯的历史表现记录进行模型的学习和修正,根据当前的罪犯表现来预测其将来的矫治效果。

(2)研究方案。

基于概率图模型的监狱大数据分析与挖掘技术的总体研究方案如图 7-6 所示。通过应急指挥综合管理平台建立监狱数据库,从中收集罪犯的各项信息,并根据历史信息种类对罪犯类型进行聚类分析,从而得到需要重点看管的罪犯分类。然后通过概率图模型建立罪犯静态信息与动态信息的相互联系,并通过优化 LDA 主题模型获得罪犯的分类方法。该类别信息直接传送给可视化指挥系统以及其他应急指挥综合管理平台子系统,为其提供数据支持。

根据罪犯在服刑期间的表现以及最终的矫治评定,建立条件随机域模型用于罪犯矫治效果的预测。该模型可以通过监狱数据库获得罪犯的表现情况,并计算预测出其矫治效果。当罪犯的矫治效果低于临界值时会向可视化指挥系统传输警报信息,提醒监管人员对该罪犯的矫治方案进行适当的调整。

①罪犯的聚类与分类。

罪犯的各项数据由监狱多个系统分别监管,包括罪犯的档案信息、狱政管理、劳动改造、教育改造等七个部分。其中除了档案信息为静态信息之外,其他六个部分都是随着罪犯在狱中的表现而动态记录的。为了能够实现对罪犯更为有效的管理,首先需要对罪犯进行合理的分类。传统的监管方法通常是依据罪犯的犯罪事件、犯罪严重程度等对罪犯的类别判定。对那些有暴力倾向、严重违纪的罪犯要重点监控;对表现良好的罪犯要采用多种鼓励方式。本课题通过数据挖掘的方法,对罪犯按照其在狱中的表现分为非常消极、消极、一般、积极、非常积极五个类别,为罪犯的监管提供方便。对于档案数据这类静态信息,本课题推荐使用 K-means 聚类算法。K-means 算法虽然较为古老,但是依然不失为一种非常高效的聚类

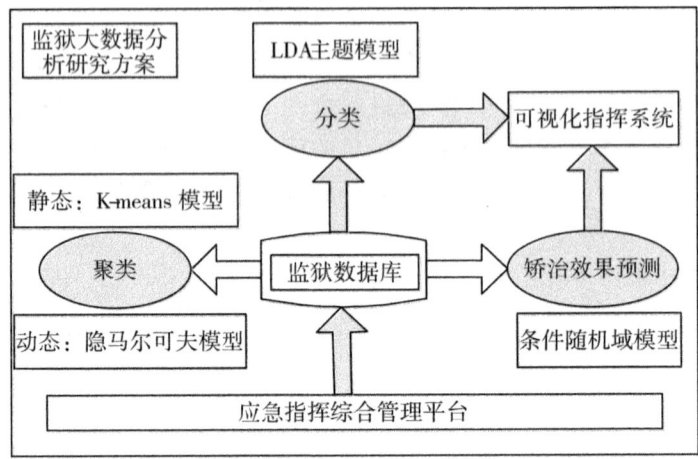

图 7-6　监狱大数据分析与挖掘技术的总体研究方案

算法。尤其对于静态的多维度数据采用 K-means 聚类方法十分便捷，其最大的缺陷在于需要手工指定类别数量。对于服刑表现等动态信息，本课题提出了一种基于隐马尔科夫模型的聚类算法，对时序变化的罪犯在狱中的表现进行整体的观测与分析，从而得到更为精确的聚类结果。

在对各个属性特征及表现特征的聚类分析的基础之上，进一步挖掘罪犯静态属性与动态表现之间的关系，从而根据其静态属性特征直接对其将来的表现进行一定的预测。本项目引进了 LDA 主题模型，根据历史数据对三层贝叶斯概率网络进行参数学习，从而得到罪犯的属性与类别的概率关系。根据这个模型的参数结果，对任何一个新的样本(没有历史记录的罪犯)进行有效的分类。有了聚类和分类的基础，就可以通过应急指挥平台对监狱罪犯进行重点监控。

②矫治效果的预测。

如果能够在"事前"就对罪犯之间的差异性，对矫治效果进行一定的预测，然后又将实际的情况和预测的情况进行比较，比如，利用一定的矫治效果算法对某个罪犯的日表现、周表现和月表现进行预测,设定一个评价标准。那么就可能会及时地发现矫治工作中的问题并加以解决和完善,也有助于找到最优效果的矫治手段,达到最优的矫治效果。比如,某个罪犯的矫治效果低于预期,表现不好,要找到背后的原因,是罪犯本身对于矫治方法抗拒,还是矫治方法存在某些漏洞和不完备的地方,是否这一种矫治方法因为罪犯个体的差异而降低了效率,通过这样的分析再结合传统的反馈激励,使矫治方法不断完善,甚至是达到矫治方法的"定制化",也就是针对每一个罪犯找到其最适合的矫治方法,这大大提高了罪犯改造质量,促进了社会稳定和提高了监狱矫治工作水平,这应该是未来监狱信息化发展的一个重要方向。

要建立一套矫治预测机制,背后需要一套成熟的矫治效果预测算法。对于罪犯信息的分类存储方式,比较适用的算法有神经网络算法,它通过模拟人脑思维,通过交叉传递,拟合逼近的方法可以比较好的得到矫治预测信息。而如果要对矫治工作进行通盘考虑,需要将罪犯差异、狱政信息和矫治方法结合起来分析,条件随机场是一个好的选择,它可以生成矫治效果的观察序列,更好地提高矫治效果。

(3)研究方法与研究过程。

①K-means 模型。

K-means 是一种基于距离的迭代式算法。它将 n 个观察实例分类到 k 个聚类中,使得每个观察实例距离它所在的聚类中心点比其他的聚类中心点的距离更小。其中,距离的计算方式可以是欧式距离、曼哈顿距离或者其他。

K-means 算法首先选取罪犯的民族、政治面貌、捕前文化、捕前婚姻状况、捕前身份、捕前职级、捕前职称、参加过何党派团体、国家、籍贯所属地区、身高、体重等属性作为聚类特征,并将这些聚类特征数值化。具体方式是将各项目中的不同内容分配不同数值。例如,将"民族"条目中设定汉族为 1,维吾尔族为 2,哈萨克族为 3,等等,这样就实现了"民族"条目的数值化表述。再例如对"捕前文化"条目而言,可以设定小学文化为 1,初中文化为 2,高中文化为 3,等等,这样又实现了"捕前文化"的数值化。

在实现了属性特征的数值化之后，每一个罪犯被抽象成了一系列特征，且经过数值化之后，每一个特征都已通过数字来表示，将这一数字化后的特征列表称为特征向量。

在获得了特征向量后，即可采用 K-means 算法进行无监督的聚类，将罪犯划分为各个集合，分析不同集合的特点，寻找它们之间的内在关系。

K-means 算法的实现步骤如下。

步骤1：从罪犯中随机取 k 个罪犯作为 k 个簇的各自的中心，此时"罪犯"已经用其数字化后的特征向量来代表，作为"簇中心"的罪犯，也就是该罪犯所对应的数字化后的"簇中心特征向量"；

步骤2：分别计算剩下的罪犯（即其数字化后的特征向量）到 k 个簇中心向量的距离，把这些代表罪犯的特征向量分别划归到距离最小的簇；

步骤3：根据聚类结果，重新计算 k 个簇各自的中心，计算方法是取簇中所有元素的算术平均数；

步骤4：D 中全部罪犯按照新的中心重新聚类；

步骤5：重复第4步，直到聚类结果不再变化；

步骤6：结果输出。

②隐马尔科夫模型。

采用隐马尔科夫模型，把罪犯在狱中的表现等动态信息作为分类依据，从而对需要特别关注的消极罪犯有更准确的分类结果。隐马尔科夫模型将罪犯的类别作为聚类特征，将罪犯个体的表现数据作为隐马尔科夫模型的观察数据，以此生成连续的马尔科夫链用于模型的聚类。

在隐马尔科夫模型的观测图（见图7-7）中，在不同时刻的观测点 O_1、O_2、O_3 观测罪犯的状态 C_1、C_2、$C3$，由此确定其对应时刻下的表现数据并作为其状态值。其中罪犯的表现数据是由劳动改造、教育改造、生活卫生三个系统中的评分给出，罪犯的状态则分为非常消极、消极、一般、积极、非常积极五种，并且假定罪犯的状态最多只能跨一个等级跳转，例如从消极跳转到积极，但不能从消极跳转到非常积极。本课题采用 KL 距离来衡量罪犯表现的时序

7.5 应急指挥综合管理平台关键技术具体研究

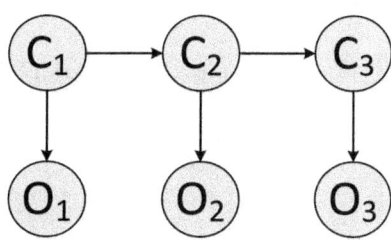

图 7-7 隐马尔可夫模型的观测图

数据的相似性。对于两个序列 st，可以定义：

$$d_{kl}(s, t) = \sum_i s(i) \log \frac{s(i)}{t(i)}$$

隐马尔科夫模型算法的实现步骤如下。

步骤 1：初始化隐马尔科夫模型参数，设置转移概率矩阵和初始概率为平均分布，其中，转移概率矩阵的第 i 行第 j 列代表罪犯从第 i 个状态跳转到第 j 个状态的概率；

步骤 2：根据各个时序数据拟合各隐马尔科夫模型的参数；

步骤 3：构建后检验概率矩阵 $H(i, j) = P(O_j | C_i)$，并对其进行归一化处理，$H_{\text{norm}}(i, j) = \dfrac{H(i, j)}{\sum\limits_i H(i, j)}$；

步骤 4：计算时间序列的相似度，此课题研究采用 KL 距离，构建相似度矩阵 $d_{kl}(O_i, O_j) = \sum_k H(k, i) \log \dfrac{H(k, i)}{H(k, j)}$，然后平均任意两个序列的距离 $d_{kl} = (d_{kl} + d_{kl}^T)/2$；

步骤 5：有了归一化后的距离矩阵，就可以通过普通静态聚类的方法得到聚类结果。

隐马尔科夫模型聚类对罪犯矫治效果时间序列进行聚类，深入挖掘犯罪个体的内在关系，相比于静态的 K-means 聚类方法能够更充分的反映出罪犯在服刑期间的表现变化。

③LDA 主题模型。

LDA 模型用来对监狱罪犯进行分类，将监狱罪犯看作是待分类的"文档",罪犯的年龄、犯罪经历、文化程度等静态属性看做是待分类文档的"单词",而其中监狱管理人员对罪犯的评价和描述可以视为待分类文档的类别信息,这里依然将其分为非常消极、消极、一般、积极、非常积极五个类别。这里以非常消极和非常积极为例,这两种类型的罪犯在年龄分布、文化程度等静态属性上的分布会有非常大的差异,因此根据一个罪犯的静态属性特征,可以在一定程度上对其归类。建立监狱罪犯到文档分类的对应关系,就可以应用文档分类模型,对罪犯进行分类,分析罪犯的哪些属性与其将来在狱中表现有关,为监狱的决策者制定管理策略提供帮助。

LDA 模型的概率图如图 7-8 所示,其中 K 表示罪犯类别数目,这里为五种,S 表示罪犯的个数,每个罪犯有 N 个属性。$W_{s,n}$ 表示罪犯对应的每种经过数值化后的属性值,$Z_{s,n}$ 表示有这种属性的罪犯类别。θ_s 为一个 K 维向量,对应罪犯 s 的类别描述,用来生成 $Z_{s,n}$ 类别的多项式分布。β_k 是一个长度为属性种类数的向量,用来生成 $W_{s,n}$ 的多项式分布。$\theta_i(i=1,\cdots,S)$ 服从狄利克雷分布,分布的参数为 α,$\beta_i(i=1,\cdots,K)$ 符合狄利克雷分布,分布的参数为 η。

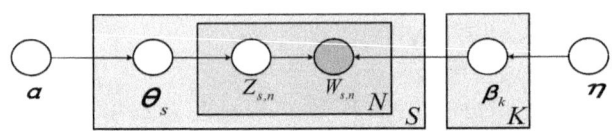

图 7-8 LDA 主题模型的概率图模型

LDA 主题模型分类算法的实现步骤如下。

步骤 1:为每一个罪犯类别 k,根据狄利克雷分布以及参数 η,生成 $\beta_k(i=1,\cdots,K)$;

步骤 2:为每一个罪犯 s,根据狄利克雷分布以及参数 α,生成 $\theta_s(s=1,\cdots,S)$;

步骤 3:为罪犯 s 的第 d 个属性 $W_{s,d}$,根据多项式分布以及参数 θ_s,生成该属性对应的类别 $Z_{s,d}$,根据多项式分布以及参数

7.5 应急指挥综合管理平台关键技术具体研究

$\beta_{Z_{s,n}}$,生成属性 $W_{s,d}$。

步骤4:通过 Gibbs Sampling 公式,重新采样每个 W 的所属类别 t,并在罪犯集合中更新直到 Gibbs Sampling 收敛。收敛以后得到罪犯类别与其属性的概率矩阵,这个就是 LDA 矩阵。用同样的方法可以得到罪犯类别的概率矩阵及其概率分布。

步骤5:罪犯的类别为 $c(x_i)$,使 $\theta_i(c(x_i)) = \max(\theta_i)$。

④神经网络算法

反馈神经网络模型的输入特征为罪犯的基础信息数据,包括年龄、政治面貌、捕前文化程度、捕前婚姻状况、分押类型;动态表现数据包括教改表现、劳改表现、生活卫生等;模型的输出为罪犯在该状态下的矫治效果预测结果。神经网络算法模型的示意图如图7-9所示。该神经网络算法包括三层、分别为输入层,隐藏层和输出层,其中输入层为罪犯的数据,包含 n 个特征 $\{x_1, x_2, x_3, \cdots, x_n\}$;隐藏层用来连接输入层和输出层,传递模型的值,提高模型的泛化能力;输出层是罪犯各个项目的评分 $\{y_1, y_2, \cdots, y_m\}$,并且根据这些分项评分给出罪犯的预测矫治效果。

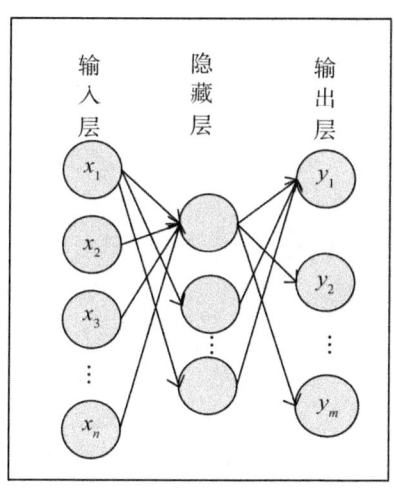

图7-9 神经网络算法示意图

神经网络算法的实现步骤如下。

步骤1：建立训练集，将所有罪犯的输入特征采集，并人工标定其矫治结果，训练集的数据越精确越好；

步骤2：初始化网络，将网络中所有的权重调整为随机数，数值介于0到1之间。

步骤3：训练神经网络，逐个输入罪犯的特征，在网络中按照权重向后传递，直到输出结果。

步骤4：调整权重，对比输出结果与人工标定的准确值的差值，按照预设的计算方法，调整网络中的权重。

步骤5：训练集训练完毕后，用另一组训练集作为测试集，测试网络的准确度。

步骤6：如果准确度高于目标，说明网络训练完毕，否则加大训练集。

利用训练好的神经网络，我们可以对罪犯甚至新入狱的罪犯进行分类，通过输入罪犯特征，并灵活地加入其在狱中表现数据，我们从而可以预测其在今后的矫治效果，并提供合适的矫治方案。

⑤条件随机域模型。

条件随机域模型可以发现罪犯属性间的关联关系，预测分析不同的矫治方法对不同类型的犯罪人员的矫治效果。CRF模型通过对在给定输入序列X下输出序列Y的分布即$p(y|x)$进行建模，分析了输出序列与输入序列之间的关系以及输出序列自身之间关系。在本算法所使用的条件随机域模型中，模型的输出是犯罪个体的矫治效果，采用离散化的方法表示，生成矫治效果的观察序列$Y = \{y_1, y_2, \cdots, y_n\}$；同时模型的输入是犯罪个体的犯罪属性和矫治方法，生成输入序列$X = \{x_1, x_2, \cdots, x_n\}$，其中输入变量$x$包括犯罪个体的基本信息、狱政管理、劳改教改情况和矫正方法。本算法采用的CRF模型的图解如图7-10所示。其中，n表示模型选取的时间序列长度；m表示输入序列选取的特征个数。

条件随机域模型算法的步骤如下。

步骤1：在模型中，引入联合势能函数$g_t(y_t, x; \alpha, \beta)$，当$g_t$的值越大时表明$y_t$和$x$之间的相关性越强。同时为了表示输出序

7.5 应急指挥综合管理平台关键技术具体研究

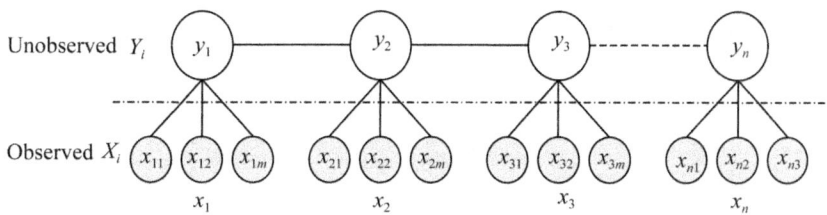

图 7-10 CRF 模型的图解

列之间的相互影响，模型使用相互势能函数 $f_t(y_t, y_{t+1}, x; \lambda)$ 表示，当 f_t 的值越大时表明 y_t 和 y_{t+1} 之间的相关性越强；

步骤2：在联合势能函数和相互势能函数的基础上，CRF 模型的条件概率 $p(y|x)$ 的表达式为：

$$p(y|x; \alpha, \beta, \lambda) = \frac{1}{Z(x; \alpha, \beta, \lambda)} \prod_{t=1}^{T} g_t(y_t, x; \alpha, \beta)$$
$$\prod_{t=1}^{T-1} f_t(y_t, y_{t+1}, x; \lambda)$$

其中 $Z(x; \alpha, \beta, \lambda)$ 为归一化函数，它的表达式为：

$$Z(x; \alpha, \beta, \lambda) = \int \prod_{t=1}^{T} g_t(y_t, x; \alpha, \beta) \prod_{t=1}^{T-1} f_t(y_t, y_{t+1}, x; \lambda) dy$$

步骤3：整理得到优化函数：

$$L(\Pi) = \log p(y|x) - \frac{u_\alpha}{2} \sum_{t=1}^{T} \sum_{j=1}^{k} \sum_{i=1}^{l} (\alpha_{t,i}^{j})^2$$
$$- \frac{u_\beta}{2} \sum_{t=1}^{T} \sum_{j=1}^{k} \sum_{i=1}^{l} (\beta_{t,i}^{j})^2 - \frac{u_\lambda}{2} \sum_{t=1}^{T-1} \sum_{j=1}^{k} \sum_{i=1}^{l} (\lambda_{t,i}^{j})^2$$

模型输入犯罪个体的基础数据和矫正方法预测犯罪个体的矫正效果序列：

$$y = \underset{y}{\operatorname{argmax}} p(y|x; \alpha, \beta, \lambda)$$

步骤4：通过梯度下降算法学习目标参数，其中假设矫治效果预测符合多元高斯分布。

(4) 研究结果。

本课题使用的实验数据为 2014 年 4 月到 8 月示范监狱局经过

脱密处理后的罪犯数据，包含了罪犯的静态基本信息数据以及其在狱中的动态服刑表现数据。

①罪犯的聚类与分类。

图 7-11、图 7-12 分别给出了 K-means 模型、隐马尔科夫模型、LDA 主题模型等模型对需要特别关注的类别与积极罪犯的准确性比较。其中 K-means 方法只考虑罪犯的基本信息，隐马尔科夫和 LDA 方法则考虑了连续几个月的罪犯的表现。重新分配这五个数据集分别为前 n 个月罪犯的基本信息及表现（即数据集 1 包含前 1 个月的，数据集 2 包含前 2 个月，以此类推）。

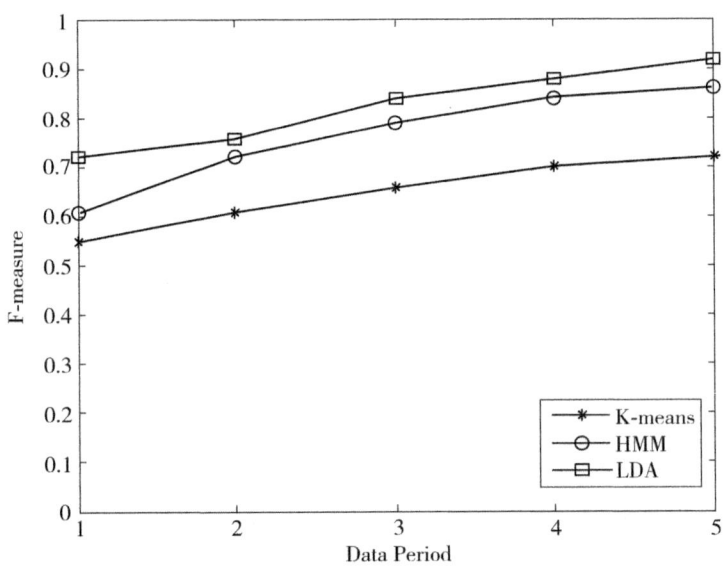

图 7-11　不同方法对需要特别关注罪犯的判别准确性比较

实验结果表明，不论是对特别关注的罪犯的判别还是对积极罪犯的判别，聚类方法由于缺乏标签数据，准确性要普遍低于分类方法。考虑了动态信息的隐马尔科夫方法比只考虑静态信息的 K-means 方法有更高的准确性。可见在没有训练集的前提下，应该使用更为可靠的隐马尔科夫模型对罪犯进行聚类，以便得到更

7.5 应急指挥综合管理平台关键技术具体研究

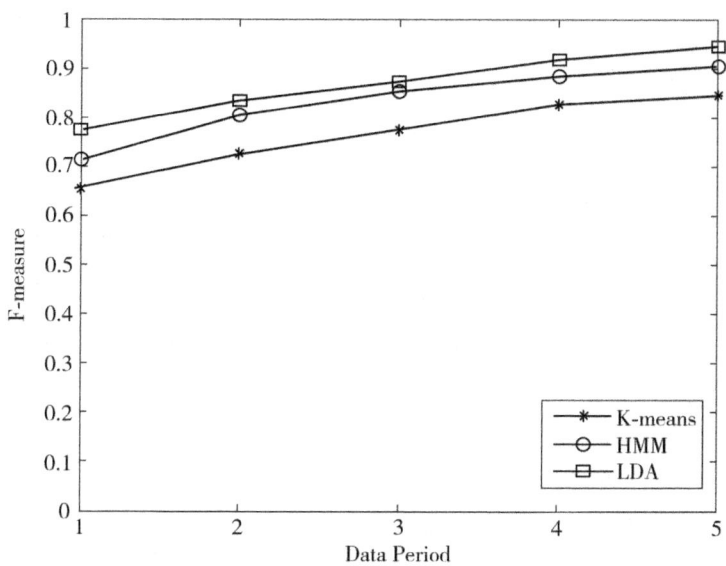

图 7-12 不同方法对积极罪犯的判别准确性比较

为精确的结果;而在有训练数据的前提下,应该采用 LDA 主题模型直接对罪犯进行分类处理。此外还有一个有趣的现象,在这三种方法中对于积极的罪犯的判断更为准确,这似乎说明了对需要特别关注的罪犯的判断更为困难。本研究成果向应急指挥平台及其子系统提供重点监管罪犯信息,为重点危险人员的监管提供准确的数据支持。

②矫治效果的预测。

表 7-1 给出了条件随机域模型与神经网络模型的数值预测误差统计。可以看出条件随机域模型能够更好地对矫治效果进行预测,其多项误差评价指标都明显低于神经网络模型。这是因为条件随机域模型是分多个阶段经过时序序列分析后得到的预测结果,会比神经网络模型单纯使用连续多次的狱中表现有更强的关联性。

表 7-1　条件随机域模型与神经网络模型对罪犯
整体矫治效果的误差统计

评价指标	条件随机域	神经网络
RME	0.277	0.305
RMSE	1.535	1.844
RAES	0.147	0.178

监狱管理局最为棘手的问题是对有心理障碍或者严重暴力倾向等需要特别关注的罪犯的矫治。该类罪犯的表现较为怪异，一般较难预测，常给监狱管理人员带来很大的麻烦。本文也对该类罪犯进行了重点分析，表 7-2 给出了条件随机域模型与神经网络模型的对需要特别关注的罪犯矫治效果的数值预测误差统计。可以看出条件随机域模型对该特殊类型的罪犯有更为稳定的预测结果，而神经网络模型的预测结果误差更大。

表 7-2　条件随机域模型与神经网络模型对需要特别
关注罪犯矫治效果的误差统计

评价指标	条件随机域	神经网络
RME	0.284	0.369
RMSE	1.559	2.040
RAES	0.152	0.211

从图 7-13 中可以看到，当训练达到两个月以后的结果就近似收敛，两种预测方法的准确率都略低于 90%。下方的虚线给出了神经网络训练结果的准确率，上方的虚线则给出了条件随机域模型对矫治效果的准确率，条件随机域模型的预测结果略高于神经网络的预测结果。可以看出条件随机域模型在长时间的训练中依然具有优势。

罪犯在狱中的矫治方案通常根据罪犯的表现而时常变化，而这也是警务人员最难以处理的。本课题提出的条件随机域的预测模型

7.5 应急指挥综合管理平台关键技术具体研究

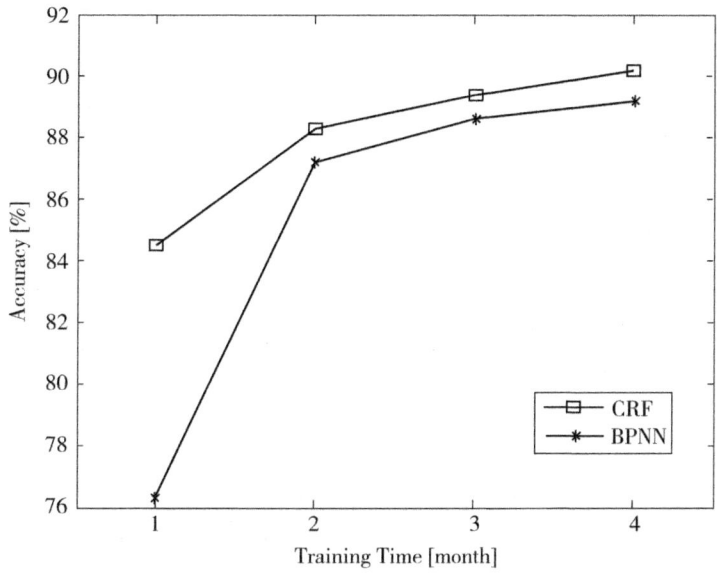

图 7-13 条件随机域及神经网络训练性能

更适合用来分析当前矫治方案及罪犯表现，从而较为准确地预测出最终的罪犯矫治结果。在经过比较之后，本课题最终选用条件随机域模型对监狱罪犯的矫治效果进行预测，并根据监狱数据库信息预测各个罪犯的矫治效果。当系统发现异常值时会向可视化指挥系统发送警报信息。

2. 基于可视化指挥技术

（1）研究方案。

建立各个业务子系统的互操作接口标准；结合监狱需求的可视化导航、触摸式控制台和大屏幕系统交互等技术，进行监听、对讲、灯光控制、门禁控制、电视控制等一系列的设备集成操作，结合地图模型进行可视化整合，并利用触摸交互控制台，实现快速导航，定位查询和控制。

面向监狱的可视化指挥技术的主要研究内容有：①研究监狱的

可视化指挥业务内容、流程和要求，制定行业标准；②从物联网上层应用角度，研究监狱现有各种监控、技防等设施或系统的互操作接口，制定可视化指挥系统的插件接口标准；③研究面向监狱的可视化导航技术，包括三维地图的导航、视频监控或周界报警信息的位置展示和快速浏览、触摸式控制台信息调阅并快速投放到大屏幕画面等。

可视化指挥技术由于涉及与其他各个系统的接口，存在不少技术难点：①可视化指挥(调度)技术在电力调度、工业控制、军事、公安等行业已有较多应用，但对于监狱的可视化指挥显然有不同的内容和要求，目前尚未建立行业标准；②各个系统的互操作接口标准不统一、兼容性差，导致整合困难；③结合监狱需求的可视化导航、触摸式控制台和大屏幕系统交互等技术有待进一步研究。针对以上难点，面向监狱的可视化指挥技术重点在于各系统互操作接口标准研究、监狱可视化业务标准研究及可视化导航等交互技术的研究。

(2)研究方法与研究过程。

指挥中心值班人员通过日常管控动态平面图直观地了解管控场所各层的走廊区域和房间的总体情况，包括房间、走廊的门禁状态，绿色代表关门正常状态，红色代表门禁开启异常状态，提醒值班民警留意异常情况；值班人员可通过点击区域打开房间关联的监控画面以及获取到关押人员的信息，可快速地通过功能推送对房间进行监听、对讲、灯光控制、广播控制、门禁控制、电视控制等操作，同时也扩展支持人员定位系统接入，实时显示人员的位置信息。

监狱的可视化指挥技术是可视化技术在非空间数据领域的应用，可以增强监狱业务数据呈现效果，让用户以直观交互的方式实现对监狱业务数据的观察和浏览，从而发现业务数据中隐藏的特征、关系和模式。可视化应用非常广泛，主要涉及领域包括数据挖掘可视化、网络数据可视化、社交可视化、交通可视化、文本可视化、生物医药可视化等。根据 CARD 可视化模型可以将信息可视化的过程分为以下几个阶段：监狱业务数据预处理、绘制、显示和交互。根据展现模式的分类，信息可视化的数据分为以下几类：一维数据、二维数据、三维数据、多维数据、时态数据、层次数据和网络数据。其中针对二维数据、三维数据的可视化是当前研究的重点。多维数据可视化的方法主要包括几何方法、图标方法和动画方法等。基于几何的可视化方式中最经典的就是平行坐标系方法，即使用平行的竖直轴线来代表维度，通过在轴上刻画多维数据的数值并用折线相连某一数据项在所有轴上的坐标点来展示多维数据。平行坐标系方法能够简洁、快速地展示多维数据，发展出很多改进技术。但是当数据集的规模变得非常大时，密集的折线会引起视觉混淆，处理方法包括维度重排、交互方法、聚类、过滤、动画等。其他基于几何的方法包括 Radviz 方法，即使用圆形坐标系展示可视化结果；散点图矩阵法，即将多维数据中的各个维度两两组合绘制成一系列的按规律排列的散点图。基于图标的可视化方法用具备可视特征的几何形状如大小、长度、形状、颜色等刻画数据，代表性的方法如星绘法等。动画方法用于可视化中可被用来提高交互性和理解程度，其缺点包括可能分散注意力、引起用户的误解、产生"图表垃圾"等。时间序列数据是指具有时间属性的数据集，针对时间序列数据的可视化方法包括线形图、堆积图、动画、地平线图、时间线。层次数据具有等级或层级关系。层次数据的可视化方法主要包括节点链接图和树图 2 种方式。其中树图由一系列的嵌套环、块来展示层次数据。为了能展示更多的节点内容，一些基于"焦点上下文"技术的交互方法被开发出来。包括"鱼眼"技术、几何变形、语义缩放、远离焦点的节点聚类技术等。网络数据具有网状结构。自动布局算法是网络数据可视化的核心，目前主要有以下 3 类：一是力导向布局，二是分层布局，三是网格布局。当数据节点的连接很多时，容易产生边交叉现象，导致视觉混淆。解决边交叉现象的集束边技术可以分为以下几类：力导向的集束边技术、层次集束边技术、基于几何的边聚类技术、多层凝聚集束边技术和基于网格的方法等。其他研究热点包括图形的视觉因素研究、自适应可视化研究、可视化效果的评估等。视觉因素对可视化效果的影响，如位置、长度、面积、形状、色彩等已经引起很多研究者的注意。色彩是视觉因素的重要组成部分，研究主要集中在颜色的选择原则和交互系统中。这些原则基于数据类型、类的数量、认知约束等。自适应可视化可以提高信息可视化的适应性，研究成果分为以下几类：自适应可视化展示、自适应资源模型、自适应用户模型。自适应可视化展示是指根据用户的特征自动为用户提供多种展示类型，自动选择可视化内容及布局的形式，自动调整可视化的元素等。自适应资源模型通过对硬件和软件的利用以提高可视化性能。自适应用户模型通过显示用户模型的内容并让用户能够编辑，从而让用户能够控制模型的内容。当前关于信息可视化评价的研究较少，少量研究也没有提出直接和通用的可视化的评估方式，需要对信息可视化评价的理论基础、方法和应用作深入的研究。可视化技术与应用还应该继续向以下4个方面努力：直观化、关联化、艺术化、交互化。信息可视化技术的发展方向是协同、分析过程、计算和意会，未来的研究方向是信息可视化和数据挖掘的紧密结合。为提高处理海量数据的速度和效率，解决视觉混淆现象，必须运用数据挖掘的公式和算法，对数据分析的过程及结果进行可视化展现。协同可视化，其研究方向包括可视化接口设计、基于Web的可视化协同平台开发、协同可视化工作的视图设计、协同可视化中的工作管理及协同可视化技术的应用等。更多领域的应用技术开发包括统计可视化，即需要研究使用几何、动画、图像等工具对数据统计的过程和结果进行加工和处理的技术；新闻可视化，即对新闻内容进行抓取、清洗和提取和可视化展示；社交网络可视化，即可视化方式显示社交网络的数据，对社交网络中节点、关系及时空数据的集成展示；搜索日志可视化，即针对在使用搜索引擎时产生的海量搜索日志，展现用户的搜索行为、关系和模式等。

（3）研究结果。

平台利用可视化指挥调度技术提供电子地图建设管理，平台电子地图以区域为引导中心，平面图管控主要围绕着区域管理，去除了以前系统平面图中各种各样的图标；通过平面图直观了解到区域罪犯统计数、民警统计情况、区域安全指数；为指挥者提供全局、实时、详尽和直观的决策辅助信息。根据实际需要，可以随时调用信息数据、现场视频图像、声音等,利用相关系统提供的应用模块,进行应急事件的指挥调度,将指挥调度指令及时并准确地发布到各指挥调度机构,方便相关人员查阅,实现对整个突发事件的统筹安排。

3. 基于海量时空数据和领域知识库的应急指挥智能决策技术

(1) 研究内容。

知识库是按一定要求存储在计算机中的相互关联的某种事实、知识的集合,是经过分类和组织、序化的知识集合,是构造专家系统(ES)的核心和基础。在应急决策中,决策者处于一定的时间和心理压力之下,所面临的问题都是以非结构化的形式出现。因此,本研究通过计算机辅助决策来提高应急决策的准确性和效率,提高城市应急决策与指挥水平。而如何依靠智能化的工具、手段和方法辅助人进行应急指挥决策是城市应急指挥系统建设的核心问题。为此,需要引入知识工程技术,提供快速、科学的决策依据,从而有效地应对紧急突发事件。

对给定的决策信息系统,规则获取在于发现属性间的依赖特性,不同级别的信息泛化可以有不同的依赖,高级别的知识粒度中的强函数依赖蕴涵着低级别的函数依赖,从中可以提取出大量有价值的信息。研究重点是把智能化、自动决策辅助方法引入对时空数据的组织分析、对知识库的构建,并且在此基础上生成有效的决策规则。

(2) 研究方案。

应急指挥智能决策技术包括基础网络系统、技防安全系统、管教业务系统等三类系统运维保障及其综合管理办法。为便于运维保障集中管理,在监狱及市局应用门户界面下建一个统一在线运维保障管理系统,实现运维状况在线监测、推送、报警推送、处置状态推送、审批、绩效考核等功能。

知识库实现决策问题以模型与模型集成的形式表现,实现更为复杂的决策综合。模型以结构化建模、逻辑建模、基于图的表示法等方法,通过多个模型的连接组合构成一个更大的模型。通过对模型集成加以研究可以找到融合多层数据的解决办法。

现有决策支持系统存在信息支持不足、专家知识难以获取与表示、从海量数据提取有用信息存在困难等问题,可以通过对已有的人工神经网络、小波分析、遗传算法的建模方法进行组合利用和加以改进,建立组合智能信息处理器,并将之与传统决策支持系统相结合,产生智能决策支持系统,进行知识自动提取和系统智能建模,形成全新、有效的决策指挥技术。

(3)研究方法与研究过程。

以智能技术为时空数据处理和分析的切入点。目前时空数据的智能化处理和分析主要包括神经计算认知模型和符号逻辑推理模型,前者通过生理性的神经模拟实现形象思维的简单功能;后者源于对人类逻辑思维能力的模拟,属于抽象思维的范畴。时空数据处理和分析研究的目标就是建立时空信息地学分析模型,以统计分析、神经计算、知识模型等智能技术为分析手段,快速、定量、自动地实现对蕴涵着的地学特征提取、空间划分等功能。有效、快速的时空数据智能化处理和分析方法包括用于高维时空特征提取的引进支撑向量机(SVM)技术、基于知识的EBF神经网络模型等。

以粗糙集理论作为智能决策理论的重要依据,它研究的重要内容是分类与约简,其目的在于获取优良的规则知识,实现准确的决策。通过提出规则集合的决策度量思想,从整体上体现了对一个规则集合的衡量,为基于多知识库的决策奠定了基础。若采用基于模型集成的基本思想,将规则知识库作为一个决策模型,根据规则集度量选择模型,通过模型集成实现决策融合,将大量信息考虑进决策过程,从而增加决策的正确性。

(4)研究结果。

①运用海量时空数据和领域知识的应急指挥智能决策技术,在此课题中主要用于基础网络系统运维保障、资源统计、拓扑管理、运行管理、故障管理。

对监狱的基础网络系统交换机、服务器等进行统一管理和实时检测,包括资源统计、拓扑管理、运行管理、故障管理等。并根据

7.5 应急指挥综合管理平台关键技术具体研究

采集上报的数据,进行加工处理,以各种适宜的形式展示给管理人员,为他们提供进行决策的数据支撑。

资源统计登记基础网络的资源状况,它包括设备基本情况(设备总数、设备在线数、设备不在线数)、用户基本情况、服务器基本情况(服务器构成、服务器在线率统计、服务器过载率统计等)。

拓扑管理主要提供网络及其构成的各个层次布局显示功能,以协助网络管理人员查看网络运行状态,查找网络故障根源,进行网络规划和设计。

运行管理主要是根据设备(网络设备及服务器)的属性,通过三维GIS展示设备在网络系统中的链接关系及数据链路状态,管理人员可对整个网络系统中的设备进行在线运维监测,生成设备状况统计分析报告在指挥中心大屏展示,并实现数据实时刷新,达到实时监控的目的。

负责监测和控制网络运行状态,进而实现对基础网络系统设备的业务异常提供历史的快照,包括设备的使用、报修,物理电路的连接、激活、断开、修改、删除等。

故障管理主要包括设备故障类型、故障名称、系统类型、故障等级、故障描述、故障产生时间、设备故障清除时间、故障源、故障频次等。同时,对接收到的告警信息和性能数据进行相关性分析、处理,引起根源故障的系统设备进行定位诊断,以便及时进行故障恢复和性能维护。

②实现技防安全系统运维保障、资源统计、拓扑管理、运行管理、故障管理、图像质量管理、机房环境管理。

通过在线检测管理软件对技防安全系统各应用子系统进行自动检测和维护保障,主要包括电视监控系统、智能视频分析系统、高压电网系统、周界报警系统、门禁系统、监仓对讲报警系统、手持对讲报警系统、公共广播系统、会见管理系统、电子公告系统等,确保各子系统正常运行。主要包括资源统计、拓扑管理、运行管理、故障管理、图像质量管理和机房环境管理等。其中,资源统计、拓扑管理、运行管理、故障管理参见前文。

图像质量管理包括实时视频图像质量诊断功能及历史录像图像

的质量检测两大部分。按照定时轮巡模式、即时模式采集视频图像及历史录像图像,实时监控图像质量,并根据阈值定义范围和告警联动方式实现告警。

机房环境管理是指实现精密空调、UPS电源、温湿度相关参数在线监测,并在三维GIS平台实时展现及上报功能。

③实现业务系统运维保障、程序维护、数据安全、绩效考核、网上审批、报表统计、配置管理。

对监狱各管教业务部门的管教业务子系统提供全面维护保障,主要包括系统维护、数据库维护等。a. 实现对各类业务系统的应用程序后台服务在线检测,是否在线运行、登录客户资料、负载率等。并自动保障系统正常运行(如计划执行、自动重启等)。b. 对各业务子系统数据库进行检测维护,实现数据库数据校验、数据审计、数据容灾备份等数据安全保障进行监控管理。c. 制定信息化在线运维保障体系及考核指标,根据终端设备、网络、机房、业务系统及技防系统的运维情况,对各个监狱的运维部门实现绩效考核,并实时网上通报。d. 省(市)监狱局通过办公系统实现监狱信息化系统资产集中管理,系统规划、建设、维护等网上审批。e. 通过对监狱信息化系统的监测与管控,能够按照统一模板格式自动输出月度/年度运维分析报告和各项统计。f. 提供强大的配置管理工具,主要是在线运维保障体系的阈值定义、诊断类型、巡检方式、巡检间隔、告警联动方式等进行后台配置,方便系统自定义和扩充。

④安全指标检测。

物联网安全管控指挥中的安全指标检测模块主要实现与设备运维子系统关联,安全指标检测模块接收设备运维子系统检测结果的数据展示于安全指标模块中,通过安全指标分数效果展示现场内的安全指标情况,使值班民警快速了解场所当前的安全指标分析情况;利用信息化手段计算出用于参考的安全指标,辅助值班民警决策分析,提高场所整体的安全防控水平。

⑤设备控制中心。

通过设备管控中心实现对所有安防子系统设备的管控操作,设备控制中心可对监控、门禁、广播、对讲、电视安防子系统进行管控;同时控制中心可展现当前执行中设备的运行状态。

7.6 应急指挥综合管理平台关键技术的实现

根据监狱信息化历史建设经验、业务需求及信息发展需要,将8个子系统充分整合,以用户交互为中心,将各业务系统间的资源共享,提供一种主动式的智能决策服务。详细研究结果如下。

1. 指挥调度子系统

指挥调度子系统是平台应用的核心,本子系统汇总管理监狱办公区、监管区、监狱生产区、罪犯生活区以及武警防暴队等相关单位的资料,配合电子地图库,为指挥者提供全局、实时、详尽和直观的决策辅助信息。根据实际需要,随时调用信息数据、现场视频图像、电台等,利用相关系统提供的应用模块,进行应急事件的指挥调度,实现指挥调度指令及时并准确地发布到各指挥调度机构,方便相关人员查阅,实现对整个突发事件的统筹指挥调动。

(1)电子地图。

指挥中心值班人员通过全监狱日常管控动态总平面电子地图可直观地了解各栋楼的分布情况,每栋楼各层的走廊区域和房间的总体情况,可通过点击区域快速打开房间关联的监控画面以及获取关押人员的信息,可通过功能推送对房间进行监听、对讲操作,如图7-14所示。

(2)待办事宜。

值班人员通过平台,根据待办事宜的提醒对日常事务提醒与报警信息进行处置,日常事务提醒包括每天每小时各监区值班人员上报信息数据的提醒,以及到规定时间点值班人员未上报统计信息的告警提醒,同时可通过待办事宜中处理报警未处警的报警事务,如图7-15所示。

(3)信息上报。

平台支持信息上报管理,通过信息上报管理模块可实现下级监

第 7 章　应急指挥综合管理平台关键技术

图 7-14　电子地图

图 7-15　待办事宜图

区信息的上报及上级指挥中心数据信息的统计分析与记录查看。监区值班民警通过信息上报管理模块可上报每天监区的统计数据与当天的值班情况，以及每小时上报监区实时统计数据；指挥中心值班民警通过信息上报模块可直观统计查看每个监区上报的数据，如有未按时上报情况，系统即会通过语音形式提醒指挥中心值班民警；同时系统通过统计报表形式记录每天的上报信息，以便今后查看。

7.6 应急指挥综合管理平台关键技术的实现

（4）可视化指挥调度。

当发生突发事件后，系统自动提示与突发事件关联的预案信息，提醒民警进行处理。启动预案后系统会根据预案预设的处置步骤自动或手动调度预案配置的资源，随时调用信息数据、现场视频图像、电台进行查看，显示和处理报警联动信息，如图7-16所示。

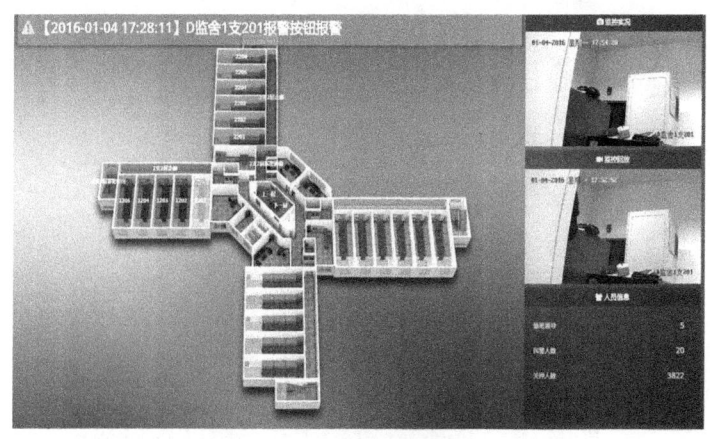

图 7-16　报警联动图

数字化应急预案建立在传统应急预案的基础上，集现代化、信息化、智能化于一体的高度智能化的数字化应急预案。数字化应急预案管理是应急管理平台的核心组成部分，通过数字化应急预案模块，可针对不同的应急事件制定对应的处置方式，可对各类的硬件设备进行控制。预案库管理包括新增预案、修改预案、删除预案和查询预案，并且可对预案进行实时修改，使预案的处置过程更加符合实际。预案库可用户自定义应急预案的启动是由人工还是自动，以及启动后可执行的动作、提供的数据、应急处置流程、结束的标准等，如图7-17所示。

（5）统计分析。

统计分析管理模块主要提供系统各项信息报表的统计内容，展现了各项信息的统计情况，主要包括在线巡更统计报表、报警统计报表、报警日志报表、门禁管控日志报表、日清监日志报表，如图

7-18、图 7-19 所示。

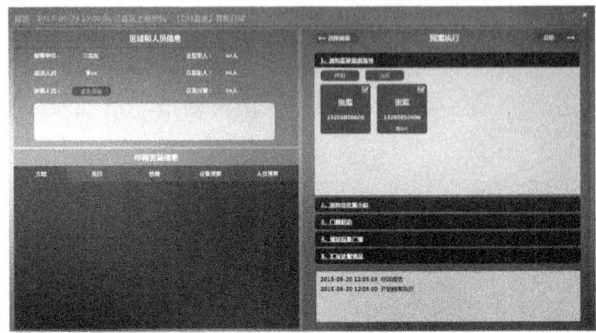

图 7-17　应急预案执行图

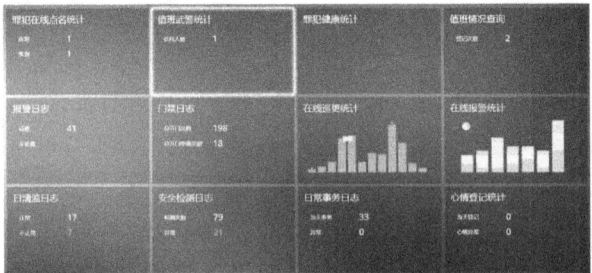

图 7-18　应急指挥平台数据统计图

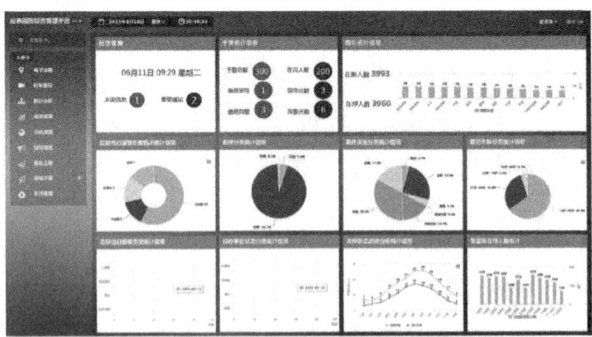

图 7-19　应急指挥平台数据分析图

7.6 应急指挥综合管理平台关键技术的实现

2. 视频监控子系统

视频监控子系统由监狱应急指挥中心、监区分控中心、分监区监控室、视频传输网络、视频采集节点构成。其中监狱应急指挥中心,是监狱内视频监控系统的中心节点。实现监狱范围内监控图像实时浏览、录像存储、录像检索回放、智能报警联动、监控点设备远程控制与管理、用户权限管理以及网络、日志管理等一系列功能。监狱应急指挥中心具备对设备告警处理的最高权限。视频监控子系统包括监控中心、日志管理、录像查询、报警管理、电子地图等管理模块。

(1) 监控中心。

监控中心是应急指挥综合管理平台软件运行于前端的一个重要组成部分,是展现给用户最前面的操作界面,所以监控中心设计非常重要,系统以简洁、易用、美观、实用的设计理念,实现监狱监控系统的整体效果。监控中心的功能主要包含监控浏览、分屏显示、本地录像、本地回放、本地截图、云台控制、本地轮巡组管理;监控中心每个功能项都通过权限来控制,控制每个用户所拥有的相应权限,如图 7-20 所示。

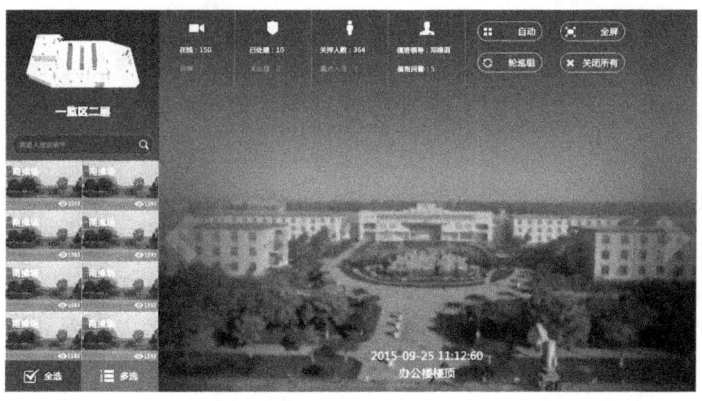

图 7-20 监控中心一览图

该系统实现了视频浏览、分屏显示、本地录像、本地回放、本地截图、云台和镜头控制等功能。监控中心通过视频浏览来控制显示登录用户所拥有的操作权限，提供多级监控，上级单位查看操作下级单位中的监控视频信息，同级或下级单位只能查看操作自主相应权限的监控视频。分屏显示提供实际监控查看画面布局切换的控制，分屏显示包含全屏、单屏、4屏、16屏的切屏效果，使用者可根据不同的场景做出不同的场景方案。本地录像把实时查看的监控画面通过手动录制方式保存在客户端本地，以便日后查阅。本地回放可播放保存在本地客户端的各种录像文件。本地截图把实时的监控画面进行截图，以便日后查阅。云台控制提供对高速球、匀速球、云台等可移动的监控设备的控制，并可控制上、下、左、右、左上、右上、左下、右下，同时控制监控设备的移动步长、变倍、焦距、光圈、自动轮航、预置位等控制参数。

（2）视频轮训组。

本地视频轮巡组提供对摄像枪进行分组的功能，自动查看轮巡组中相应的监控点，是用户日常运用过程中使用最频繁的模块之一，本地轮巡管理是监控中心模块中的重点应用管理部分。本地轮巡中拥有轮巡组与轮巡目录两小部分，轮巡目录可管理多个轮巡组。轮巡组设计按分屏大小、轮巡间隔时间、轮巡屏幕等参数进行设置，并提供对轮巡组自动切换功能，通过时间设置轮巡组的轮巡计划，系统自动按时间轮巡计划执行轮巡内容，满足自动化、智能化监控管理。

（3）录像管理。

录像查询提供对多种存储设备进行查询的功能，系统提供监控区域、摄像枪名称、录像时间等多条件组合查询，查询结果列表可对查询结果进行回放、下载功能；只有拥有下载权限的用户方可下载录像信息，在回放过程中提供快进、慢放、暂停和播放等多种控制方式，如图7-21所示。

（4）系统联动。

指挥中心具有最高级别的设备告警处理权限，监控中心可接收所有设备的报警信号源报警信号，当监控中心接收到报警信号源

7.6 应急指挥综合管理平台关键技术的实现

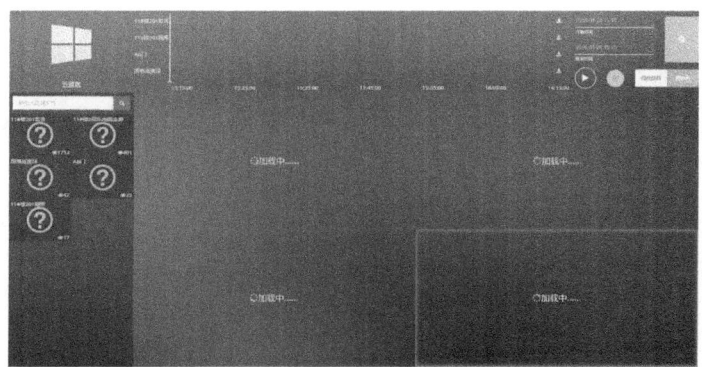

图 7-21 录像管理图

时,系统自动联动出该报警源的实时监控画面,以语音形式告知值班民警,以动画形式展现报警点信息,同时联动实时监控画面显示于电视墙中,联动电子地图突出显示报警点的具体位置,以及三维模型自动定位至报警位置。

(5) 报警管理。

报警管理模块分为报警信号源接收处理模块和设备监视模块。报警信号源接收处理模块用于对本地的报警输入输出进行管理,并接收处理和发送报警消息。设备监视模块用于监视系统中各种服务组件和监控设备的状态,如果状态异常,就进行声、光等方式的报警自动告知值班干警。

系统提供对接入系统的各类报警防区信号进行管理,对单独防区、区域防区和全部防区进行布防、撤防等操作;同时系统提供布撤防计划定制,实现自动按时对防区进行布防撤防管理,如图 7-22 所示。

3. 门禁控制子系统

门禁控制子系统一般由监狱人员通道门禁系统、监狱车辆通道管理系统、监狱监舍门禁系统和监狱办公区门禁系统组成。门禁控制子系统的功能是指对监控范围内分布的各个独立的门状态进行监

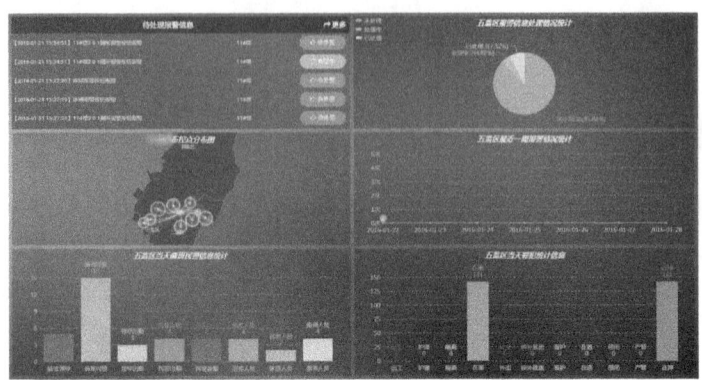

图 7-22　报警信息图

视和控制，实时监视系统和设备的状态，记录和处理相关数据，及时侦测故障，并作必要的控制操作，适时通知人员处理、报警等功能。可根据监狱应急指挥中心的要求提供相关数据和报表的保存、打印等功能，实现了门禁监控系统的安全防盗、方便管理。主要功能包括门禁管理功能、系统联动功能、系统报警功能。

（1）门禁管理。

门禁管理实现的功能包括权限管理、时段管理、刷卡验证、生物识别、数据处理保存查询等。系统权限管理分类清晰明确，权限分配具体到区域、门，只有通过系统权限配置的门禁方可在系统联动门禁信息。系统具有完善的时段管理控制功能，根据具体的区域、门、人员权限，可分配不同的时段管理模式，时间单位可具体到分钟管理。各受控门安装智能卡读卡器，干警或临时外来人员可持对应的有效智能卡在读卡器上刷卡，数据上传至控制器或门禁服务器系统自动验证是否合法；非法验证数据信息平台以报警信号通知值班干警。指纹识别：进出人员通过按指纹验证，系统对指纹信息数据进行分析处理，合法则发送命令开启受控门，否则拒绝开门并发出报警信号。平台所有通道门及报警、指示灯均由控制器进行统一控制。系统可对门禁操作数据自动保存，提供报表打印、查询功能。

(2) 系统报警。

系统报警的主要功能包括超时未关门与强行闯入报警、未授权密码输入错误报警、消防报警、胁迫报警、拆卸报警等。当门禁被长时间(超时时间可通过系统设置)打开或强行闯入时，反馈信号输出至控制器，系统接收到报警信号时，自动联动声光警告信号，系统界面出现具体报警信息。当使用未授权的卡或输入错误密码试图打开门时，系统接收到报警信号信息，并联动效果；同时发送命令至前端门禁控制器发出蜂鸣报警或外接声光报警器信息。控制器接收到消防开关报警信号时，控制器把报警信号发送至信令网关子系统中，平台即可接收到消防报警信号，并联动报警效果。当使用者被人胁迫要求打开门时，可输入胁迫密码、按胁迫指纹，门被打开，使用者不会受到伤害，同时指挥中心的应急指挥平台中显示胁迫开门的报警信息并联动报警效果。当未经允许私自拆卸载门禁设备时，控制器反馈报警信号至信令网关子系统，平台接收到报警信号并联动效果。

4. 电视墙控制子系统

电视墙控制子系统模拟硬件矩阵，以软解码的方式实现电视墙的管理和显示，系统通过后台系统管理配置管理不同厂家的电视显示器，系统通过接收信号采集平台服务器转发软解码服务器的信号，将指定的视频以不同的分屏模式显示在指定的电视大屏上，同时具有记忆功能，每次开机重启时能自动播放上次的视频。电视墙控制客户端用来统一管理各路视频在电视墙的显示，用户可自由选择分屏模式，自由选择播放的视频。

系统有报警产生时，若联动服务器中设置了联动大屏显示，则联动服务器在接收到报警信息时系统自动向信令网关系统发送控制报警联动大屏管理模式，控制报警视频显示在指定模式的屏幕上，同时屏幕闪烁表示为报警视频画面，提醒监控人员注意查看，实现系统的智能化、自动化，如图 7-23 所示。

该系统的主要功能包括电视墙视频控制、电视墙模式管理、电视墙轮巡管理。电视墙视频控制实现对单个画面控制上电视墙，将

第 7 章 应急指挥综合管理平台关键技术

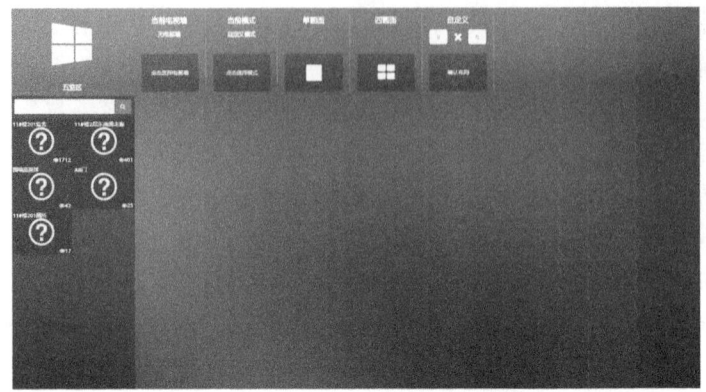

图 7-23 电视控制模块图

指定的视频以不同的分屏模式显示在指定的电视大屏上，可同时在单屏或全屏漫游状态控制不同视频画面显示电视墙中。电视墙模式通过后台管理进行设置，可设置多种电视墙模式，并可快速地控制或调取切换任意一种电视墙模式；同时系统后台管理通过设置当发生某种警情时系统自动联动哪个电视墙模式，如当发生周界报警时自动联动报警处置电视墙模式，当监舍对讲呼叫时自动联动对讲处置电视墙模式。电视墙轮巡组对电视墙模拟信号进行控制管理，可启动电视墙轮巡监控画面，电视墙轮巡组设计可按分屏大小、轮巡间隔时间、轮巡屏幕等参数进行设置，并提供对电视墙轮巡组自动切换的功能，通过时间设置轮巡组的轮巡计划，系统自动按时间轮巡计划执行轮巡内容，满足自动化、智能化监控管理。

5. 接口管理子系统

接口管理子系统是综合管理平台对外部安防设备和业务管理系统的对接桥梁。应急指挥管理平台的所有外部安防设备信号由信号采集平台提供，它包括接收硬件各种状态、事件以及为控制硬件提供统一的对接平台，提升软件智能化水平，它包括信号接收和信号转发两部分，其中应急管理平台通过 TCP、UDP 与信号采集平台交互，不直接与终端硬件对接，信号采集平台接收应急管理平台的消息,并将消息内容解释为操控动作,由信令子系统与硬件对接,根据消息内容执行相应动作,同时接收硬件消息,并将消息转发到应急管理平台中。

系统支持级联功能,下级的数据信息可发送到上级单位,实现多级单位之间的信息共享和联动响应,构建多级化的应急管理平台。系统各个接口包括音视频系统接口、门禁系统接口、对讲监听接口、巡更联动接口、报警系统接口、业务软件接口六大部分。

信号采集平台通过音视频系统的接口管理实现监管场所内所有音视频监控设备的管理,用户可对监控设备进行控制,同时可实现监控与其他设备的功能推送。信号采集平台实现与门禁系统接口管理,通过接口管理管控平台可控制监管场所内所有监舍门禁、楼道门禁的开关门操作,同时管控平台可接收到人脸识别、门禁刷卡信号并进行相应联动。信号采集平台实现与对讲监听系统接口管理,通过接口管理监控系统可控制监管场所内所有对讲设备的对讲、监听,同时监控系统可接收到前端对讲设备的呼叫信号并进行相应联动。信号采集平台实现与巡更联动接口管理,当值班干警未在规定时间内到达预规定地点进行巡更时,巡更系统产生报警信号,实现联动效果。信号采集平台实现与物联网智能终端、周界电网报警、车底监控、AB门安检设备对接,通过接口管理应急管理平台,实现接收各类报警信号并进行相应的处置联动效果。平台实现与业务软件对接,通过接口管理应急管理平台实现接收各类业务信息以供联动展现,主要业务信息包括警察档案、警察排班、服刑人员信息、会见信息与信息发布。

6. 设备运维子系统

设备运维子系统为各类硬件设备配置的接入服务器和视频录像检测,实现了运维检测管理,如视频设备接入服务器、门禁设备接入服务器、周界设备接入服务器等,每种接入服务器和平台的逻辑服务器中均置有运行状态监测软件服务模块,状态监测模块负责监测设备和功能软件的各种指标状态,如CPU使用率、网卡使用率、CPU温度、内存使用率、网络状态、视频通道状态、硬盘状态等,信号采集平台实时接收各类服务器状态信息,通过应急综合管理平台可查看设备巡检服务器的历史状态、统计报表、报警阈值的设置,当指标超过报警阈值时自动触发报警,设备巡检服务器记录报警信息,同时发送报警信号给信令子系统,平台接收报警信号后自动启动预设的联动预案动作。平台与设备巡检服务器都同时记录设备的维护状态、维护周期、维护单位人员等信息,及时预警提示设备保养。

(1)设备诊断管理。

整个应用系统采用"监控诊断维修"的闭环应用方案。"监控"指已经建设或者即将新建的视频监控系统。"诊断"指视频质量诊断。诊断系统对监控系统中的每一路视频进行轮巡检查,查找视频质量下降或出现故障的前端点位,并按照需要定期生成统计报表。对于需要前端维护的监控点位,"诊断"系统将数据派发给"维修"部分。"维修"派出维护人员处理相关故障,从而保障"监控"系统的完好性。

诊断系统利用视频诊断服务完成视频诊断功能,利用 Web 服务完成用户交互,利用数据库服务存储诊断结果和系统配置。依据用户网络状况和部署规模、需求,上述各个服务可采用一台或多台服务器实现,可集中部署在监控中心,或分布在各个分中心。系统支持多种诊断检测项目如表 7-3 所示。

表 7-3　　设备运维子系统支持的诊断检测项目表

■ 清晰度 检测由于镜头聚焦不当、镜头老化导致的视频模糊		■ 亮度 检测视频画面过暗、过亮	
■ 色彩 检测由于摄像头故障导致视频画面大面积偏色		■ 对比度 检测视频对比度异常	

7.6 应急指挥综合管理平台关键技术的实现

■ 噪声 检测由于各种干扰引起的噪声		■ 叠加性干扰 检测视频画面出现叠加线条干扰	
■ 强横纹 检测视频画面出现强横纹干扰		■ 稳定条纹 检测视频画面出现滚动条纹干扰	
■ 视频编码 检测视频画面出现的马赛克（块）效应		■ 信号丢失 检测由于摄像头故障、线路故障等引起的视频信号丢失	
■ 冻结 检测视频画面出现冻结异常		■ 抖动 检测由于不稳定、外部强烈震动等引起的摄像头持续性抖动	
■ 视频剧变 检测视频由于受到强干扰而发生剧烈变化		■ 视频遮挡 检测画面被恶意遮挡	
■ PTZ 检测球机的PTZ功能是否正常			
■ 流媒体/网络状况	检测网络传输视频数据是否正常		

（2）视频录像诊断。

综合运维管理系统通过视频质量诊断对实时的监控画面进行检

测,有效地保障所建设的监控系统能起到真正的作用,在视频质量有保障的基础上对视频是否有正常录像进行诊断,通过预定制的计划,定时对存储的录像进行查询检测,判断是否有按时进行录像,当检测到没有按规定的时间进行录像,或缺失录像时,立刻上报警情,通过自动化的检测有效地提高了视频录像的有效性。

该系统内容包括日常录像诊断、深度录像诊断、网络设备诊断等。日常录像诊断定时对所有或指定的录像按照周期性时间进行查询,检查监控系统返回的录像列表是否按照正常计划进行录像,如果没有正常录像时立刻上报警情,确保视频录像能正常工作,必要时可快速对丢失的录像进行恢复。深度录像诊断定时对所有或指定的录像按照同期性进行查询,根据用户配置录像的最少存储天数进行检测,深度诊断通过检查监控最少存储天数的最后一天的视频录像返回的录像文件,通过检查存在的录像文件能否可以正常播放检测录像的正确性;如果录像文件中有部分不能正常播放,系统会立刻上报警情,以便管理人员快速处置,确保录像准确性。网络设备诊断管理包括应急管理平台的编码器、IPC、存储服务器、流媒体服务器、电视墙系统的图形处理器、解码器、门禁系统、对讲监听系统和报警系统等依托网络运行的所有设备。设备运维子系统通过运维计划定时对网络设备进行检测,发现问题的及时上报警情,通过自动化的检测有效地提高了网络设备的稳定性。

(3)日常管理。

运维子系统提供一个综合运维信息的统计界面,用户可直观地了解到目前管理场所中各类设备的各项安全指标情况,如图 7-24 所示,以及各个设备的诊断情况和各类设备异常信息所占比重;值班人员可对诊断异常数据进行复检,如复检后仍然存在问题,值班人员可快速地进行人工确认,当确定出现问题后需要立刻报障,进行后续的跟踪管理;运维中心还提供故障维修待办、故障统计分析等用户日常管理功能,如图 7-25 所示。

故障处理管理数据来源于运维计划自动检测和人工录入,当系统自动检测到存在问题会自动生成故障登记表,用户通过复查后确定问题登记故障,并在平台中对应设备的责任人账号中生成待办,

7.6 应急指挥综合管理平台关键技术的实现

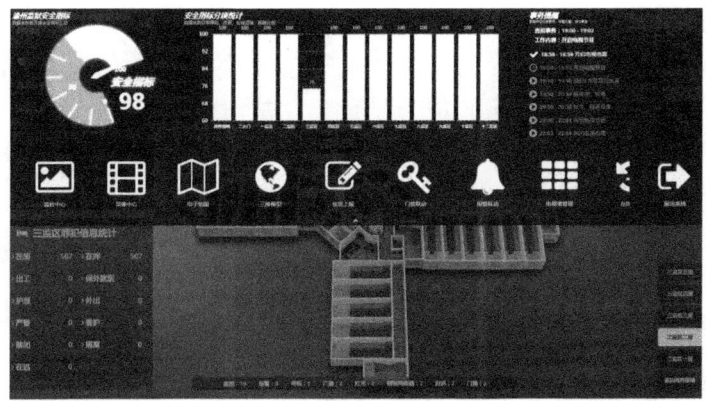

图 7-24 安全指标分析图

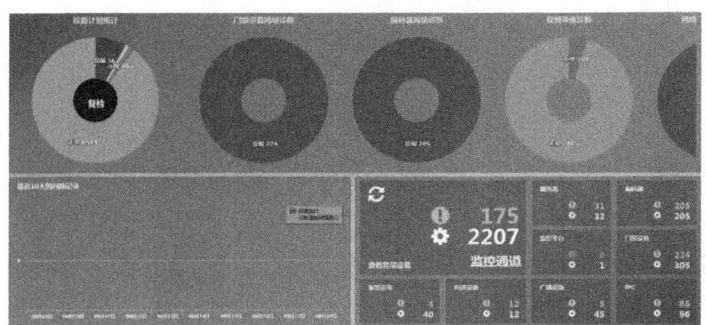

图 7-25 设备诊断分析图

由责任人安排人员去维修，并登记相关的维修管理记录。

(4) 设备管理。

设备登记提供设备的相关信息，包括设备的基础信息、产品序列号、设备的厂家信息、联系方式、供应商信息、联系方法、设备责任人、安装时间、安装地点、所属项目、采购时间等信息。设备责任人管理提供对人员信息的录入管理，包括了人员的姓名、部门、联系方式等。责任人信息可通过接口管理从综合应用管理平台同步。

系统有多种统计报表，可按照时间节点、区域、设备类型、故障类型、故障持续时间、维护效率等进行统计，生成统计报表，为系统运行分析、运行状况评估、服务质量评定、系统配置优化措施、运维方案等提供基础的信息资料。对所有设备建立台账，包括设备编号、设备分类、设备名称、设备型号、责任人、使用状态等。

7. 联动处理子系统

报警联动子系统接收来自各个报警源的报警信息，按照报警信息的位置、级别等属性进行一系列动作联动。系统预先按照实际情况编制报警联动动作序列，如防区发生移动侦测时联动摄像机抓拍录像、联动声响报警设备、联动大屏显示以及联动地图定位等，每个报警可设计多个联动动作。

报警联动子系统是集无线、有线、监狱安防报警、接警、处警于一体的接处警综合联动报警平台。监狱联动报警系统采用二级管理结构；一级为监狱应急指挥中心，二级为监区分控中心。在各类报警发生时，系统能以最快的速度自动显示报警者所处的地理位置、详细资料、警力分布等情况，便于快速调用警力前往处置；监狱安防监控系统的各类报警与音视频联动，能实时显示报警现场的视频画面，在电子地图上显示报警点所在位置，便于及时处置狱内突发事件。监狱安防监控系统能自动启动录音录像，用于事后的查询和分析；能实时记录报警语音，供以后分析处理、追踪。系统的数码录音回放清晰、逼真；电子地图精确显示位置，坐标输入方式简单方便；电子地图、报警信息、接处警录入、资料管理、录放音以及其他各种功能应集成统一，便于切换操作，有利于指挥调度。系统具有很强的可扩展性，与狱政管理系统无缝链接。系统的报警方式包括视频监控联动报警、门禁控制联动报警、触发式报警联动报警、目标跟踪地理信息联动报警、巡更联动报警、周界探测系统联动报警、围墙电网报、报警系统联动报警等。

联动处理子系统包括设备管理视频监控联动报警、门禁控制联动报警、触发式报警联动报警、目标跟踪地理信息联动报警、巡更联动报警、周界探测系统联动报警、围墙电网报警系统联动报警以及声响监控系统联动报警,其各自的具体功能如下。

视频监控系统采用视频监控自带报警源方式产生报警信号,通过报警信号告知值班民警,报警控制地区自动发出声光信号,报警区域及联动区域图像可在电视墙上显示,电子地图突出显示报警点的位置,如图7-26所示。门禁控制系统产生报警信号时,联动视频监控系统将报警点及联动区域视频图像在电视墙上显示,联动电子地图突出显示报警点的具体位置。紧急报警按钮被触发时,联动视频监控系统将报警点及联动区域视频图像在电视墙上显示,联动电子地图突出显示报警点的具体位置。目标跟踪地理信息系统发出报警信息时,根据联动报警设置进行视频监控系统、门禁控制系统的联动。值班干警未在规定时间内到达预规定地点进行巡更,巡更系统产生报警信号,联动报警平台根据联动报警设置产生视频监控系统及门禁控制系统的联动。监狱周界出现非法入侵事件时产生报警信号,联动报警平台根据联动报警,联动监控视频系统、门禁系统,同时联动电子地图突出显示报警点的具体位置,及时把报警信号传输给驻监武警值班室。监狱围墙电网出现非法入侵事件时产发报警信号,联动报警平台根据联动报警联动监控视频系统、门禁系统,同时联动电子地图突出显示报警点的具体位置,及把报警信号传输给驻监武警值班室。声响监控系统产生报警信号时,系统联动监控视频系统、门禁系统进行处置。

8. 中心管理子系统

中心管理子系统作为平台的核心管理部分,中心管理子系统完成平台用户管理、角色管理、设备管理以及功能权限管理等操作,系统中每个用户隶属于一个角色,每个角色配置设备的操作权限、功能操作权限、报警接收权限,用户数量和角色数量可根据具体需要无限制预设。系统实时管理在线用户及设备,实时监测流媒体服务器的负载,自动调整分配流媒体的访问负载。系统服务器端和客户端的所有配置逻辑存储在服务器端数据库。中心管理子系统提供服务器管理、用户管理、单位管理、权限管理、设备权限管理。

第 7 章　应急指挥综合管理平台关键技术

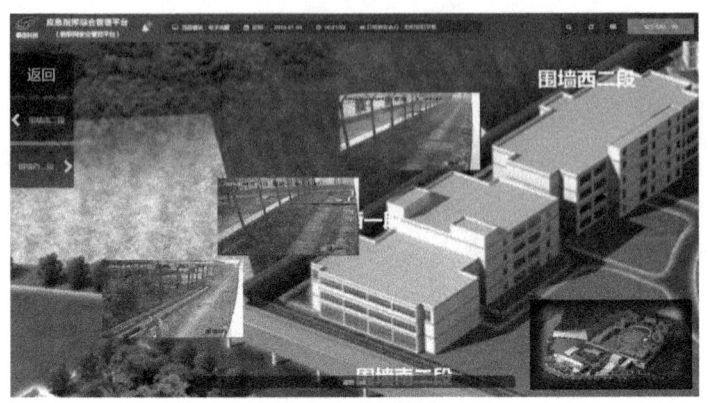

图 7-26　视频监控联动报警

中心管理子系统包括服务器管用户管理、单位管理、人员权限管理、和设备权限管理，其各自的具体功能如下。

服务器运行状态，实时监测流媒体服务器的负载情况，以及 CPU 占用率，内存占用率和网络占用率等参数以图形报表方式展现。级联管理，实现对级联的配置，通过配置后自动同步下级数据。用户管理实现对用户基本信息进行管理，包括用户名、密码、所属单位、用户权限、对讲用户关联等，同时还可对用户进行监控授权，即过虑用户不能查看某些特殊位置的监控点；系统中每个用户隶属于一个角色。单位管理实现对整个系统单位架构进行管理，对系统单位树进行配置，为各模块提供基础依据。人员权限管理实现对整个系统用户的控制，通过权限管理合理分配每个用户所能拥有的权限。权限管理可对系统中一系列需控制处进行控制管理，每个角色配置设备包括操作权限、功能操作权限、报警接收权限、菜单设置、系统权限管理设置、默认主页、电视墙联动设置等一系列的设置管理。设备权限管理实现对接入系统所有硬件设备进行管理，提供硬件设备台账管理，对硬件设备权限控制和硬件设备联动效果设置等；设备权限管理应同时提供对地图模块进行配置，同一栏目界面可设置好各硬件设备的相关信息，达到用户简便运用的效

7.6 应急指挥综合管理平台关键技术的实现

果,设备权限管理设计效果如图 7-27 所示。

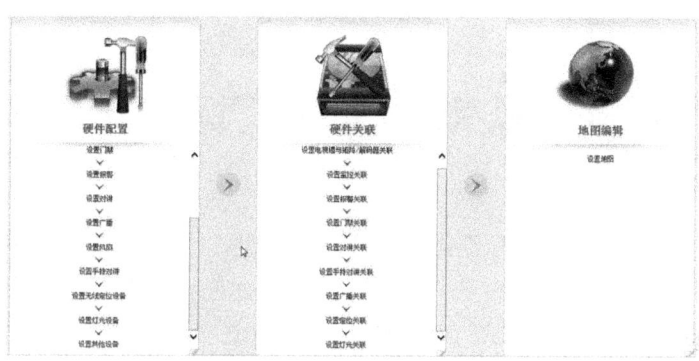

图 7-27 设备权限设计图

第8章 监狱安全防范标准化研究

监狱安全管理是社会综合治理体系的组成部分，对保障社会稳定、维护社会秩序发挥重要作用。安全技术防范系统作为监狱安全管理的有效措施和手段，在保障监狱持续安全稳定方面功效显著。近年来，面对押犯高位增长、构成日趋复杂等严峻形势，一些监狱先后开展了门禁、周界、区域安防系统达标建设，探索实践了以制定监狱安全技术防范系统建设地方标准为抓手，推动安全技术防范系统标准化、规范化、科学化建设，不断提升监狱安防水平的新路子。本章以山东省《监狱安全防范系统建设技术规范》为例展开论述。[①]

8.1 制定监狱安全技术防范系统建设地方标准的现实背景

（1）现行通用标准和行业规范针对性不足。

国内现行建设标准主要包括两大类：一类是针对安全技术防范工程建设的通用标准，主要指《安全防范工程技术规范 GB50348》，该标准作为国内安全防范领域第一部内容完整、格式规范的工程建设技术标准，对全国安防工程建设管理具有较强的指导意义和实用价值；另一类是针对安全技术防范工程子系统建设的各项国家标准或公安行业规范，主要包括《入侵报警系统工程设计规范 GB50394》《周界防范高压电网装置 GB25287》《视频安防监控系统

---

① 本章相关内容参见山东省监狱管理局信息科技处课题组的相关研究成果。

8.1 制定监狱安全技术防范系统建设地方标准的现实背景

技术要求 GA/T367》《出入口控制系统工程设计规范 GB50396》《遮挡式微波入侵探测器技术要求 GB15407》等，这些专项标准规范作为《安全防范工程技术规范 GB50348》的组成部分，对指导各安防子系统建设发挥重要作用。但是，上述两大类标准主要面向社会公共场所、民用领域等的安全技术防范系统建设，大部分条款规定比较宽泛，以通用为主，与监狱实际需求有较大差距，部分标准规范颁布年限较久，有些技术指标和功能要求已落后新技术发展，在高新安防信息技术应用方面的指导性已不够强，难以满足监狱安全技术防范系统建设的实际需要。

（2）监狱安防系统关联各方对标准解读不一。

由于缺乏统一的技术标准和功能要求，无论是监狱建设方还是社会企业施工方、工程设计方，对监狱安全技术防范系统建设内容、设计要求、技术指标、建设区域、系统验收等有不同的理解和认知，造成监狱安全技术防范建设不达标、重复建设、浪费现象时有发生，监狱安防系统建设缺乏完整统一、权威全面的技术标准。

（3）监狱系统内部技术规范具有一定局限性。

从山东监狱系统看，自2010年起先后制定《周界安全防范建设规范》《狱内区域安全防范系统建设规范》等内部技术规范，对规范和指导安防系统建设发挥了重要作用。但受技术发展、建设水平等因素限制，这些内部技术规范还不够系统、稍显分散，特别是缺乏对物联网、高清视频监控、智能分析等已成熟高新技术的应用指导，局限性日渐显现。同时，这种系统内部技术规范对财政等相关职能部门并无约束力，得不到有效认可，在一定程度上导致安防系统建设项目立项无据可依、资金申请困难。

在以上形势背景下，迫切需要制定符合山东监狱安全技术防范系统建设工作实际需要的技术标准。山东省监狱管理局在认真总结近年来山东监狱布局调整项目安防系统建设经验，吸收国内最新安防信息技术，对前期内部技术规范进行归纳、整合、完善的基础上，积极协调有关部门，于2014年底正式出台《监狱安全防范系统建设技术规范》(山东省地方标准，以下简称《标准》)，该标准由山东省质量技术监督局以2014年第11号标准公告发布，自2015年1

月31日起正式实施,以统一、规范、科学的技术标准指导监狱安全技术防范系统建设,提高监狱安全防范水平。

8.2 制定监狱安全技术防范系统建设地方标准的基本原则

《标准》的制定是一项政策性、技术性、协同性和经济性都较强的工作,标准制定得是否先进合理、切实可行,直接影响其实施效果、社会效益和经济效益。在制定《标准》过程中,重点把握了以下三个原则。

(1)立足实际,确保实用。

一是综合考虑各方面现状,做到既立足山东监狱安全技术防范系统建设发展的总体现状,又立足当前国内安防信息化领域发展现状和未来技术发展趋势。《标准》的各项技术指标和功能既做到适度先进,满足未来几年内工作发展需要,又不能脱离实际,避免因指标定得过高,过于追求"高大上",造成投资浪费;二是确保按照《标准》建成的安全技术防范系统,既符合司法部关于加强监狱安全管理工作的规定和要求,又符合山东省监狱管理局对监狱安防建设工作的规定和部署,更符合全省不同监狱的实际需求。三是《标准》在贯彻实施过程中,根据工作要求的变化和相关技术的发展,及时修订,从全局高度出发,确保标准的经济性、实用性、可操作性和可执行性。

(2)科学先进,安全可靠。

一是《标准》既符合现行国家标准及相关行业规范,又将物联网、生物特征识别、智能视频分析等高新技术合理引入,努力实现标准的先进性、科学性。二是《标准》尽量使用国产成熟技术和产品,确保建成的系统安全可靠,对一些看得准、拿得稳、应用成熟的新产品和新技术,及时纳入《标准》加以推广应用;对一时看不准、有疑问、新面市的新产品和新技术,长期关注,深入研究,待发展成熟并先行试点取得成功后再引入《标准》,避免因采用不成熟产品或技术造成投资浪费和建设失误。

(3)注重全面,突出重点。

一是《标准》既面向山东监狱,又面向承担建设工程的社会企业,内容全面、指导性强,重点部分详细描述,便于各方执行到位。二是《标准》对所有子系统的技术指标、安装要求、功能要求等均有明确表述,确保没有遗漏。三是《标准》重点突出,特别是对大门、狱墙、会见室、禁闭室、值班室、三大现场等重点部位安全技术防范的特殊要求,以及对周界入侵报警、高压电网、视频监控、出入口控制、安全检查、紧急报警等重要安防子系统重点描述,做到详细清晰。

8.3 监狱安全技术防范系统建设地方标准的主要内容

(1)《标准》对监狱安全技术防范系统建设提出总体要求。

《标准》首次对山东监狱安全技术防范系统建设内容进行了较为全面的规范和界定,将监狱系统指挥架构确定为省局指挥中心、监狱指挥中心和监区分控室三级,合理划分子系统,明确安全技术防范系统建设必须纳入监狱工程建设总体规划,必须与基建工程同步设计、同步施工、独立验收,监狱安全技术防范系统设计方案必须报山东省监狱管理局信息化业务部门审批。

(2)《标准》对各安防子系统建设作出详细技术要求。

通过对14个安防子系统从设计、配置、功能等方面进行统一要求,建立一个清晰、完整、精准的监狱安全技术防范系统建设模型,为全省监狱提供了统一的标准规范和建设依据。

①周界入侵报警系统。采用两种以上不同探测技术且已发展成熟的探测装置,周界防区根据狱墙长度和武警岗楼位置合理确定,确保没有探测盲区,报警迅速,实现与视频监控图像联动,发生警情后,报警区域相关图像自动切换至屏幕墙,报警信号传输到就近武警执勤哨位,便于迅速处置,同时传输到监狱指挥中心、警卫大队值班室、武警作战勤务值班室,发出声光信号,显示报警区域或位置信息,实现一点报警,多点联动。

②高压电网系统。符合《周界防范高压电网装置 GB25287》的基础上,在以下方面要高于国家标准,进一步提高安全防范系数:狱墙建设巡逻道或安装顶部隔离网墙时,可只安装一道电网,否则必须安装两道电网;在任何天气状况下,保持高压线间压差达到一定要求,电网报警时分别在监狱指挥中心、武警作战勤务值班室和电网对应区段发出报警信号,与视频监控图像联动,报警区域相关图像自动切换至屏幕墙。

③视频监控系统。详细规定监管区域必须部署视频监控的 150 多个部位,要求全部安装当前主流的数字高清视频监控,并具备与各子系统间的报警联动功能,确保大门、狱墙、会见室、禁闭室、值班室、三大现场等重点部位无监控盲区,对周界、大门、值班室等部位监控推荐采用高清智能视频分析系统,提高智能化水平,对监督警察规范、文明执法,方便事后取证,有效防范和震慑狱内各类突发事件发挥重要作用。

④出入口控制系统。对监狱大门、建筑物出入口、隔离门、各类房间门等的门禁控制提出严格要求,各出入口按照控制需要,由低到高应具备按钮、刷卡、刷卡加密码、刷卡加生物识别、手动控制五个等级的门禁控制方式,同时要求门禁控制兼顾监管安全和消防安全。在门禁控制方式中引入人脸识别、虹膜识别、指(掌)静脉识别系统等最新生物识别技术,提高出入口控制系统的安全性和高科技水平。

⑤安全检查系统。对监狱大门、狱内各出入口及通道位置安装部署手持式金属探测器、安检门、X 射线安全检查设备、车底检查系统、生命探测设施等安检设备。首次要求安检系统应配备使用无线设备探测器,实现对目前国内常用的 GSM、CDMA、3G、4G 等频段的探测,有效检测手机等无线通信工具的使用,降低违规使用无线通信工具带来的安全隐患。

⑥紧急报警系统。从确保监狱人民警察执法、执勤过程中人身安全的角度出发,要求监区、医院、教学楼、大门等 30 多个区域或部位安装紧急报警装置,报警信号与视频监控、门禁等系统和数据联动,触发报警时,报警区域相关的图像自动切换至监狱指挥中

8.3 监狱安全技术防范系统建设地方标准的主要内容

心屏幕墙，实现一点报警，多处响应，迅速处置。

⑦武警安防系统。明确武警安防系统作为监狱安全技术防范系统的重要组成部分，对武警安防系统涵盖内容和范围进行明确。武警安防系统包括武警作战勤务值班室、监门哨、自卫哨和岗楼哨的视频监控、报警、通信等系统，严格按照武警部队执勤工作相关规定进行建设，监狱周界、大门、大门人行车行通道、监门哨、岗楼哨、自卫哨等重点部位监控图像以及周界入侵报警信息、周界防范高压电网信息接入武警作战勤务值班室。

⑧指挥中心及分控室。结合近年来省监狱管理局、监狱两级指挥中心建设、运行情况，对省监狱管理局、各监狱指挥中心及监区分控室的功能、设施配备提出明确要求，对指挥中心上下之间的功能联动、信息传输、指挥调度等作出规定，为下一步全省指挥中心规范建设、高效运行打下坚实基础。

⑨其他安防子系统。《标准》还对对讲、声音复核（监听）、电子巡查、识别定位、安防信息集成管理等安防子系统建设提出明确要求，特别在识别定位系统中引入物联网技术，提高了安防系统的智能化水平。

(3)《标准》实现对监狱安全技术防范系统建设全过程闭环管理。

《标准》对系统运行的网络、设备间技术指标及要求、防雷与接地、防爆、消防、数据安全、系统供配电设计等方面提出明确要求。首次对验收程序进行规范，明确要求系统必须经过具备相关资质的检测机构检测合格后，在山东省监狱管理局信息化业务部门指导下组织竣工验收。通过一系列规范详细的要求，实现对监狱安全技术防范系统从方案设计、评审、到系统建设，再到最终验收全过程"闭环式"管理。与此同时，作为省内公开发布实施的地方标准，《标准》打破了以往山东省监狱管理局发布的内部规范性文件仅供监狱系统内单位执行，对参与设计和建设的外部单位无约束力的局面，既为各监狱安防系统设计和建设提供了指导，也为社会单位在参与监狱安防系统方案设计和建设时提供了依据和标准，从根本上改善了以往我省监狱安防范系统设计、建设、验收无统一标准可依的状况，有效解决了以往系统建设中出现的技术水平高低不一、功能分散、子系统间联动性差、投资规模过大等问题。

8.4 监狱安全技术防范系统建设地方标准的功能作用

近年来，山东监狱以"高标准、现代化、有特色"为目标，持续推进和加强监狱建设工作。监狱安全技术防范系统作为监狱建设的一项重要内容，是衡量监狱建设水平高低的关键指标。《标准》既是山省监狱系统第一部地方标准，也是目前全国监狱信息化建设方面第一部独立的地方标准，对于指导山东省新建、迁建、改扩建监狱开展安全技术防范系统建设和现有安防系统改造，规范安防系统建设应用，提升预防和应对突发事件能力，保障监狱持续安全稳定具有重要意义。

(1)《标准》的贯彻实施进一步提升全省监狱安全防范水平。

《标准》的正式出台，为全省监狱安全技术防范系统建设提供了统一、完整的技术标准。在《标准》的培训和宣传中，进一步提出要求：一是要求标准中内容表述出现"推荐""宜"词条的为推荐性条款，可参照执行，其余为强制性条款，须严格执行；二是要求凡新建、迁建、改扩建的监狱，严格按照标准条款要求进行方案设计和建设，建成后按照标准条款技术指标组织验收；三是要求凡现有安全技术防范系统不符合标准的，严格按照标准条款要求逐步进行改造。通过严抓标准贯彻实施，进一步规范全省监狱安全防范系统建设工作，确保监狱场所处于安全防范管控之内，防止在押罪犯脱逃、自伤自残、伤害他人、危害社会，提高监狱安全防范水平和处置突发事件能力，保障监狱持续安全稳定，维护社会安全和人民生活安定。

(2)《标准》的贯彻实施产生较大的经济效益。

按照《标准》进行方案设计和系统建设，既避免监狱因盲目追求高标准、高性能带来的投资浪费，又避免因承建单位设计方案不周全带来的二次建设或重复建设所造成的资金浪费，节省了大量建

8.4 监狱安全技术防范系统建设地方标准的功能作用

设资金,产生一定经济效益。《标准》颁布实施以来,鲁宁、潍坊监狱等迁建单位,湖田、日照监狱、第二女子监狱等改建单位的安全技术防范系统按照标准进行设计、建设,既满足了监狱监管安全对安全技术防范功能方面的要求,又避免了建设单位盲目追求设备高端、技术领先,有效控制了投资规模,安防投资规模基本控制在总投资的8%至10%,降低了成本。同时,作为省内公开发布执行的地方标准,该标准也为监狱安全技术防范系统建设项目到发改委、财政等相关部门立项、申请建设资金提供了关键依据。

(3)《标准》的制定实施探索实践了以标准化推动监狱安全技术防范系统建设规范化、科学化的新路子。

《标准》从启动到正式发布实施,历时一年多,经过多次反复讨论、修改、完善,仅系统内就召开了五次讨论会,标准制定实施的过程对监狱安防系统建设工作是一次极大的推动和提升。从标准制定过程看,既是对国家、相关行业标准及司法部有关规定要求深入学习、领会的过程,又是对近年来省内多所新建、迁建、改扩建监狱安全技术防范设施建设、使用、管理方面的经验教训进行深入总结的过程。《标准》起草人员由山东省监狱管理局和部分监狱单位信息化业务骨干组成,通过起草工作,为山东监狱安防信息化建设锻炼培养了人才队伍。从标准评审过程看,山东省质量技术监督局组织来自山东大学、省公安厅、省安防协会等的业内知名专家,从理论和实践高度对标准进行了审查,大幅提高了标准的层次和水平。从标准贯彻实施过程看,各监狱通过对照标准,找到差距和不足,在此基础上进行新建或对现有系统改造,解决自身安全技术防范系统存在的问题,消除了安全隐患,提高了监狱安全防范能力和水平。标准的制定实施,有力推动了监狱安全技术防范系统建设标准化、规范化、科学化进程。

附录

监狱安全防范系统建设技术规范

1 范围

本标准规定了山东省的监狱安全技术防范系统的术语和定义、设计基本要求、施工技术要求及验收要求。

本标准适用于山东省内新建、改建、扩建监狱安全技术防范系统的建设，是山东监狱安全技术防范系统设计、施工和验收的基本依据。

2 规范性引用文件

下列文件对于本文件的应用是必不可少的。凡是注日期的引用文件，仅注日期的版本适用于本文件。凡是不注日期的引用文件，其最新版本(包括所有的修改单)适用于本文件。

  GB/T 3482 电子设备雷击实验方法

  GB 3836 爆炸性环境

  GB 4208 外壳防护等级

  GB/T 7269 电子设备控制台的布局、型式和基本尺寸

  GB/T 7401 彩色电视图像质量主观评价方法

  GB 12899 手持式金属探测器通用技术规范

  GB 15208.1 微剂量X射线安全检查设备 第1部分：通用技术要求

  GB 15210 通过式金属探测门通用技术规范

  GB/T 15211 安全防范报警设备 环境适应性要求和试验方法

  GB 15407 遮挡式微波入侵探测器技术要求

GB/T 20979　信息安全技术　虹膜识别系统技术要求
GB 25287—2010　周界防范高压电网装置
GB/T 28181　安全防范视频监控联网系统信息传输、交换、控制技术要求
GB/T 30147　安防监控视频实时智能分析设备技术要求
GB 50016　建筑设计防火防范
GB 50052　供配电系统设计规范
GB 50057　建筑物防雷设计规范
GB 50174　电子信息系统机房设计规范
GB 50198　民用闭路监视电视系统工程技术规范
GB/T 50311　建筑与建筑群综合布线系统工程设计规范
GB/T 50314　智能建筑设计标准
GB 50339　智能建筑工程质量验收规范
GB 50343　建筑物电子信息系统防雷技术规范
GB 50348　安全防范工程技术规范
GB 50394　入侵报警系统工程设计规范
GB 50395　视频安防监控系统工程设计规范
GB 50396　出入口控制系统工程设计规范
GA/T 72　楼宇对讲系统及电控防盗门通用技术条件
GA/T 75　安全防范工程程序与要求
GA 308　安全防范系统验收规则
GA/T 367　视频安防监控系统技术要求
GA/T 368　入侵报警系统技术要求
GA/T 394　出入口控制系统技术要求
GA/T 424　审讯过程录像规则
GA 526　监室门
GA 576　防尾随联动互锁安全门通用技术条件
GA/T 644　电子巡查系统技术要求
GA/T 645　视频安防监控系统　变速球型摄像机
GA/T 670　安全防范系统雷电浪涌防护技术要求
GA/T 678　联网型可视对讲系统技术要求

JJ 002　看守所技术建设规范
建标 139　监狱建设标准
SF 03006　监狱信息化　应急指挥联动系统业务与技术规范

3　术语和定义

下列术语与定义适用于本文件。

3.1　监狱

是对被判处死刑缓期二年执行、无期徒刑、有期徒刑的罪犯执行刑罚，实施惩罚与改造的国家刑罚执行机关。本标准中的监狱指对被判处死刑缓期二年执行、无期徒刑、有期徒刑的罪犯执行刑罚、实施惩罚与改造的场所，包含省属监狱、市属监狱、未成年犯管教所等。主要由监狱大门、周界、生活区、学习区、生产区等建筑物构成。

3.2　监狱大门

人员和车辆进出监狱的安全警戒建筑物。

3.3　周界

监狱围墙内外两侧的警戒隔离区域。

3.4　隔离网

监狱按规定设置的辅助隔离物理设施。

3.5　通道

监狱内各建筑物之间，以及建筑物内所有通行的走道。

3.6　监舍楼

监狱关押的罪犯集体生活的场所。

3.7　监舍

监狱关押的罪犯居住的房间。

3.8　生活区

监狱关押的罪犯的居住、餐饮、活动等日常生活区域。

3.9　学习区

监狱关押的罪犯集体学习、接受教育改造的区域。

3.10　生产区

罪犯劳动改造的专门区域。

3.11 信息集成管理系统

周界入侵报警、周界防范高压电网、视频监控、出入口控制、安全检查、紧急报警、对讲、声音复核、电子巡查、识别定位等各子系统的集成管理平台。

3.12 生物识别技术

将信息技术和生物学技术等高科技手段密切结合，利用人体固有的生理特征和行为特征来进行个人身份的识别。

3.13 安防网

监狱内部网络的一部分，是承载监狱周界入侵报警、周界防范高压电网、视频监控、出入口控制、安全检查、紧急报警、对讲、声音复核、电子巡查、识别定位、武警安防、监管指挥中心等各项监狱安防应用的通信网络，该网络覆盖整个监狱的办公、生产、生活等区域，其核心交换机与办公网的核心交换机之间可以互为备份，承载的应用各有侧重，共同在全监狱范围内形成一个互联互通的基础网络平台，与互联网(Internet)及其他外部网络物理隔离。

4 系统设计基本要求

4.1 总体要求

4.1.1 系统应包含不少于以下子系统：周界入侵报警、周界防范高压电网、视频监控、出入口控制、安全检查、紧急报警、对讲、声音复核、电子巡查、识别定位、武警安防、监管指挥中心、安防系统分控室、安防信息集成管理等，各子系统应可独立运行。

4.1.2 系统的设计应符合 GB 50348、GB/T 28181 和本标准的设计要求。

4.1.3 系统设计方案应报送省监狱管理局信息化业务部门审批。

4.1.4 系统建设应纳入工程建设的总体规划，并应与基建工程同步设计、同步施工，独立验收。

4.1.5 系统应选用具有开放通信协议和接口的系统及设备，并具有良好的兼容性，能实现与相关系统安全互联。

4.1.6 周界入侵报警、周界防范高压电网、视频监控、出入口控制、紧急报警、对讲等系统宜具有按设定程序或定时故障巡检功能。

4.1.7 系统应具有时间同步功能，各系统内同步时间误差不大于±2s，与标准时间误差不大于±60s。

4.1.8 系统应整合或集成至统一的操控平台，应支持基于安防网内的远程管理和监控。

4.1.9 系统应具备与实际物理环境相符的电子地图功能。

4.1.10 系统应具备操作日志审计功能。

4.1.11 监狱系统的指挥架构为省监狱管理局监管指挥中心、监狱监管指挥中心和分控室。

4.2 周界入侵报警系统

4.2.1 总体要求

4.2.1.1 周界入侵报警系统的设计应符合 GB 50394、GA/T 368、GB 10408.4、GB 15407 和 GB/T 10408.8 的要求，并应根据表1的要求设置和安装。

4.2.1.2 监狱周界入侵报警系统应采用两种以上不同探测技术的探测器。

4.2.1.3 单个防区长度应不大于100m，防区数根据监狱围墙长度和武警岗楼位置合理确定，应无探测盲区。采用的报警系统如可精确定位，定位精度应不大于5m。

4.2.1.4 具有单防区独立布防、撤防功能。

4.2.1.5 探测器灵敏度可调。

4.2.1.6 报警响应时间应不大于2s，应与视频监控图像联动，报警区域相关的图像应自动切换至屏幕墙。

4.2.1.7 入侵报警系统应按防区实现现场声光报警，宜传至就近的武警执勤哨位，并同时将报警信息传输至监狱监管指挥中心、警卫大队值班室、武警作战勤务值班室，发出声光信号、显示报警区域或位置信息。

4.2.1.8 报警信息状态应能持续保持到手动复位，报警信号应无丢失。

表1 周界入侵报警系统设施配置表

序号	项目	安装区域或覆盖范围	配置要求	安装（部署）方式	效果
1	主动式红外入侵探测报警系统	监狱围墙内侧与隔离网之间	推荐	间隔≤100m安装，最低一束红外光束距离地面应≤20cm	准确捕捉区域入侵物体信息，输出声光、语音报警信号
2	遮挡式微波入侵探测报警系统	监狱围墙内侧与隔离网中间位置	推荐	探测器应距离地面1.2~1.5m，间隔≤100m交叉安装，交叉距离≥3m	准确捕捉入侵物体反射波信息，输出声光、语音报警信号
3	相控阵雷达系统	监狱围墙内侧与隔离网中间位置	推荐	探测器距地面1.2~1.5m	精确捕捉入侵物体局部振动信息，输出声光、语音报警信号
4	光纤振动入侵探测报警系统	隔离网靠近监狱围墙一侧	推荐	防区≤100m，附着于隔离网	准确捕捉区域振动信息，输出声光、语音报警信号
5	振动探测报警系统	隔离网靠近监狱围墙一侧	推荐	防区≤100m，附着于隔离网	准确捕捉局部振动信息，输出声光、语音报警信号
6	泄漏电缆探测报警系统	监狱围墙内侧与隔离网之间	推荐	地下埋设，深度5~15cm，防区≤100m，交叉安装，交叉距离≥5m	准确捕捉地表上和地下一定范围入侵物体电场变化信息，输出声光、语音报警信号

4.2.1.9 接口方式宜选用总线方式或网络方式。

4.2.1.10 采用独立集中供电,备用供电系统应提供不小于8h延时供电。

4.2.1.11 具有设备、线路等故障自检和报警提示功能。

4.2.1.12 具有防拆、防破坏功能。

4.2.1.13 设备运行环境应符合GB/T 15211的要求。

4.2.2 主动式红外入侵探测报警系统

4.2.2.1 主动式红外入侵探测报警系统的选型与安装,应符合GB 10408.4的规定。

4.2.2.2 应采用8束或以上探测器,相邻红外光束之间距离应不大于20cm。

4.2.2.3 前端探测器宜采用立式安装,最低一束红外光束距离地面应不大于20cm。

4.2.3 遮挡式微波入侵探测报警系统

4.2.3.1 遮挡式微波入侵探测报警系统的选型与安装,应符合GB 15407的要求。

4.2.3.2 探测器应距离地面1.2~1.5m牢固安装,并尽量远离高频电磁场较强的地方,两相邻区域探测器应交叉安装。

4.2.3.3 探测器频率应可调,两相邻区域探测器的探测频率应隔开。

4.2.4 相控阵雷达系统

4.2.4.1 系统宜具有根据不同天气条件设置相应运行模式的功能。

4.2.4.2 可探测速度范围0.06m/s~8m/s。

4.2.4.3 可对防区内的探测目标进行定位,精度不大于±50cm。

4.2.4.4 应具有防护区域内部分空间独立设防和撤防控制功能。

4.2.5 光纤振动入侵探测报警系统

4.2.5.1 宜附着于隔离网靠近监狱围墙一侧安装。

4.2.5.2 防区灵敏度可单独设置。

4.2.5.3 可排除暴风雨、车辆振动、飞机起降等外界影响。

4.2.6 振动探测报警系统

4.2.6.1 振动入侵探测报警系统的选型与安装,应符合 GB/T 10408.8 的要求。

4.2.6.2 探测器宜附着于隔离网靠近监狱围墙一侧安装,每对相邻探测器之间距离应不大于 10m。

4.2.6.3 应具有天气模式选择功能,可自动消除风、雨、大雾等恶劣天气影响。

4.2.7 泄漏电缆入侵探测系统

泄漏电缆入侵探测系统的选型与安装,应符合 GA/T 1031 的规定。

4.3 周界防范高压电网系统

4.3.1 周界防范高压电网系统的功能、选型与安装,应符合 GB 25287 的规定,并应根据表 2 的要求设置和安装。

表 2　　监狱周界防范高压电网系统设施配置表

序号	项目	安装区域或覆盖范围	配置要求	安装(部署)方式	效果
1	电网部分	监狱围墙内侧	强制	按照 GB 25287—2010 图 5 所示方式安装	可实施有效打击
2	高压发生部分	监狱围墙内侧	强制	按照 GB 25287—2010 的要求安装	
3	低压控制部分	宜安装于监狱外管门设备间	强制		
4	警示部分和辅助部分	监狱围墙内侧	强制		

4.3.2 监狱围墙巡逻道和顶部隔离网墙均有或有其一时,可安装一道电网;均没有时,应安装两道电网。电网安装方式如下:

a) 监狱围墙仅安装顶部隔离网墙时,其电网安装方式如 GB 25287—2010 图 5 左侧图例所示;

b)监狱围墙建有巡逻道时,其电网安装方式如 GB 25287—2010 图 5 右侧图例所示;

c)二者均没有时,电网安装方式应为在 GB 25287—2010 图 5 左侧安装图示的基础上,在监狱围墙顶部再安装一道与地面垂直的电网,高度不低于 1.2m。

4.3.3 在任何天气状况下,高压控制箱输出线间压差应不低于 3000V。

4.3.4 高压箱应具有防破坏报警和警示震慑作用。

4.3.5 高压电网应按监狱围墙区域实施分区段管理,应具有不少于 4 个(东、南、西、北)方向的定位功能,长度应与武警相邻岗楼间距离一致。

4.3.6 高压电网报警时应使用声音和信号灯分别在监狱监管指挥中心、武警作战勤务值班室和电网对应的区段发出报警信号。

4.3.7 高压电网报警应与视频监控图像联动,报警区域相关的所有联动图像应自动切换至屏幕墙。

4.3.8 高压电网备用电源应能保证装置正常工作,在主电源断电、自动切换备用电源和主电源恢复供电过程等情况下,高压电网控制系统均不能出现断电情况,数据不能丢失。

4.3.9 系统可自动采集、记录高压电网的输出电压、电流等数据,数据存储时间不小于 30d,并通过电子地图实时显示电网设备中各种运行数据和各段的运行情况,同时将运行数据传至监狱监管指挥中心、武警作战勤务值班室、省监狱管理局监管指挥中心。

4.3.10 高压电网应设置与其他系统联动以及与计算机网络连接的接口,接口应选用总线方式或网络方式。

4.3.11 高压电网系统应可靠接地,应采取防雷措施,接地电阻值应满足相关标准的要求。

4.3.12 高压电网在处于自我保护状态时,应不中断或降低原有功能指标。

4.4 视频监控系统

4.4.1 视频监控系统的设计原则应符合 GB 50348、GB 50395 和 GA/T 367 的规定,并应根据表 3 要求设置和安装。

表3 视频监控系统安装位置及配备要求

序号	项目	安装区域	安装位置	类型	配置要求	安装方式	观察效果	特殊要求
1	摄像机	监狱制高点	监狱制高点	制高点专用云台摄像机	推荐		清晰显示人员行为特征	
2		周界	监狱围墙外侧	高清枪型摄像机	强制	监狱围墙外上端，朝向外围防护区域，间隔≤150m安装	清晰显示人员行为特征	
3			监狱围墙内侧	高清枪型摄像机	强制	监狱围墙内侧，朝向警戒区域间隔≤75m安装		
4				越界智能分析高清枪型摄像机	推荐	监狱围墙内侧，朝向警戒区域间隔≤75m安装		
5				高速球型摄像机	推荐	监狱围墙内侧，间隔≤150m安装，设置预置位		
6		监区	监区出入口	高清枪型摄像机	强制		清晰显示人员面部特征	
7			监舍楼内楼梯口	高清枪型摄像机	强制			
8			监舍楼出入口	高清枪型摄像机	强制			
9			监区室外活动区	高清枪型摄像机	强制			
10			电梯前室	高清半球摄像机	强制			
11			电梯轿厢	高清半球摄像机	强制			广角
12			楼层隔离门	高清半球摄像机	强制		清晰显示人员行为特征	
13			走廊	高清枪型摄像机	强制			
14			监室	高清半球摄像机	强制			广角
15			监区公共盥洗室	高清半球摄像机	强制			室内防水型
16			监区公共厕所	高清半球摄像机	强制			室内防水型
17			监室内厕所	高清半球摄像机	推荐			广角，室内防水型
18			浴室	高清半球摄像机	强制			室内防水型

续表

序号	项目	安装区域	安装位置	类型	配置要求	安装方式	观察效果	特殊要求
19			亲情电话室	高清半球摄像机	强制			
20			活动室	高清半球摄像机	强制			
21			餐厅	高清半球摄像机	强制			
22			图书室	高清半球摄像机	强制			
23			网络学习室	高清半球摄像机	强制			
24			理发室	高清半球摄像机	强制			
25			多功能区	高清半球摄像机	强制		清晰显示人员行为特征	
26		监区	储物间	高清半球摄像机	强制			
27			统计室	高清半球摄像机	强制			室内防水型
28			晾衣间	高清半球摄像机	强制			
29			谈话室	高清半球摄像机	强制			
30			心理咨询室	高清半球摄像机	强制			
31	摄像机		楼顶	高清枪型摄像机	推荐			红外，室外防水型
32			设备间	高清半球摄像机	推荐			红外
33			监区分控室	高清半球摄像机	强制			
34			现场管控点	高清半球摄像机	推荐			
35			禁闭室出入口	高清枪型摄像机	强制		清晰显示人员面部特征	
36			禁闭室楼梯口	高清枪型摄像机	强制			
37			禁闭室室外活动区	高清枪型摄像机	强制			
38		禁闭室	走廊	高清枪型摄像机	强制			
39			禁闭室	高清半球摄像机	强制	制高点安装，宽动态		防暴、广角
40			禁闭室放风区	高清半球摄像机	强制	制高点安装，宽动态	清晰显示人员行为特征	防暴、广角
41			集训室	高清半球摄像机	强制			
42			公共盥洗室	高清半球摄像机	强制			室内防水型
43			公共厕所	高清半球摄像机	强制			室内防水型
44			楼顶	高清枪型摄像机	推荐			红外，室外防水型
45			设备间	高清半球摄像机	强制			红外
46			禁闭室分控室	高清半球摄像机	强制			

续表

序号	项目	安装区域	安装位置	类型	配置要求	安装方式	观察效果	特殊要求
47	摄像机	伙房	伙房出入口	高清枪型摄像机	强制		清晰显示人员面部特征	
48			伙房楼梯口	高清枪型摄像机	强制			
49			冷库出入口	高清半球摄像机	强制			红外,室内防水型
50			电梯前室	高清半球摄像机	强制			
51			电梯轿厢	高清半球摄像机	强制			广角
52			走廊	高清枪型摄像机	强制			
53			伙房公共盥洗室	高清半球摄像机	强制			室内防水型
54			伙房公共厕所	高清半球摄像机	强制			室内防水型
55			浴室	高清半球摄像机	强制			室内防水型
56			操作间	高清半球摄像机	强制			红外
57			更衣间	高清半球摄像机	强制		清晰显示人员行为特征	
58			工具房	高清半球摄像机	强制			红外
59			库房	高清半球摄像机	强制			红外
60			餐厅	高清半球摄像机	强制			
61			留样区	高清半球摄像机	强制			
62			储物间	高清半球摄像机	强制			红外
63			统计室	高清半球摄像机	强制			
64			楼顶	高清枪型摄像机	推荐			红外,室外防水型
65			设备间	高清半球摄像机	强制			
66			伙房分控室	高清半球摄像机	强制			
67		教学楼	教学楼出入口	高清枪型摄像机	强制		清晰显示人员面部特征	
68			教学楼内楼梯口	高清枪型摄像机	强制			
69			教学楼室外广场	高清枪型摄像机	强制			
70			电梯前室	高清半球摄像机	强制			
71			电梯轿厢	高清半球摄像机	强制		清晰显示人员行为特征	广角
72			走廊	高清枪型摄像机	强制			
73			教室	高清半球摄像机	强制			
74			图书室	高清半球摄像机	强制			
75			网络学习室	高清半球摄像机	强制			

续表

序号	项目	安装区域	安装位置	类型	配置要求	安装方式	观察效果	特殊要求
76	摄像机	教学楼	楼顶	高清枪型摄像机	推荐		清晰显示人员行为特征	红外，室外防水型
77			设备间	高清半球摄像机	强制			
78			印刷室	高清半球摄像机	强制			
79			采编室	高清半球摄像机	强制			
80			教学楼分控室	高清半球摄像机	强制			
81		医院	医院出入口	高清枪型摄像机	强制		清晰显示人员面部特征	
82			医院楼内楼梯口	高清枪型摄像机	强制			
83			隔离门	高清半球摄像机	强制			
84			走廊	高清枪型摄像机	强制		清晰显示人员行为特征	
85			治疗室	高清半球摄像机	强制			
86			值班室	高清半球摄像机	强制			
87			病房	高清半球摄像机	强制			
88			诊疗室	高清半球摄像机	强制			
89			检查室	高清半球摄像机	强制			
90			手术室	高清半球摄像机	强制			
91			电梯前室	高清半球摄像机	强制			
92			电梯轿厢	高清半球摄像机	强制			
93			库房	高清半球摄像机	强制			
94			药房	高清半球摄像机	强制			
95			公共盥洗室	高清半球摄像机	强制			室内防水型
96			公共厕所	高清半球摄像机	强制			室内防水型
97			浴室	高清半球摄像机	强制			室内防水型
98			楼顶	高清枪型摄像机	推荐			红外，室外防水型
99			设备间	高清半球摄像机	强制			
100			医院分控室	高清半球摄像机	强制			
101		会见室	会见室出入口	高清枪型摄像机	强制		清晰显示人员面部特征	
102			会见通道	高清枪型摄像机	强制			
103			会见楼内楼梯口	高清枪型摄像机	强制			
104			隔离门	高清半球摄像机	强制			
105			家属储物区	高清半球摄像机	强制			
106			家属登记室	高清半球摄像机	强制			
107			候见厅	高清半球摄像机	强制		清晰显示人员行为特征	
108			走廊	高清枪型摄像机	强制			
109			家属预会见室	高清半球摄像机	强制			
110			会见超市	高清半球摄像机	强制			
111			会见大厅	高清半球摄像机	强制			

续表

序号	项目	安装区域	安装位置	类型	配置要求	安装方式	观察效果	特殊要求
112	摄像机	会见室	会见窗口	高清半球摄像机	推荐		清晰显示人员行为特征	
113			视频会见窗口	高清半球摄像机	强制			
114			亲情餐厅	高清半球摄像机	强制			
115			亲情餐桌	高清半球摄像机	推荐			
116			亲情餐厅伙房	高清半球摄像机	强制			室内防水型
117			设备间	高清半球摄像机	强制			
118			会见室分控室	高清半球摄像机	强制			
119			审判室	高清半球摄像机	强制			不联网
120			提审室	高清半球摄像机	强制			不联网
121		生产区域	车间出入口	高清枪型摄像机	强制		清晰显示人员面部特征	
122			车间通道	高清枪型摄像机	强制			
123			车间楼梯口	高清枪型摄像机	强制			
124			隔离门	高清半球摄像机	强制			
125			公共盥洗室	高清半球摄像机	强制			室内防水型
126			公共厕所	高清半球摄像机	强制			室内防水型
127			工具间	高清半球摄像机	强制			红外
128			仓库	高清半球摄像机	强制			红外
129			车间	高清枪型摄像机	强制		清晰显示人员行为特征	
130			楼顶	高清枪型摄像机	推荐			红外，室外防水型
131			设备间	高清半球摄像机	强制			
132			车间分控室	高清半球摄像机	强制			
133			其他劳动场所					
134		监狱大门	人行通道门	高清枪型摄像机	强制	出入双向设置		室内防水型
135			滚闸门	高清枪型摄像机	推荐			室内防水型
136			四翼旋转门	高清枪型摄像机	强制	朝向狱内一侧		室内防水型
137			换证室	高清半球摄像机	强制		清晰显示人员面部特征	
138			信息采集室	高清半球摄像机	强制			
139			武警监哨	高清半球摄像机	强制			
140			警察值班室	高清半球摄像机	强制			
141			车行通道门	高清枪型摄像机	强制	出入双向设置		室外防水型
142			车行通道外侧大门	高清球型摄像机	强制			
143			车行通道内侧大门	高清球型摄像机	强制			
144		警察区域	值班室	高清半球摄像机	强制		清晰显示人员行为特征	
145			监管指挥中心	高清半球摄像机	强制			

续表

序号	项目	安装区域	安装位置	类型	配置要求	安装方式	观察效果	特殊要求
146	摄像机	公共区域	狱内道路	高清枪型摄像机	强制		清晰显示人员行为特征	
147			狱内公共区域	高清枪型摄像机	强制			
148			枪库	高清半球摄像机	强制			
149			锅炉房	高清半球摄像机	强制			
150			水泵房	高清半球摄像机	强制			
151			警械室	高清半球摄像机	强制			
152			配电室	高清半球摄像机	强制			
153			其他公共区域					自行选择
154		其他重要部位	紧急报警按钮部署区域	高清半球摄像机	强制		清晰显示人员行为特征	

4.4.2 应根据现场环境确定摄像机安装位置及数量，监狱大门、围墙、会见室、禁闭室、警察值班室、劳动现场、学习现场、监舍走廊等重点部位应无盲区。

4.4.3 应采用高分辨率摄像机，分辨率应不小于720p。

4.4.4 周界宜适当位置增配高速球型摄像机，兼顾隔离区和警戒区。

4.4.5 球型摄像机应具有预置位设定功能，在停止云台、变焦操作2min±0.5min后，应自动恢复至预置状态。

4.4.6 监控系统的最终显示图像应达到 GB 50198 中表 4.3.1-1 规定的四级及以上图像质量，电磁环境特别恶劣的现场，图像质量应不小于三级。

4.4.7 摄像机应安装牢固，安装于盥洗室、厕所、浴室等部位的摄像机应增加防暴、防水保护。

4.4.8 监控范围内的最低照度应不小于50Lx，必要时应设置与摄像机指向一致的辅助照明光源。

4.4.9 摄像机应避免逆光安装，确实需要逆光安装时，应采用宽动态摄像机。

4.4.10 监控系统应具有实时视频点播功能,按照指定设备、指定通道进行图像的实时点播,支持点播图像的显示、缩放、抓拍和录像。

4.4.11 视频编/解码设备应满足如下要求:
a)应采用主流的音、视频编码标准;
b)宜扩展支持 SIP、RTSP、RTP、RTCP、ONVIF 等网络协议;
c)具有报警联动功能。多路传输的视频解码设备,在收到报警联动信息时能自动切换到对应的视频通道;
d)提供二次开发的软件接口。

4.4.12 图像存储设备应满足如下要求:
a)存储的图像数据应具有 720P 及以上格式的图像分辨率,重点部位和报警图像同前端摄像机图像分辨率一致;
b)每路图像记录和回放帧频数不小于 25 帧;
c)周界、重点区域图像采集应不间断记录,其他监控部位可采用动态监测技术存储信息;
d)监控图像的保存时间应不少于 15d,与报警信息联动图像保存时间应不少于 30d;
e)存储方式宜采用集中存储与分布式存储相结合的模式,宜具有数据记录灾难恢复功能或热备份系统;
f)报警触发预录时间不小于 10s。

4.4.13 摄像机供电系统宜采用分区域集中供电模式。

4.4.14 室外摄像机应具有防雷保护措施。

4.4.15 视频图像应有日期、时间、监视画面位置等的中文字符叠加显示功能,显示字符数不少于 30,字符叠加应不影响对图像的监视和记录回放效果。

4.4.16 监控图像日期和时间应显示在左上角或右上角,位置信息应和时间信息对角显示,摄像机位置编码规则是:单位名称(简称)+摄像机位置+摄像机描述+序号。

4.4.17 前端设备至直接接入监控中心设备端口的时间延时应不大于 2s,前端设备与用户终端设备间端到端的信息延迟时间应不大于 4s。

4.4.18 对于周界、监狱大门、值班室等重点部位宜采用智能视频分析系统，所采用的设备应符合 GB/T 30147 的规定，还应符合以下要求：

a) 功能应符合以下要求：
- 实现视频丢失、遮挡、位移等现象的提示报警；
- 实现对超越警戒线的现象提示报警；
- 实现对特定区域、特定时段进出和超时逗留现象的提示报警；
- 实现对特定时段起身、走动现象的提示报警；
- 实现对特定区域发生剧烈动作、人员聚集等群体异常事件的提示报警。

b) 系统控制应符合以下要求：
- 对各类报警事件分类管理，按优先级别输出不同的报警方式；
- 对每个功能设定自动布防启动时间和撤防时间，并可以设定日、周、月的重复周期；
- 具有智能视频分析特定事件的搜索、分析、回放等功能；
- 与其他系统实现联动控制，实现报警事件分类汇总，自动生成统计数据和报表。

4.5 出入口控制系统

4.5.1 出入口控制系统的设计原则应符合 GB 50396 和 GA 576 的规定，并应根据表4 的要求设置和安装。

4.5.2 按照出入口控制需要，由低到高应具备按钮、刷卡、刷卡加密码、刷卡加生物识别、手动控制五个等级的门禁控制方式，各等级的控制方式可同时设置。

4.5.3 出入口控制中使用的门禁卡应为具有国家密码局《商用密码产品生产定点单位》证书的 CPU 卡。

4.5.4 门禁卡不应具有同时打开监狱出入口的武警管理区和警察管理区门禁的权限，权限的更改宜采用具备相应权限的值班警察通过手动刷卡方式实现。

4.5.5 通道门开关状态信号宜与视频监控系统联动，门开启时对应的监控图像可自动切换至监狱监管指挥中心或分控室显示终端。

附录 监狱安全防范系统建设技术规范

表4 出入口控制系统设置和安装要求

序号	项目	安装区域或覆盖范围	配置要求	安装(部署)方式	效果
1	门禁系统	监狱出入口	强制	进入监狱方向部署不低于刷卡等级的门禁控制器，出监狱方向部署不低于生物识别等级的门禁控制器	能够严格控制人员出入，其中武警监门哨和会见室开启方式为人工验证后手动开启
		狱内建筑物出入口、区域隔离门	强制	部署不低于刷卡加密码等级门禁控制器	
		通道隔离门、楼道隔离门	强制	隔离门罪犯一侧部署不低于刷卡加密码等级门禁控制器	
		监舍、教室、病房等房间门	推荐	部署电控门的由警察值班室集中控制门的开关	能够严格控制人员出入
2	联动互锁装置	监狱出入口、会见室出入口	强制		
3	证件识别装置	监狱出入口和会见室出入口的信息采集室	强制		可识别进出人员身份信息
4	生物识别装置	监狱出入口、会见室出入口	强制		可根据生物特征有效识别进出人员

4.5.6 门禁系统软硬件设备运行相对独立，除保证系统联动的接口外，不提供其他开放性接口。

4.5.7 网络瘫痪或远端设备出现故障时，门禁设备应可正常工作。

4.5.8 门禁管理软件具备多级管理权限功能，应具有通道门开关状态实时显示、进出记录、数据统计等实时监控功能。

4.5.9 电动平移监室门和电控监室门应具有门开报警功能。

4.5.10 门禁系统断电后应可由值班警察按管理规定手工开启或关闭。

4.5.11 监狱出入口的门禁系统应配备身份证识别装置，并符合以下要求：

a) 可扫描、自动识别进出人员出示的身份证，并存储相关信息；

b) 门禁系统数据库与监管信息系统资源共享，设置释放和违规人员黑名单，即时自动对比，并具有报警提示、定时批量比对功能；

c) 会见等信息宜与监管信息系统的在押人员信息自动关联，并具有数据检索、统计分析、异常报警功能。

4.5.12 门禁控制器及锁具宜采用相对集中供电，应配备 UPS 后备电源，后备电源延时应不小于 4h。

4.5.13 门禁系统采用卡加密码控制方式时，应具有防胁迫等报警功能，并能在控制设备上实时显示、声光报警。

4.5.14 用于出入口控制的生物识别系统应根据表4的要求设置和安装：

a) 宜选用人脸识别系统、虹膜识别系统、指静脉识别系统、掌静脉识别系统及其他生物识别系统中的一种或多种；

b) 一般不宜选择指纹、掌形等生物识别系统。

4.6 安全检查系统

4.6.1 安检门技术要求应符合 GB 15210 的规定，系统应根据表5的要求设置和安装。

4.6.2 手持式金属探测器技术要求应符合 GB 12899 的规定。

4.6.3 X 射线安全检查设备技术要求应符合 GB 15208.1 的规定。

4.6.4 无线设备探测器应具备以下功能：

表 5　　　　　　　安全检查系统设置要求

序号	项目	安装区域或覆盖范围	配置要求	安装(部署)方式	效果
1	手持式金属探测器	生活区和生产区连接通道	强制		
		监舍楼出入通道	推荐		
		生产车间出入口	推荐		
2	安检门	监狱出入口人行通道	强制		
		会见室出入口	强制		
		生活区和生产区连接通道	强制		
		监舍楼出入通道	推荐		
		生产车间出入口	推荐		
3	X射线安全检查设备	根据需求确定安装位置	推荐		
4	车底检查系统	监狱出入口行通道	强制		
		生产门车行通道	强制		
5	生命探测设施	监狱出入口车行通道	强制		可有效探测出生命体的存在
		生产门车行通道	强制		
6	无线设备探测器	监狱出入口人行通道	推荐		
		会见人行通道	推荐		

a)探测装置可同时检测半导体等电子设备,即使被检测设备处于关闭状态;

b)探测装置具备准确定位功能;

c)探测装置按波段探测时,波段应包括国内常用的 GSM、CDMA、3G、4G 等频段。

4.6.5　监狱出入口、生产门的车行通道应配备生命探测设施和车底检查系统,生命探测设施应具备目标锁定功能。

4.7　紧急报警系统

4.7.1　紧急报警系统设计应符合 GB 50394 的要求,应按照表6的要求设置和安装。

表6　　　　　紧急报警系统安装位置及配备要求

序号	项目	安装区域或覆盖范围	安装位置	配备要求	信号传输方式	安装方式
1	紧急报警系统	监区	办公室	强制	有线式	固定式安装
2			谈话间	强制	有线式	固定式安装
3			走廊	强制	有线式	固定式安装
4			分控室	强制	有线式	固定式安装
5		医院	走廊	强制	有线式	固定式安装
6			治疗室	推荐	有线式	固定式安装
7			值班室	强制	有线式	固定式安装
8			办公室	强制	有线式	固定式安装
9			诊疗室	推荐	有线式	固定式安装
10		教学楼	办公室	强制	有线式	固定式安装
11			走廊	强制	有线式	固定式安装
12		伙房	值班室	强制	有线式	固定式安装
13			办公室	强制	有线式	固定式安装
14			走廊	强制	有线式	固定式安装
15		禁闭室	办公室	强制	有线式	固定式安装
16			谈话室	强制	有线式	固定式安装
17			走廊	强制	有线式	固定式安装
18			值班室	强制	有线式	固定式安装
19			分控室	强制	有线式	固定式安装
20		会见室	值班室	强制	有线式	固定式安装
21			会见区	强制	有线式	固定式安装
22			办公室	强制	有线式	固定式安装
23			走廊	强制	有线式	固定式安装
24			分控室	强制	有线式	固定式安装
25		生产区	办公室	强制	有线式	固定式安装
26			分控室	强制	有线式	固定式安装
27			车间或其他劳动场所	强制	有线式	固定式安装
28		内管门	值班室	强制	有线式	固定式安装
29		监狱大门	值班室	强制	有线式	固定式安装
30		生产大门	值班室	强制	有线式	固定式安装
31			狱内值班警察	强制	无线式	报警器

4.7.2 触发装置根据现场情况可选用紧急报警按钮或脚挑开关,具有触发报警自锁、人工复位功能。

4.7.3 触发装置应安装在较易触摸的位置。

4.7.4 报警信号可采用有线或无线传输方式。

4.7.5 报警系统应具备实时接收报警及防拆、防破坏信息等功能。

4.7.6 具备多点发布、多级处警功能,警情发生时,监狱监管指挥中心、警卫大队值班室、武警作战勤务值班室能够同时接到报警,并伴有声光提示,当下一级接警时,上一级监控能够显示受理情况。

4.7.7 报警信息的存储时间不少于30d。

4.7.8 室外警铃声级不小于100dB,室内警铃声级不小于80dB。

4.7.9 报警信号应与视频监控、门禁等系统和数据联动,触发报警时,报警区域相关的图像可自动切换至监管指挥中心屏幕墙。

4.8 对讲系统

4.8.1 对讲系统的设计应符合 GA/T 72 和 GA/T 678 的规定,并根据表7的要求设置和安装。

表7　　　　对讲系统设置和安装要求

序号	项目	安装区域或覆盖范围	配置要求	安装(部署)方式	效果
1	主机	监狱监管指挥中心	强制		
2		监区分控室	强制		
3	分机	监舍楼出入口、楼层通道门	强制		
4		监室	强制		
5		走廊	强制		

4.8.2 应具有可视和多级管理功能,宜支持跨网段跨路由。

4.8.3 应具有录音功能,录音数据存储时间不少于15d。

4.8.4 应具有托管和呼叫超时上传功能。

4.8.5 应具有全区广播、分区广播、定时广播、消防广播、喊话广播功能,宜支持外接音源广播。

4.8.6 监室内对讲分机应具有防拆、防暴力破坏功能。

4.9 声音复核系统

4.9.1 声音复核系统可单独建设,也可利用对讲系统、视频监控系统实现声音复核,并根据表8的要求设置和安装。

表8 声音复核系统设置和安装要求

序号	项目	安装区域或覆盖范围	配置要求	安装(部署)方式	效果
1	拾音器	监室	推荐	可使用对讲分机话筒	室内录音可分辨
2		活动室	推荐		
3		谈话室	推荐	独立拾音器	清晰捕捉完整声音
4		禁闭室	强制		
5		审讯室	强制		
6		亲情餐厅	强制		

4.9.2 声音复核录音数据保存时间不少于180d。

4.9.3 禁闭室、审讯室、监区谈话室等重点声音复核部位宜采用独立拾音器。

4.9.4 审讯室声音复核录音应与视频监控图像同步保存,并具有防篡改功能。

4.10 电子巡查系统

4.10.1 电子巡查系统的设计应符合GA/T 644的规定,并根据表9的要求设置和安装。

表9 电子巡查系统设置和安装要求

序号	项目	安装区域或覆盖范围	配置要求	安装(部署)方式	效果
1	信息装置	财务保管室	推荐		
2		中心机房	推荐		
3		档案室	强制		

续表

序号	项目	安装区域或覆盖范围	配置要求	安装(部署)方式	效果
4	信息装置	机要室	强制		
5		枪械库	强制		
6		监舍	推荐		
7		监舍楼、医院及禁闭室走廊	强制		
8		分控室	强制		
9		罪犯值班岗点	强制		
10		监狱围墙周界	强制		
11		生产车间	强制		
12		罪犯伙房	强制		
13		禁闭室	强制		
14		会见室	强制		
15		教学楼	强制		

4.10.2 可采用在线式或离线式电子巡查系统,宜采用在线式电子巡查。

4.10.3 应包含监管指挥中心、警卫大队和监区值班人员巡查等多级巡查方式。

4.10.4 应根据不同时间、不同部位设置多级巡查路线。

4.10.5 每组巡查人员采集装置应按照主备方式配备。

4.10.6 巡查日志宜具有网络上传、集中存储功能。

4.10.7 应具有联网管理功能,并提供信息系统集成接口。

4.11 识别定位系统

4.11.1 识别定位系统应根据表 10 的要求设置和安装。

4.11.2 定位信号宜覆盖周界、监狱出入通道、监管区域出入通道,实现区域定位,且信号连续、稳定。

4.11.3 应答器核心组件可重复使用。

4.11.4 应实现与视频监控、门禁等系统的联动及数据共享。

表10　　　　　　识别定位系统设置和安装要求

序号	项目	安装区域或覆盖范围	配置要求	安装(部署)方式	效果
1	阅读器	监狱围墙周界	推荐		
2		监狱出入通道	推荐		应答器通过不漏检
3		监管区域出入通道	推荐		
4		建筑物各层	推荐		读取结果不出现错层
5		电梯轿厢	推荐		应答器通过不漏检
6	应答器	罪犯	推荐	随身携带	
7		危险物品	推荐	牢固附着	越界报警
8		外来人员及车辆	推荐	随人、随车携带	

4.11.5　应具有区域定位、管理、异常报警等功能。

4.11.6　应具备区域内分类统计、区域间轨迹生成、限制区域进出报警等功能。

4.11.7　系统数据宜集中存储，并支持数据实时上传安防信息集成管理系统。

4.12　武警安防系统

4.12.1　武警安防系统应按照武警部队执勤工作相关规定建设，并根据表11的要求设置和安装。

表11　　　　　　武警安防系统设置和安装要求

序号	项目	安装区域或覆盖范围	配置要求	安装(部署)方式	效果
1	哨位集成箱	岗楼哨	强制	按照武警部队执勤工作相关规定建设	
2		自卫哨	强制		
3	安防分控室设备	武警作战勤务值班室	强制		
4	门禁控制装置	监门哨	强制		手动控制

4.12.2 武警安防系统包括武警作战勤务值班室、监门哨、自卫哨和岗楼哨的视频监控、报警、通讯等系统。

4.12.3 监狱周界、大门、大门人行通道、大门车行通道、监门哨、岗楼哨、自卫哨等重点部位监控图像应接入武警作战勤务值班室。

4.12.4 周界入侵报警信息和周界防范高压电网信息应接入武警作战勤务值班室。

4.13 监管指挥中心

4.13.1 监管指挥中心建设应符合 GB 50348 和 SF 03006 的要求。

4.13.2 监管指挥中心架构包括省监狱管理局和监狱两级。

4.13.3 省监狱管理局监管指挥中心的功能应符合以下要求：

a)可调取全省各监狱实时及历史视频监控图像，显示各监狱周界防范高压电网状态信息，接收各监狱周界入侵报警信息；

b)具备应急指挥、日常巡查、罪犯押解无线视频监控以及对各单位网上巡查和管理考核等功能；

c)具有对全省统一的安防网网络规划。

4.13.4 监狱监管指挥中心的功能应符合以下要求：

a)集中管理监狱各安全技术防范子系统，实时显示视频监控、周界入侵报警、周界防范高压电网、出入口控制、紧急报警等信息，以及查看存储的历史信息；

b)具备日常巡查、重点部位管控、报警信息处置、罪犯押解无线监控、应急指挥等功能；

c)向省监狱管理局监管指挥中心上传视频监控、周界入侵报警、周界防范高压电网等信息；

d)应对系统的网络、在用设备状态、功能等进行管理；

e)具备管理各子系统权限功能。

4.13.5 指挥中心功能分区包括监控室、指挥室、设备间和配电间，总建筑面积不小于$150m^2$，设备间和配电间可与其他系统共用。

4.13.6 监控室应配备屏幕墙、足够数量的显示设备、显示控制设备、视频会议设备、监控设备、声光报警装置、通信设备、门禁设施、消防设施等。

4.14 安防系统分控室

4.14.1 安防系统分控室建设应符合 SF 03006 的要求。

4.14.2 应实现对管理区域内的视频监控系统、出入口控制系统、电子巡查系统、对讲系统、声音复核系统、紧急报警系统的集中管理,实现以下功能:

a) 实现出入口控制系统、紧急报警系统与视频监控系统的实时联动;

b) 视频监控图像显示及视频联动报警显示;

c) 接收紧急报警信息并及时上报和处理;

d) 对出入口控制系统集中控制;

e) 对电子巡查系统数据上传;

f) 实现对讲应答、实时声音复核、区域广播的管理控制,接收上级对讲广播。

4.14.3 分控室建筑面积宜不小于 $18m^2$。

4.14.4 分控室应配备显示设备、显示控制设备、声光报警装置、通信设备、消防设施等。

4.15 安防信息集成管理系统

4.15.1 安防信息集成管理系统设计应符合 SF 03006 的规定,并根据表 12 的要求设置和安装。

表 12   安防信息集成管理系统设置和安装要求

序号	项目	安装区域或覆盖范围	配置要求	安装(部署)方式	效果
1	安防信息集成管理系统	监狱监管指挥中心	强制		
2		警卫大队值班室	强制		
3		武警作战勤务值班室	强制		

4.15.2 应集成周界入侵报警、周界防范高压电网、视频监控、出入口控制、紧急报警、对讲、声音复核、电子巡查、识别定位等系统。

4.15.3 在统一的用户界面上集成各安全技术防范子系统的状态显示功能。

4.15.4 应实现周界入侵报警、周界防范高压电网、紧急报警、出入口控制与视频监控系统的联动功能。

4.15.5 联动信息应同时传输至监狱监管指挥中心、警卫大队值班室、武警作战勤务值班室，输出方式应包括图像和声光提示。

4.15.6 具备开放式接口，可适应系统规模扩展、功能扩充、配套软件升级。

4.15.7 具备日志查询、统计和图表分析、自定义功能设置、查询管理、数据导出备份、报表打印等功能。

5 系统运行的网络、设备间技术指标及要求

5.1 网络

5.1.1 监狱安全技术防范系统应运行在安防网上，安防网与监狱办公内网应互联互通，并采取必要的边界安全措施。

5.1.2 安防网以核心交换机(含与之相连的网络安全设备)为中心，接入汇聚交换机及各级接入交换机，形成多层次网络体系。

5.1.3 安防网采用的核心交换机应支持路由功能、三层交换功能，各端口传输速率不小于1000Mbps。

5.1.4 安防网配备的所有交换机均应支持网络管理功能。系统传输网络可采用数字方式或模拟方式进行传输，所有传输设备应统一编址，其中采用数字方式的传输设备，其IP地址分配应遵循统一规划、统一分配的原则，地址分配应有利于路由的收敛聚合。传输网络的关键部分应采用双归属或环网等拓扑组网。

5.1.5 安防网内应采取防计算机病毒、防入侵等网络安全措施。

5.2 布线

5.2.1 安防网综合布线应符合GB 50311和GB 50348的要求。

5.2.2 安防网室外骨干传输线缆应采用光纤铺设，考虑冗余。室外线缆应采取可靠的防护措施。

5.2.3 监区围墙、监室等重点部位布设线缆应采用暗敷方式。

5.2.4 至前端设备的布线标准应不低于超五类。

5.3 设备间

5.3.1 安防网设备间建设应符合 GB 50174 的要求,宜按照 C 级标准建设。

5.3.2 安防网的核心设备应放置于监狱中心机房内。

5.3.3 每栋建筑物应合理设置安防网设备间,使用面积宜不小于 $15m^2$。

6 防雷与接地要求

6.1 安装于建筑物外的技防设施应按 GB 50057 的要求设置避雷保护装置。

6.2 安装于建筑物内的技防设施,应符合 GB 50343 和 GA/T 670 的要求。

7 防爆要求

7.1 易燃易爆储藏地所使用的安防设施及线路应按 GB 3836 的要求设置保护装置。

7.2 监狱煤矿井下部分所使用的安防设施及线路应通过国家煤矿安全认证。

8 消防要求

安防系统建设应按 GB 50016 的要求设置消防及报警设施。

9 数据安全要求

9.1 安防系统用户应进行分级分权限管理。

9.2 应具有安防系统重要数据的备份功能,应充分考虑备份存储介质使用、管理的安全性。

9.3 应充分考虑安防系统数据使用范围的安全性。

10 系统供配电

10.1 应符合 GB50052 和 GB 50348 的要求。

10.2 采用集中、独立的供电模式。

10.3 机房、设备间配备 UPS 电源,持续供电时间不少于 2h。

10.4 机房电源供电方式采用 TN-S 制式。

11 系统验收要求

11.1 系统应经过具备相关资质的检测机构检测合格后,在省监狱管理局信息化业务部门指导下组织竣工验收。

11.2 系统验收应符合 GB 50348 的要求。

参 考 文 献

1. 史殿国，赵树青，李爱先. 监狱安全技术防范研究. 中国监狱学刊，2007(2)：114-117.
2. 陈文峰.《刑法修正案(八)》对监狱行刑的影响及应对策略. 中国刑事法杂志，2013(4)：30-35.
3. 徐鹏，朱海鹏，宋光鹏. 监狱物联网的应用探索与研究. 监狱工作研究，2014(8).
4. 徐鹏，王江，景晓东. 物联网技术在监外罪犯安全管控中的应用. 中国安防，2015(22)：109-112.
5. 王汝琳. 视频图像智能分析技术的发展. http：//news.cps.com.cn/article/201504/923319.html。
6. 武俊，郭捷，邱卫东，徐鹏，郭曼，张菡. 基于SIFT特征的特定目标识别管控算法. 信息安全与通信保密，2015(2)：92-96.
7. 郭曼，张世春，程利，徐鹏，王建元，冷彪. 面向监狱服刑人员的聚类与分类算法研究. 计算机工程与科学，2016(6).
8. 山东省监狱管理局信息科技处课题组研究成果.